新装版

『金剛頂経』入門

即身成仏への道

頼富本宏
Motohiro Yoritomi

大法輪閣

『金剛頂経』入門

――即身成仏への道

目次

序章　金剛頂経への招待……5

第一章　金剛頂経とは何か……27

第二章　金剛界マンダラの出生……75

装丁……Malpu Design（清水良洋）
カバー・扉……香川県歴史博物館・両界マンダラより、金剛界マンダラ（頼富本宏監修・中村佳睦筆）

チベットの九鈷杵

序章……………

金剛頂経への招待

身の回りの金剛頂経

現代に生きるその姿

◈新しい再スタート

二十世紀の終半頃から「ＩＴ」（情報技術）という言葉が氾濫（はんらん）し始め、経済のみならず、政治・教育・通信などすべての文化・文明が一種の産業革命のような大変動を引き起すと予想された。確かに、個人や会社がホームページを作ってインターネットで情報を流したり、従来の手紙や電話にかわってＥメールが行き交うような時勢になり、「変化」「変革」ととらえられる部分は少なくない。

流通経済にしぼってみれば、戦後の経済復興を支えた小売店や市場からなる駅前商店街や目抜き通りが、一部の例外を除いて急速にエネルギーを失い、かわってコンビニや量販店が伸びてきているが、それすら過当競争は免れない。ちなみに伝統宗教が元気がないのは、個人事業主を主たる支持基盤としてきたからだ。

こうした情報と物流の変化に流される形で精神世界の方も動揺を禁じ得ないが、いささか乱暴にいえば、当然変化すべき軽い部分も多いが、逆に時代や地域を超えて厳然と存在すべきものもあるはずである。

先にあげた寺院や教団のホームページは、いわば情報伝達の手段にすぎず、いくらでも更新することができるが、所詮（しょせん）は月をさす指にすぎない。本当に普遍性をそなえた宗教であれば、手段の是非に左右されずに人びとの求め、慕うところとなるはずである。

そのように大見栄を切ったものの、やはり情報・宣伝の効力は無視できず、「いいもの」であっても、人びとに広く知ってもらえなければ、残念ながら積極的・創造的意義を発揮することはできない。選挙がその典型例だが、まず参加し、その上で存在と意義を主張する必要がある。本書のテーマとなる『金剛頂経』は、仏教、とくに密教の中でまさに憲法にあたるほど重要な役割を果しているにもかかわらず、なぜか宗派内でも、一般でも注目されることが少ない。その理由を、私個人の自己満足に終らせず、改めて多くの人びとに知っていただくためにも、いささか難問である『金剛頂経』に取り組んでいきたい。

◆臨床密教学の立場

オリッサの胎蔵大日如来（ラリタギリ）

さて、以前、『大法輪』誌に執筆した連載「『大日経』入門」をまとめて、同じ題の一書を刊行してから、すでに数年が過ぎようとしている。わが国の密教経典の中心となる『大日経』について、仏教学・仏教美術の面から最新の情報を提供し、かつ臨床的な考察を加えたつもりであった。とくに前者の点については、二、三十年前の漢訳経典のみに基づく『大日経』理解の時代ではなく、インドとチベットの『大日経』・大日如来がマスコミや学術雑誌を通して多くの人びとに知られていたので、比較的やりやすかった。

余談になるが、東インドのオリッサ州出土の大日如来像は日本でもすでに広く紹介されており、過日、東京の大正大学で開催された日本石仏協会の公開講演会で話をしたときも、辺鄙なラトナギリ遺跡を訪れて写真を撮った方がすでにいたのには大変驚いた。地球は何と狭くなったことか。

後者の「臨床的な考察」に関しても付言しておくと、私は仏教学と仏教美術を文献と作例を使って研究しているが、物心ついたときから寺院の中で育っており、今も住職の端くれである。学問研究については色々な方法論があり、最初から世間の人びとの関心を集めそうなテーマを構想して、見事にそれを論証できる能力を持った人もないではない。

しかし、大部分の研究者を名乗る人は、たとえ冒険的な作業仮説を設定することはあっても、努力の大半は、文献を読み、資料を検討し、そこから客観的、かつ科学的にすべての人びとが納得できる法則や事実を求めようとすることにあてられる。そういう意味では、極めて孤独な作業であり、しかも必ずしも脚光をあびるとは限らない。

極論すれば、学問研究という内容だけを考えると、それは研究の中だけの世界を論じればいいので、インドで大日如来像が見つかったことと現在の自分、およびその宗教観を結びつける必要はない。事実、美術史の分野ではまさにその通りであるが、内容が仏教学・密教学と関わってくると、現に宗教者である自分と、文献から読みとられる思想を解釈する自分をまったく無関係だと切り捨てることはできない。

たとえば、仏教において重要な意味を持つはずの戒律の研究の再検討が近年主張され、新たに発足した戒律文化研究会を中心に大きな成果をあげつつあるが、歴史学的には時代背景や社会分析に基づいた秀れた研究が多い反面、仏教学的には、どうしても文献操作と自己の価値判断の間のギャップが妨げになって、苦慮することが多い。

話が複雑になったが、私自身は仏教学と仏教を意識的に分ける立場を取りたくない。換言すれば、客観的な思想構築と価値的・主観的な宗教解釈がしばしば相い容れない事実に眼をつむりたくない。やや視点が異なるが、可能な限り、知行合一（ちぎょうごういつ）的な方向を模索したいと思っている。思想界で活躍している鷲田清一氏が臨床哲学の必要を説き、ユニークな論評で人気の高い大村英昭氏の主張する臨床仏教学の魅力に刺激されて、私も独自の臨床密教学を模索できればと思っている。

ともあれ、前記「『大日経』入門」の連載の途中から、もう一方の中心的密教経典である『金剛頂経』にも見聞を広げてほしいという要望があった。私も単なる知識の収集や知的満足にとどまらず、生きた仏教・密教を求めたい立場から、できれば直ちに『金剛頂経』の世界に歩みを進めたかったが、いささか個人的な多事多端もあって、猶予（ゆうよ）をいただいた次第である。

願わくば、個人の日常生活の中に生じる生・老・病・死などの悩み・苦しみと、人間一般のそれらとの関係と構造を整理した上で執筆を始めたかったが、それまで待っていただくわけにもいかず、諸行無常（しょぎょうむじょう）の言葉のあるように、移り変わる時間と関係の中で今の私が理解している『金剛頂経』をひとまず描き出してみたいと考えている。多少の右往左往も覚悟しているが、読者の皆さんの暖かいご叱正（しっせい）をお待ちしたい。

◈『金剛頂経』の認知度

数ある密教の経典の中でも、思想的・歴史的に見て最も重要であったのは、本書のテーマとなる『金剛頂経』である。一方、もう一つの中心であった『大日経』の方は、歴史的には、密教経典の王者の位置を『金剛頂経』に譲ったにもかかわらず、「大日」という言葉が人びとの間に幅広く流行したこともあって、一般の人びとの親しみやすさと世間的知名度の上からは、『金剛頂経』をはるかに上回っている。山の名前、寺の名前など身近な所を探してみても、「金剛頂」は「大日」にはるかに及ばない。具体的にいえば、「金剛山」はあっても「金剛頂山」という山は知られず、寺としては、わずかに四国八十八か所霊場第二十六番の龍頭山(りゅうずさん)金剛頂寺（室戸(むろと)の西寺(にしでら)）が比較的知られている程度である。

ところで、ここで少し発想をかえて、『金剛頂経』という経典をさす固有名詞の枠を広げて解釈すると、興味深い事実が浮かんでくる。第一は、すでにお気づきの方もおられると思うが、「金剛」という言葉は、非常に広範囲に流布(るふ)している。詳しいことは後で説明したいが、「金剛（ヴァジュラ）」という用語は密教のはるか以前から使用され、大乗経典としては中国の禅宗でとくに重視された『金剛般若経(こんごうはんにゃきょう)』が有名である。「金剛」という言葉に、金剛石（ダイヤモンド）と金剛杵(こんごうしょ)（武器、のちに法具(ほうぐ)）の二義があり、いずれもが堅固・高貴と結びつくことなどものちに紹介するが、密教（換言すれば「金剛頂」）以前に流布した「金剛」と、「金剛頂」に限定される「金剛」を一応区別して考える必要がある。

そういう意味では、「金剛寺」「金剛院」「金剛証(しょう)寺」「金剛輪(りん)寺」「金剛福(ふく)寺」など比較的知名度の高い寺院は、密教系の宗派（真言宗と天台宗）の場合、一応『金剛頂経』との関連も否定できないが、「密教以前の金剛」の可能性もあるので、ここではむしろ確実なものに絞って話を進めたい。

◆「金剛峯」と「金剛頂」

高野山・金剛峯寺の伽藍

ここでのテーマである「金剛頂（経）」と関連のある類似した語を探すと、すぐに思い浮かぶのは弘法大師空海（七七四〜八三五）が南紀の山中に開いた高野山の金剛峯（峰）寺である。いわずと知れた真言密教の総本山であり、今でも年間百万を越す人びとが参拝し、とりわけ大師入定の地とされる奥の院では香煙の絶えることはない。

ところで、「金剛の頂き」という概念と、「金剛の峯」という概念を直ちに同義とする解釈もある反面、大部分の文献学者や歴史学者は、両者の同置関係を認めず、空海が直接命名した「金剛峯」という言葉は、彼が最初に請来し、しかも重視した密教経典である『金剛峯楼閣一切瑜伽瑜祇経』の冒頭の言葉をとったものとする説が有力である。

私も、これに異論を唱えるつもりはないが、結論を先にいえば、この『金剛峯楼閣一切瑜伽瑜祇経』は、明らかに狭義の『金剛頂経』を前提にして、さらに新しい要素を導入して展開させた経典であって、いわば広義の『金剛頂経』というべきものにあたる。それゆえ、高野山の名刹・金剛峯寺も決して『金剛頂経』と無関係ではないのである。

◆「金胎」という熟語

第二に、『金剛頂経』と結果的に強く結びつく言葉として、「金胎」という用語が広く普及している事実を忘れてはならない。「金胎」とは、金剛界と胎蔵（界）という二つのマンダラを統一した用語であることは疑いない。『金剛頂経』に説かれるマンダラを「金剛界マンダラ」と呼び、他方の『大日経』に説かれるマンダラは、文献上では「大悲胎蔵生マンダラ」、もしくは「胎蔵生マンダラ」とあるが、のちには「金剛界」の「界」の字を意識して「胎蔵界」という用語が成立した。その結果、「金剛界」「胎蔵界」の二つのマンダラを合わせて「両界マンダラ」と呼ぶようになったことは、すでに折に触れて紹介してきたとおりである。

このように「金胎」とは、金剛界・胎蔵界の両界マンダラをさすのみならず、結果的には、その基盤となった『金剛頂経』と『大日経』の両経をも包括しているのである。この二つの経典は、すでに空海の頃から「両部の大経」と呼ばれて絶対視されていた。

さらに、密教の儀礼として不可欠の意義を持つ灌頂にしても、『金剛頂経』と『大日経』にそれぞれ説かれる作法に依拠して、金剛界法と胎蔵法の二種の灌頂儀礼を受けねばならない。灌頂に先立つ四度加行という行法体系でも、必ず金剛界次第と胎蔵界次第がある。

このように、『金剛頂経』という特別な用語がなくても、「金剛界」、さらには「金」という短い言葉の中に、すでに『金剛頂経』という重要な経典が意識されていたのである。

◆金剛界大日如来

私たちの身の回りに、ある経典の面影を探すとき、よく使う方法の一つに「その経典のほとけ」を探索するやり方がある。『大日経』に説かれる大日如来という仏は、いわゆる本尊として中心的意味を持つので大変わかりやすい。詳しくいうと、大日如来も経典に従って何種かの細分化がなされており、『大日経』の場合は、登場するマンダラの名前をとって「胎蔵（界）大日」、もしくは経典に説かれる「現等覚（明らかに知る）大日」と呼ばれている。

それに対し、『金剛頂経』の本尊の大日如来は、やはりマンダラの名前をとって「金剛界大日」と呼ばれる。また、金剛界大日如来の図像については、厳密にはいくつかの種類があるが、経典では左手の人さし指を右手のひらで覆うポーズを智拳印と名づけて重視している。したがって、「智拳印大日如来」を見れば「金剛界大日如来」であることがわかり、『金剛頂経』が流行していたことの証拠となるのである。

金剛界大日如来（御室版）

◆強力な五仏のグループ

ある所で智拳印という独特の印を結ぶ菩薩形の大日如来を見つけると、そこに『金剛頂経』系の密教が流行していた一つの証明になるが、『金剛頂経』の場合、大日如来を中心に、四方の方位に特有の印を結ぶ計五体の仏・如来のグループを配置することが多い。これらを金剛界五仏、もしくは金剛界五如来と呼んでいる。

その内容は、次表のごとくである。

方位	仏名	印相
中央	大日（毘盧遮那）	智拳印
東	阿閦	触地印
南	宝生	与願印
西	阿弥陀	禅定印
北	不空成就	施無畏印

これらの五仏の具体的な働きは、第二章で金剛界マンダラの出生を紹介するときに改めて触れたいが、両部密教の相手方となる『大日経』・胎蔵（界）マンダラにおいても、中尊・大日如来の他に、宝幢・開敷華王・無量寿・天鼓雷音という四仏が中尊の四方に位置し、いわゆる胎蔵（界）五仏を形成している。

しかし、チベットの胎蔵マンダラでは、原則として四仏が表現されないように、胎蔵五仏の体系が教義的にも図像的にも不十分であるのに対し、金剛界五仏は教義体系としても、また図像表現としても、強力な構造と思想が出来上っていた。

それゆえ、『金剛頂経』系のマンダラや仏画・彫刻では、金剛界大日如来が単独で登場することはむしろ稀であり、多くは次に紹介する五仏、すなわち五智如来としてグループを形成するのである。

◆五智と五智如来

先の五仏がさらに展開し、新たな思想を生み出したのが「五智」である。つまり、金剛界大日如来を中心とする五仏が、宇宙全体の存在・認識などの諸要素をつかさどるとすれば、各仏、すなわち四仏がそれぞれの仏智を担当し、中央の大日如来が全体を象徴することになる。

金剛界五仏（高野山・金剛三昧院）

申し遅れたが、金剛界・胎蔵界という一対の両要素を二元論として理解すると、通常、伝統教学的に以下のような対比が行なわれる。

胎蔵界	理	因	東
金剛界	智	果	西

この理・智二元論に関しては、すでに松長有慶博士の研究があるが、サンスクリット語、もしくはチベット語の該当語を見出すことはできない。どうやら中国で成立した教理であるらしいが、漢訳文化圏では、むしろ『華厳経』に説かれる事と理の二元論の方が普及したようである。

理と智の内容に関しては、西洋の哲学者・デカルト風に物質と精神としたり、客体と主体と考えるなどいくつかの解釈法があるが、大切なことは、『金剛頂経』・金剛界マンダラが常に「智」と結びつけられることである。

第七章で再説するが、狭義の『金剛頂経』の本文には説かれない仏の五智が、一部の注釈書などで言及されるようになり、とくに中国密教では『金剛頂経』系密教の重要な教理となってくる。それには、インドの唯識思想の中で精緻な展開をとげた凡夫の八識が仏・如来の五智に転換しうるとする世にいう転識得智の思想が、密教に導入された歴史があったとされている。

大日如来以下の金剛界五仏には、次のような五智が配当され、その結果、金剛界五仏のことをとくに五智如来と称する習慣が出来上ったのである。

五仏（五如来）	**五　智**
大日	法界体性智
阿閦	大円鏡智
宝生	平等性智
阿弥陀	妙観察智
不空成就	成所作智

すでに、五仏・五如来の個所でも触れたが、『金剛頂経』・金剛界マンダラでは、大日如来が単独で密教の宇宙を代表するというよりは、五仏を軸とする一つのシステムが出来上っており、いわゆる丸五印ではないが、五という要素によって全体の世界が構築されているといっても過言ではなかろう。

私の場合、このような五仏との縁が深く、インド・中国・チベット・日本で五仏の数多くの仏像・仏画（壁画を含む）にめぐり会い、かつ漢訳・梵本（サンスクリット本）・チベット訳など検討可能な文献資料を調査・研究することによって、学位請求論文『密教仏の研究』（法蔵館、一九九〇年）を上梓することができた。すでに刊行から十数年たっているので、最近の学問の進展にともない新しい文献や作例も報告されているが、『金剛頂経』の五仏を軸として仏教、とくに密教の成立と展開を論じるという手法は、依然として有効であると確信している。

いずれにしても、これも仏との一つのご縁であるが、『金剛頂経』の場合、姉妹経典の『大日経』とは異なって「金剛頂」という固有名詞をともなって私たちの身の回りに散見するということはなく、むしろ「金剛界」「五仏」「五智」など別の名前と形態をとって流布していた事実を、もっと多くの人びとに知っていただきたいと念願している。

「金剛」とは何か

金剛頂経のキーワード

◆密教となじんだ「金剛」

さて、『金剛頂経』という言葉で総称される密教の経典は、もう一方の相い方となる『大日経』がたった一つの経典であるのに対し、こちらは広狭の二義を持つ複数の経典群である。したがって、次章では少したいくつな文献学的な話をしなくてはならないので、その前にキーワードとなる「金剛」という言葉を紹介しておきたい。『金剛頂経』という言葉のうち、「経」は、「(原則として仏が説いた)教え」という普通名詞であり、『大日経』や『般若心経』などの「経」と異ならない。

次に、「金剛頂」のうちの「頂」であるが、漢字の意味からいえば、「いただき(頂点)」ということになる。この「頂」という漢語をインドの梵語(サンスクリット語)に戻す場合、古来、「ウシュニーシャ(uṣṇīṣa)」という語に還元されることが多かったようである。なぜならば、真言宗と天台宗を中心とする密教系の宗派では、「仏頂(尊勝)」という有名なほとけとその陀羅尼が流行していたので、「頂」といえば仏頂といわれる如来の頭頂(の盛り上り)を示す「ウシュニーシャ」という言葉がよく知られていたからである。

もっとも、狭い意味の『金剛頂経』をさす『初会金剛頂経』の原典を調べてみても、どうやら「ウシュニーシャ(頭頂)」の語は見あたらず、最近では、文献資料として「峯」の意味が強い「シカラ(śikhara)」と、もしくはその派生形である「シェーカラ(śekhara)」の方が、関連の経典(チベット訳のみで残る『金剛頂タントラ』など)の名前として登場している。事実、空海は「金剛頂」と「金剛峯」を同義としている。

いずれにしても、「金剛頂」とは、「金剛の(中の)頂き、もしくは峯」ということで、映画のタイトルにもなる「王の中の王」や「美の中の美」という強調的な言葉であり、現代風にいえば「金剛の中の金剛」、換言すれば「最高の金剛」ということになろうか。

しからば、「金剛」とは一体何なのだろう。

◆「金剛」という言葉

以前に「『大日経』入門」を連載したときもそうであるが、やはり経典の名前は、その内容や意義と不可分の重要な役割を果している。その場合、『観音経』や『地蔵和讃』のように、中心となるほとけの名前があると、比較的なじみやすい。仏教や密教の美術に関心を持っている人なら、『大日経』と聞けば「ああ、大日如来の経典だな」と推測がつく。

ところが、「金剛頂」という名前の仏像や仏画、そしてほとけの名前は、まったく存在しない。そこで、漢字の「金剛」を最初に理解するために、よく使用される『大漢和辞典』(通称『諸橋大漢和』)をひもとくと、冒頭に、

「五行の金の気。その気、剛毅であるから剛という」

と述べ、出典として『晋書』の「地理志」をあげる。すなわち、「金剛」という漢語は木・火・土・金(こん)・水という五種の構成原理である五行思想と結びつけられ、しかも金(金属)の性格が剛毅、つまり堅固であることに基づく言葉であったことがわかる。

ところで、『諸橋大漢和』は、以下、「金剛経」「金剛心」「金剛定」「金剛禅」など、上に「金剛」の文字がつく多数の成語を列挙するが、その大部分は仏教用語として確立されたものである。最初に取り上げた『晋書』自体、すでに仏教を知っている文献であるが、ともかく「金剛」という漢語は、もし翻訳なら名訳であり、中国、さらには日本の仏教文化の中で大きな意味を持ち続けてきたのである。

やや、鶏と卵の関係にも似ているが、中国で「金剛」と訳されるインドの梵語(サンスクリット語)は、例外なしに「ヴァジュラ(vajra)」である。この「ヴァジュラ」という梵語の語源には諸説あるが、「強い」

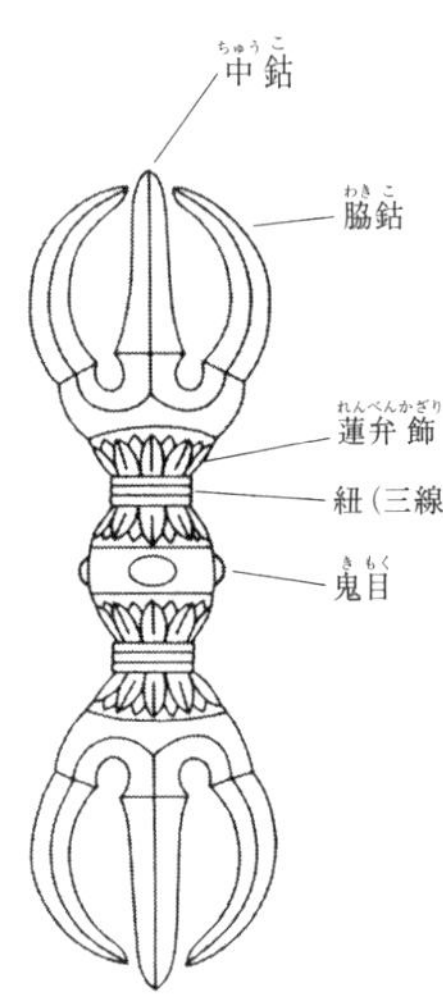

金剛杵

「堅い」「激しい」などの意味を持つ形容詞「ウグラ（ugra）」と関連を持つことは否定できない。その梵語「ヴァジュラ」が、漢訳されるときに「金剛」と訳されるわけであるが、インドで「ヴァジュラ」という単語が古くヴェーダ時代（紀元前約千年頃）に使われた頃、第一義的意味は「雷（かみなり）」、難しい漢語では雷霆であった。言語学的には、先述の「強い」「激しい」という意味に加えて、自然界の一大現象である雷にあてられたのだろう。動詞的要素の「まき散らす」「つらぬく」などの意味が加わった結果、

そして、この雷の持つ威力を神格化したのが、古代インドでは最も人気を集めたインドラ神であり、仏教ではのちに帝釈天という漢名を与えて、釈尊や仏教を守る善神として取り入れたことはよく知られている。

さらに、インドラ神は戦いの得意な武闘神として、アイラーヴァタという象を乗り物とするとともに、雷を象徴する神秘的な武器を手に持つこととなった。これが「ヴァジュラ」の第二の意味である「金剛杵」である。

このほか、「ヴァジュラ」の持つ第三の意味である金剛石（ダイヤモンド）のイメージも少し遅れて成立するが、まず「金剛杵」の方から先に詳しく紹介しておきたい。

◆金剛杵と『金剛頂経』

「金剛」という二字熟語が登場すれば、その約半数は「金剛界マンダラ」という『金剛頂経』に説かれるマンダラをさす。とくに、「胎蔵」という用語と一対になる場合は、このケースが圧倒的である。残りの半分のケースをさらに二分するのが、武器としての「金剛杵」と宝石としての「金剛石」である。『金剛頂経』という経典群の場合、その「金剛」は何かといえば、結論を先に述べると、両者を再統合したものと考えられるのである。

帝釈天（『十天形像』醍醐寺）

さて、古代インドの雷霆神インドラは、雷の威力を象徴する武器ヴァジュラ（金剛杵）をもって、魔神ヴリトラを退治したとされている。また、神話によれば、この素晴しい武器ヴァジュラは、製作や技能をつかさどる工芸神トヴァシュトリによって作られたという。

遅れて成立した仏教は、この帝釈天と宇宙的性格を持つ梵天を友好的な神として受容し、護法善神としたが、これとは別に仏陀釈尊につき従って護る侍衛者にも、威力の象徴である杵型の武器である金剛杵を持たせることとなった。ガンダーラの仏伝彫刻や、マトゥラーの侍者像を見ると、武器としての金剛杵にも相当の形状的多様性があり、

インドの金剛手（ナーランダー博物館）

両端が太くなった亜鈴型のものもあれば、両方の切っ先が一つにとがったもの（独鈷）、さらには三叉戟のようになったもの（三鈷）などのバラエティがある。後世のチベット系密教では、九鈷杵（本章扉の図版参照）まで作られている。

このように、手に金剛杵を持って、釈尊や諸仏・諸尊を守る働きをする下級のほとけを、執金剛（金剛杵をとる者）、持金剛（金剛杵を持つ者）、金剛手（金剛杵を手にする者）などと呼ぶが、日本では、奈良・東大寺の法華堂（三月堂）の本尊・不空羂索観音の裏側の厨子の中に祀られている秘仏の執金剛神が有名である。

そして、『陀羅尼集経』や『蘇悉地経』など八世紀に翻訳されたいわゆる初期密教経典では、こうした金剛杵を手に持ち、聖なるものを守り、逆に悪しき者を打ち倒すほとけたちを一つのグループ（部族）に集成し、それを金剛部と称したのである。

組織的な密教経典の最初とされる『大日経』では、先行する『蘇悉地経』の部族説を受け容れて、大日如来や釈迦如来などからなる仏部、観音菩薩とその眷属の蓮華部、そして力のほとけをグループ化した金剛部という三部の部族説を完成させた。

その『大日経』をさらに発展させた『金剛頂経』では、仏部・蓮華部・金剛部という三つのグループに加えて、宝生如来に率いられる宝を生み出すほとけたちの部族（宝部）と、最後に羯磨部と総称される働きをつかさどる第五のグループを立て、全部で五部族のマンダラを築き上げたのである。

さらに、『金剛頂経』では、密教の菩薩の代表者である金剛薩埵という菩薩に、その力の象徴として右手に金剛杵という伝統的な武器を持たせたが、これは、武器として仏教を妨げる悪しき者たちを調伏する当初の意味に加えて、心の中に生じる煩悩などの仏道修行の妨げをしずめる役割も果している。

なお、仏教の菩薩の正式名称である菩提薩埵（さとりを求める存在）という言葉のうちの「菩提」を「金剛」に入れかえた金剛薩埵は、左手には、眠れる仏性を覚醒させるという金剛鈴を持つ。金剛鈴とは、最初は武器でありながら、その攻撃的意味を象徴化して煩悩を打ち破る宗教的道具、つまり法具となった金剛杵の半分を握り柄とし、肝心の鈴の部分を振り鳴らして、清らかな音を諸仏に供養する世にいう梵音器（音を出す楽器）であり、金剛杵と必ずセットになって用いられる。

以上のように見てくると、『金剛頂経』の内容としては、やはり仏法を守る武器から密教の世界をシンボル的に象徴する法具として展開した金剛杵のイメージが、重要部分を形成していると考えることができる。

空海請来の金剛鈴（東寺）

◆金剛石の堅固性と高貴性

密教法具としての金剛杵の中にも、インドラ神（帝釈天）の武器として、あらゆるものを破壊できるという万能の力が象徴されている。このイメージは、数ある大乗仏教経典の中の『（能断）金剛般若経』の名称にも用いられ、誤った固定的な発想や煩悩を一刀両断する般若波羅蜜多（最高の智恵）のたとえとして知られている。

ところが、中国の古典『韓非子』に説かれる「矛盾」という逸話ではないが、金剛杵という破壊威力の絶対性を象徴する存在と、それとはまったく逆にいかなるものにも破壊されない絶対的なものという両義が「ヴァジュラ」「金剛」という語に付されたのである。これが、「金剛石」とも称されるダイヤモンドである。ただし、「金剛石」というのは、想像に反して比較的新しい語であり、仏教用語の中にはなく、原語はむしろ単なる「金剛」である。

先述の『金剛般若経』の注釈書の一つである『金剛仙論』には、

「金剛というのは、たとえで名前を用いたわけで、堅実の意味がある。一般世間で金剛という場合は、必ず二つの意味がある。

第一は、その堅固性が卓越しており、すべてのものを破壊することができる。

第二は、いかなるものでも堅固な金剛を破壊することができない」（現代訳）

まさに、中国の「矛盾」の故事と同軌であって、「堅固無比の金剛杵でもって、同じく堅固無比の金剛石を打ったらどうなるの」などと意地悪く質問したい誘惑にかられるが、最高の堅固性という特性の能動面と受動面を、それぞれ金剛杵と金剛石によって表現したのではなかろうか。

ともあれ、何ものによっても破壊されないという堅固と、高貴な性格を宝としての金剛が有していたことは事実であり、曇無讖訳の『大般涅槃経』では、

「諸宝の中に、金剛は最勝なるがごとく、菩薩所伝の金剛三昧もまたまたかくのごとし」

「たとえば金剛のごとき、もし日中にあらば、色、すなわち定まらず。金剛三昧もまたまたかくのごとし」

という文が認められる。

これは、宝（石）の中に「金剛」があることを示しており、しかもその透明な特質から日中では色彩が変化するとある。堅固な性格とその透明さから判断して、明らかにダイヤモンドを意識している。

「金剛」が上につく仏教用語の中で、ダイヤモンドによって象徴される堅固性、非破壊性を端的に示す語としては、「金剛不壊」「金剛堅固」などの形容詞句がある。また、大乗仏教の論書（とくに唯識派系）にすでに用いられていた「金剛句」「金剛心」「金剛定」「金剛慧」などの言葉では、武器・法具としての「金剛杵」の意味は希薄で、やはり金剛石のイメージを内包した堅固性・最高性を意味するものと考えられる。

◆両義の再統合

上記の二点を改めて統合したのが、九世紀に下る弘法大師空海の言葉であるが、『金剛頂経開題』に次のような興味深い表現が認められるので、紹介しておきたい。

「また次に、金剛とは、顕秘（顕教と密教）の二義（二つの意味）を具す。顕の義とは、金剛はこれ世間所有の堅宝の名なり。もって如来の実智（真実の智恵）にたとう。

金剛宝に多くの功徳を具す。この宝は地に埋むれども朽ちず、火に入るといえどもきえず、（中略）

（秘の義とは）戦具の中に最勝なり、常恒（つね）に堅固なり、かくのごとく如来の実智も多くの功徳を具す」

空海の多用する特有の論理として、「顕密は人に在り」、つまり対象が同一であっても、それを見る人の立場（視点）に従って、まったく結果が違ってくるという主張がある。有名な例としては、晩年に書き上げた『般若心経秘鍵』では、通例のように『般若心経』を「諸法空相」や「色即是空」などの世にいう「空の経典」として把握するのではなく、「ギャテイ、ギャテイ」以下の呪（咒）を中心とした般若菩薩（般若波羅蜜多を尊格化）の大心真言三摩地法門として見る説をあげることができる。

空海は、本書の対象となる『金剛頂経』を開題（経題の教義的解説）として分析しているが、顕・秘（密）という二つの異なった視点から、それぞれ次のように対比している。

顕教　金剛を宝と解釈（金剛石）

密教　金剛を戦具と解釈（金剛杵）

すでに明らかにしてきたように、梵語・ヴァジュラと漢語・金剛は、かなり早い時点から金剛杵と金剛宝（石）の両義をイメージとして内包しており、両者は個別の展開を含みながらも、いずれの概念も共通の堅固性と高貴性を保持し、「最高」という属性を表現していたのである。

そして、空海は仏教史上の両義の展開を正確に把握しつつ、「金剛頂」を「金剛の最上位」「最高の金剛」と定義したが、その内容を聖なる金剛界三十七尊の出現と、私たちの方から試みる五段階の成仏法（五相成身観）と信じて疑わなかった。金剛の両義を完知した卓見であったと評価したい。

金剛頂経の梵本（ネパール国立古文書館）

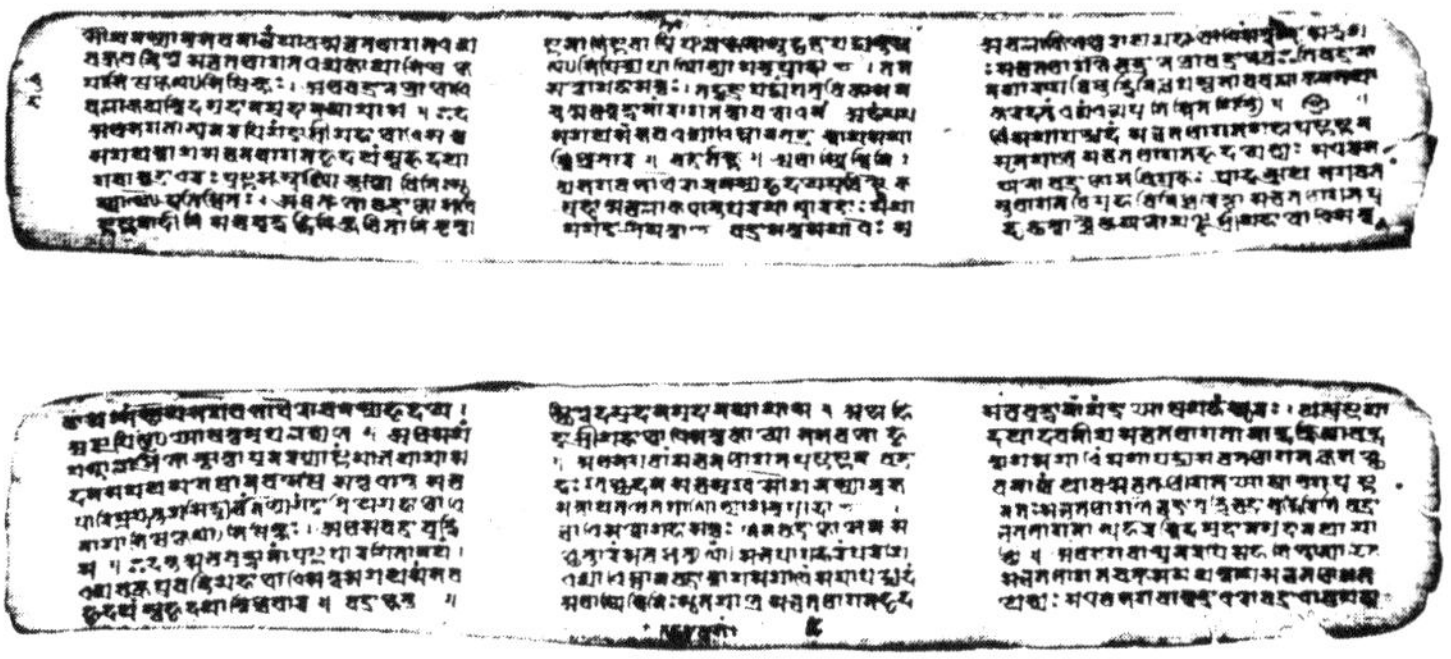

第一章……金剛頂経とは何か

金剛頂経の成立前夜

玄奘三蔵と大日経

◈成立前夜のインド

『金剛頂経』入門』というタイトルの本書であれば、早く現在使われている経典・テキストを取りあげて話を進めて行けばよいのに、と思っている方もおられることだろう。

けれども、私はどちらかといえば歴史家的な考えを持っており、ある経典が説かれた（学問的にいえば成立した）時代とその経典は密接不可分の関係にあると考える。別の極端な例をあげると、平安時代に大流行して人びとの信仰を集めた密教や浄土教と、鎌倉中期あたりから日本に続々と伝えられ、室町時代の前期にほぼ定着を見た禅の各宗とは、仏教の内容も、それを主に支えた階層にも大きな相違があることは無視できない。

そういう意味では、密教経典の中枢といわれる『金剛頂経』といえども、それが実際に登場した時期、さらにはその直前のインドにおける仏教の状況、すなわちその「成立前夜」を語ることも重要な意味を持つであろう。現在の実例でいえば、十二月二十五日のクリスマスが中心的な意義を持つといいながら、前夜の「クリスマス・イヴ」が当日に負けないウェイトを持つようなものである。

さて、七世紀前半のインドでは、すでに開祖・釈尊の出世から一千年以上の星霜を経た仏教が、インドの宗教の一画を占めて厳然とした役割を果していた。歴史的には、四世紀から六世紀にかけて、ガンジス河流域を中心とする北インドを拠点としてインド亜大陸の大部分を支配したグプタ王朝は、すでに力を失い、小国乱立の時代でもあったが、短期間とはいえ、北インドのカンニャークブジャ（曲女城）を都として、いわゆるハルシャ朝を樹立して、文化の華を咲せた英主・ハルシャヴァルダナ王のことを忘れてはならない。

ハルシャ王は、別名（あだ名）をシーラーディティヤ（その戒行が太陽のごとき者）といい、中国の史料では、「戒日王」としてあまねく知られている。王は文才にすぐれ、自ら『龍王の喜び（ナーガーナンダ）』や『宝の環（ラトナーヴァリー）』などの戯曲を著したという。彼の事績は、その大臣であったバーナ作『ハルシャ王物語（ハルシャチャリタ）』や、のちに触れる玄奘三蔵の見聞記である『大唐西域記』によって広く知られるところとなった。

シヴァ神

四世紀にガンジス河畔のパータリプトラ（現在のパトナー）を都として古典文化の華を開かせたグプタ朝は、大乗仏教の影響をも受けて新たに再編されたバラモン教を国教としたが、仏教などの他宗教にも寛容で、ニヤーヤ、ヴァイシェーシカ、サーンキヤなどの世にいうインド哲学の各派とともに、大乗仏教・部派仏教（小乗）などの教学も引き続き進展していた。

玄奘

その跡を継いだ七世紀のハルシャ朝の頃には、シヴァ神とヴィシュヌ神の信仰・礼拝を体系的に整備し、従来のバラモン教を再生させたヒンドゥー教が活発な動きを見せ、インド各地に多くの寺院や神像が建立・制作された。美術史の方では、六世紀（後半）から七世紀にかけてを「ポスト・グプタ期」と呼ぶことが多いが、ちょうどこの時代に仏教の中でも密教が急速に発展し、陀羅尼信仰と変化観音の時代を経て、ついに七世紀の中頃には、中期密教経典の中軸となる『大日経』と『金剛頂経』が相い継いで登場することになるのである。

◆前を行く者としての玄奘三蔵

『金剛頂経』という多重的な構造と内容を持つ経典の成立と発展については、本章でのちに詳しく紹介したいが、いわゆる「前夜」という視点からいえば、先述のハルシャ朝（七世紀前半）の関連項目である「玄奘三蔵」と「大日経」が重要なキーワードとなる。

このうち、今なお多くの人びとに親しまれている『西遊記』の主役・三蔵法師のモデルとなった玄奘三蔵（六〇二〜六六四）については、実に多くの著作や研究が蓄積されている。今、密教に限っていえば、彼は唯識思想の勉学を主目的としており、たとえ密教に関する断片的知識や情報を得ることはあっても、それに没頭したり、体系化することはなかったようである。

玄奘は、太宗皇帝の貞観三年（六二九）長安の都を出発し、中央アジアの高昌国で一時滞在したのち、苦難にみちた求法の旅に出た。のちの『慈恩寺三蔵法師伝』などの伝記によると、砂漠であわや遭難しそうになったとき、『般若心経』を唱え、その功徳によって助かることができたという。また、異形の鬼神に救われたが、この尊格は、のちに深沙大将と名づけられている。

ナーランダー僧院の遺跡

インドでは、中インドのナーランダー僧院で、高僧の戒賢（シーラバドラ）に師事して、有名な護法（ダルマパーラ）論師の唯識思想を中心に学修を重ねた。その後、インド各地の仏跡を訪れ、当時の仏教のありさまを見聞した。そして、流行中の仏像数体をはじめ、多数の梵本（サンスクリット語写本）を携え、貞観十九年（六四五）長安に戻った。帰国の際には、一大英雄として朝野をあげての歓迎を受けた。

『『大日経』入門』の時にも触れたが、七世紀を生き、とくにその中葉にインドを旅行した玄奘は、最初から唯識に集中したため、意外と密教に冷淡である。しかし、それにもかかわらず、その翻訳の中に、以下の重要な陀羅尼経典がある。

(1)『十一面神呪心経』

(2)『不空羂索神呪心経』

不空羂索観音（ナーランダー）

(3)『持世陀羅尼経』
(4)『六門陀羅尼経』
(5)『般若波羅蜜多心経』

このうち、(1)と(2)は、それぞれ十一面観音と不空羂索観音の根本となる神呪心（フリダヤ・マントラ）を説いたものである。ともに先行する翻訳が一本ずつあるが、新進気鋭の玄奘が帰国後、あえて訳出したことはその重要性を認めたものであろう。

ところで、(5)の世にいう『般若心経』を、広義とはいえ密教経典の範疇に入れたことに対して、異論の出る向きもあるはずである。つまり、『般若心経』は、空の教えを説く『般若経』のエッセンスを要約したものであり、「とらわれのない安らかな心を説く経典」であるという。一休、盤珪、白隠などわが国の禅宗系統の『般若心経』理解はまさにそのラインに沿っており、近年物故した畏友・阿部慈園氏の『あなただけの般若心経』（小学館、一九九〇年）は、良寛、山頭火などの味わいのある句を含んだ透明感のある文章によって、ベストセラーとなった。

けれども、古くは弘法大師空海の『般若心経秘鍵』、新しくは宮坂宥洪氏のエキサイティングな名著『般若心経の新世界』（人文書院、一九九四年）などに強調されるように、『般若心経』は結果的には疑いなく密教経典である。すなわち、十一面と不空羂索の両経の「神呪心経」は、『般若心経』の「心経」と異ならない。そして、『般若心経』末尾の「四呪」(ここでは「呪」と「咒」を区別しない)の「是大神呪」は、『十一面神呪心経』の「神呪」と同じ意味である。玄奘は、そのタテマエにもかかわらず、密教的理解ができる人であった。

この他、玄奘のインド見聞記とされてきた『大唐西域記』には、

(1)多羅(ターラー。観音の女侍者)像

(2)三尊像

などのポスト・グプタ期に流行した初期密教的要素が認められ、少なくともその方面の知識と情報があったことがうかがわれる。ただ、『大日経』や『金剛頂経』に直接関わる言及は見あたらず、やはり七世紀末の義浄三蔵の渡印が一つの区切りになるといえよう。

多羅(御室版)

◆兄弟経典の『大日経』

わが国の密教、とくに真言密教では「両部の大経」として一対のセットと見なされている『大日経』と『金剛頂経』であるが、成立の地インドでは、別の場所、別の時代に編纂されたと考えられている。その理由は、チベットの密教分類(四分類法)では、『大日経』が第二段階の行タントラ(礼拝所作に瑜伽を交える)に、『金剛頂経』が第三段階の瑜伽タントラ(三密行を完備した本尊

胎蔵大日如来（御室版）

瑜伽が中心）に配当されている。これは価値観に依拠した分類ではあるが、成立の先後関係とも無関係ではない。

のちに詳しく説明するように、一つの経典のみからなる『大日経』とは違って、『金剛頂経』は狭・広の二義があり、基本となる一つの経典（『初会金剛頂経』）をベースにして、さらに『理趣経』や『瑜祇経』などの関連経典が数多く展開していく。それゆえ、広義の『金剛頂経』は、むしろ「金剛頂経経典群」と称した方が妥当かも知れない。その場合、基盤となるのは、やはり『初会金剛頂経』であり、最も早く成立した部分である。これを、単に（狭義の）『金剛頂経』、もしくは厳密性を持たせて『真実摂経』と呼ぶこともある。

「前夜」という視点に立てば、『金剛頂経』が『大日経』から影響を受けたり、要素を継承した点は決して少なくない。第一に、本尊となる「大日如来」をあげることができる。もっとも、漢訳の『大日経』（正確には『大毘盧遮那成仏神変加持経』）では、翻訳者のインド僧・善無畏三蔵（六三七～七三五）と、補佐した中国人弟子・一行禅師（六七三～七二七）の連携によって、漢訳名「大日如来」という画期的用語が使用されたが、チベット訳から復元される梵語名は「ヴァイローチャナ」であり、『金剛頂経』でも原語は同一であった。しかし、『大日経』では「毘盧遮那」という梵語からの音写漢語に加えて、新しく創案した「大日」という仏名を数か所において使用しているのに対し、『金剛頂経』はほとんどを「毘盧遮那」と表記し、「大日」と漢訳することはなかったようである。

このように、本尊となる大日（毘盧遮那）如来は、一応『大日経』から『金剛頂経』へ引き継がれたが、仏身論（ほとけの思想的検討）の立場からいえば、先行する『大日経』では一応法身と伝承されているものの、厳密な規定はなされていなかった。

しかし、より体系化された仏身論を採用した『金剛頂経』では、金剛界マンダラという重要なマンダラが出現（出生）するにあたって、根本となる大（摩訶）毘盧遮那と、中心となるが一部分にすぎない毘盧遮那とを明確に区別している。その結果、同じ大日（毘盧遮那）如来であっても、それぞれの固有名詞が相違している。つまり、『大日経』の大日如来が、そのマンダラの名称をとって「胎蔵大日」、もしくはインド・チベットで「現等覚大日（アビサンボーディ・ヴァイローチャナ）」と呼ばれるのに対し、『金剛頂経』の大日如来（とくに中心としての）は、やはりそのマンダラの名前から「金剛界大日（ヴァジュラダートゥ・ヴァイローチャナ）」と命名されている。

ほとけを姿・形で表した図像の面から見ると、『大日経』の大日如来は、経典の中に「定に住す」という言葉のあることから、世にいう定印で表現されている。しかし、『金剛頂経』の大日如来は、次に述べるように、大日の四方を取り囲む阿閦如来などとともに金剛界五仏（日本では五智如来）として、一つのシステムを形成する。

したがって、図像的にも、五つの仏・如来を区別する必要が生じ、最もよく使用される大マンダラでは、次のような個別の表現が確定したのである。

如来・観音・金剛手を中心とする請雨経マンダラ（『曼荼羅集』）

五仏	方位	色	印相
大日	中央	白	智拳印
阿閦	東	青	触地印
宝生	南	黄	与願印
阿弥陀	西	赤	禅定印
不空成就	北	緑	施無畏印

個々の説明は第二章に譲りたいが、左手の人さし指を右手のひらで覆う智拳印は、『大日経』はもちろん、遡って釈迦如来にもまったく認められない密教独自の印相である。

『大日経』が『金剛頂経』の「前夜」にあたる証明の第二は、経典とそこに説かれるマンダラに登場するほとけたちのグループ構成である。複数のほとけたちの併存を認める密教では、出自が等しいか、もしくは同じ働きを持つほとけたちのグループを部族（クラ）と称して重視する。部族は、マンダラの構造と構成に不可欠な要素であることは疑いない。『大日経』の場合は、マンダラの最も外側に周辺的に配される最外院のほとけ（神を含む）は別にして、他の大部分のほとけたちを次の三部に分類した。

仏部＝大日・釈尊など、ほとけの基本的存在。

蓮華部＝観音とその眷属グループ。主に慈悲・救済をつかさどる。

金剛部＝もと金剛手・執金剛など侍衛者・護法者のグループ。菩薩や明王にまで昇格し、現実の調伏的威力と智恵の力をともにつかさどる。

そして、このような三部の構成とイメージは、仏教美術で重要な役割を果してきた三尊仏・三尊形式と密接な関連を有してきたのである。

ところが、『金剛頂経』は、正面から見て横一列（平面）の三部（三尊）を立体化し、その前に宝部を、その背後に第五の部族である羯磨部を置いた。すなわち、三部族が五部族になると、それを一つの画面で説明するには、製図でいう平面図、換言すれば上から見た形態をとる必要がある。

最後に、『金剛頂経』の五部を列挙すると、

五仏	**五部**	**五方**	**意義・働き**
大日	仏部	中央	全体
阿閦	金剛部	東	力
宝生	宝部	南	財宝
阿弥陀	蓮華（法）部	西	慈悲・智恵
不空成就	羯磨部	北	作用・成就

となるが、『大日経』の三部よりも緻密に体系化され、システム化が進展したといえる。

金剛頂経の成立

生み出された時代と場

◈「成立」とは

そもそも教えというか、思想を説く経典の「成立」を論じるということは、ある意味では、思想というものを正面から堂々と論じるのではなく、むしろ歴史という時間の流れに重点を置き、いわば病院で使用するCTスキャンのような断層写真を多数撮影して、それらを関係論的に論じるのと似たところがある。

したがって、客観性や実証性は当然保証されるが、逆に個性的な迫力はどうしても影をひそめてしまいがちになる。

ただ、歴史性を無視して、その経典の意義をいかように賞讃しても、直接縁のない者には、まさに砂上の楼閣のように不安定なものとなってしまう。

そこで、先には「前夜」として、『金剛頂経』に先行する『大日経』と、さらにその前夜ともいうべき玄奘三蔵の訳出した「神呪心経」などを取り上げたが、ここでは、いよいよ『金剛頂経』そのものが登場した時代と場（地方）を検討してみよう。

近年、密教の歴史を扱う場合、従来のように雑密（ぞうみつ）と純密（じゅんみつ）という価値対立的な二分法を使わずに、むしろインドやチベットの密教の発達段階をもカヴァーできる初期密教・中期密教・後期密教の歴史的三分法が確実に定着しつつある。最近の中国・陝西省の法門寺地下宮殿発掘のように、考古学的研究が進展した中国密教の研究では、前期・中期・后期という三段階が採用されているが、日本で使用される初期・中期・後期の密教三分法と一致する。むしろ、日本の密教学の成果を取り入れたといえる。

その中で、中期密教に属するのが『大日経』と『金剛頂経』であり、この両部の大経の他に、一般に『理趣経』と呼ばれる第三の密教経典があるが、後述のように、この『理趣経』は広義の『金剛頂経』の一部（第六会）とされることから、やはり純密とこれまで呼ばれてきた中期密教の経典は、『大日経』と『金剛頂経』の世にいう両部の大経によって代表されていたことは承認してよいだろう。ただし、『大日経』がすでに何度も触れているように単一の経典であったのに対し、『金剛頂経』の場合は十八会という幅広い内容を誇る広義の『金剛頂経』と、その冒頭の第一会にあたる『初会金剛頂経』に該当する狭義の『金剛頂経』の二種の存在があることを、常に念頭に置いておく必要があろう。

◆広本と略本

「聖なるもの」の具体的顕現の代表ともいうべき経典・聖典には、必然的に神秘的な伝説や神話が関わってくるが、密教経典の「王者」ともいわれる『金剛頂経』は、まさにその好例である。とりわけ、「南天の鉄塔」伝承は、同経の成立・起源に関わるテーマなので、後にもう少し詳しく取り上げるとして、第二の伝説に「広本海中投棄説」がある。

すなわち、初めて『金剛頂経』（系）の経典を中国に伝えた金剛智（ヴァジュラボーディ）三蔵（六七一～七四一）が、広東南方の南シナ海で暴風雨にあったとき、沈没をまぬがれるため、彼の持っていた十万頌（一頌は、特定数の音節からなる定型詩の単位）という膨大な分量の『金剛頂経』は、海中に投げこまれた。金剛智がのちに漢訳した『金剛頂瑜伽中略出念誦経』四巻（または六巻。略称『略出念誦経』）に相当するサンスクリット原本だけが、かろうじて残されたという。

その典拠は、金剛智が口述し、彼の弟子の不空三蔵（七〇五～七七四）が書きとめたという『金剛頂経義訣』であるが、この話は金剛智の正式な伝記類にはどこにも登場しない。文献学的にいえば、この『金剛頂経義訣』は、金剛智はおろか、弟子の不空よりも後代の作と考えられている。

おそらく、『略出念誦経』の「略出」という言葉を考慮して、金剛智の時代にすでに十万頌という広義の『金剛頂経』があったことを付会しようとする考えから出たものであろうが、いずれにしても『金剛頂経』に広義と狭義の二種の把握法があったことは否定できない。

◆成立の時代

広本と略本という難しい問題は抜きにしても、『金剛頂経』の成立・編纂に直接言及する資料は、インドには伝わっていない。この点は『大日経』も同じである。乱暴な文明比較は慎むべきであろうが、中国の人びとの人間を中心とした歴史主義・記録主義と、インドの人びとが第一義的に求めた聖なるものそれ自体という宗教主義との価値観の相違であろう。

ともかく考察を続けなくてはならないので、ここでは便宜上、略本にあたる『初会金剛頂経』が先に成立したものと想定して話を進めると、確実なところでは、中国へ入ったインド人の密教僧の訳経と行蹟・伝記が一つの手がかりとなる。

最初にあげるべきは、唐の有名な皇帝・玄宗の開元十年（七二二）に、インドの密教僧・金剛智によって翻訳された、先にも触れた『略出念誦経』である。これは、現在も『金剛頂経』系の事相（実践）の基本テキストの位置を占めており、またいわゆる『初会金剛頂経』の最も古い翻訳として扱われてきた。

しかし、次の「資料」の個所で改めて紹介するように、広く知られている不空訳の『初会金剛頂経』（『三巻本教王経』）とは内容が相当異なっており、現在わが国で流布している現図マンダラ系の金剛界マンダラを説く経軌ではない。明らかに系統の違いを示しているが、それでも『金剛頂経』系の経軌であることは疑いない。

金剛智

それを中国へもたらした金剛智三蔵は、ジャワ・スマトラの東南アジア経由で、中国の南の玄関口・広州に到り、開元八年（七二〇）に長安に入り、二年後にこの『略出念誦経』を訳出しているので、『初会金剛頂経』の成立下限年代を従来はこの頃（八世紀初頭）に設定していたのである。

ところが、これとは別に、年代的には少し先立って中国に入ったインド人の密教僧の善無畏（シュバカラシンハ）三蔵（六三七～七三五）は、かつて『大日経』入門』で論じたよ

『五部心観』の善無畏像（法明院本）

うに、もう一つの重要密教経典である『大日経』の翻訳者として知られている。しかし、善無畏は、同じく『初会金剛頂経』系の資料をも携えていた可能性がある。

第一は、善無畏系の『初会金剛頂経』といわれる白描図像マンダラである『五部心観』（略称。円珍請来の原本は園城寺蔵）である。五部とは、金剛界マンダラの中心部分を構成する五つのブロック（仏部・金剛部など）をさすが、この『五部心観』は、六つの場面（六会）からなる金剛界マンダラである。その巻末部に、

「この法は、阿闍梨（もしくは聖なる）善無畏の所与（与えたもの）なり」

として、善無畏の名前とその姿（図像）を掲げている。

これとは別に、弘法大師空海も若い頃に四国の室戸岬や石鎚山で修行した虚空蔵求聞持法のテキストである『虚空蔵菩薩能満諸願最勝心陀羅尼求聞持法』一巻は、善無畏が中国へ来てすぐの翻訳であるが、この経の冒頭の個所に、「金剛頂経の成就一切義品（第四章）から抽出した」という言葉が見られる。生来クールな私は、これを後世の加筆と考えていたが、中国の有名な高僧伝である『宋高僧伝』巻二の「唐の洛京・聖善寺の（善）無畏伝」には、この求聞持法が『金剛頂経』と関係を持つことがすでに指摘されている。

以上より総合すると、善無畏が何らかの形の『初会金剛頂経』を知っていた可能性が生じ、金剛智に少し先立つ善無畏のインド出発（七一五頃か）を、『初会金剛頂経』成立の下限に置くこともできる。

◆上限はどこまで遡るか

これに対し、成立の上限は、まったく史料的根拠がない。

『大日経』の場合と同様、唐の貞観十九年（六四五）に帰国した玄奘三蔵の記録などに組織的な密教の記述がなく、約半世紀後の嗣聖十一年（六九四）に中国に帰った義浄三蔵の著作などに密教の言及が多いことから、七世紀の末までには体系的な密教がインドで成立していたことは承認してよいだろう。ただし、義浄の記述には、『金剛頂経』を特定する要素は認められない。

もっとも、先に触れたように、『初会金剛頂経』の成立には、先行する『大日経』が多くのヒントを与えたことは明らかであり、たとえば『大日経』では、本尊は単なる毘盧遮那（大日）如来であったのに対し、『初会金剛頂経』では「金剛界」という固有名詞を前につけた毘盧遮那に展開している。

また、これも以前に紹介したように、『大日経』では、重要なほとけたちのグループ（部族）は、仏部・蓮華部（観音部）・金剛部の三つであったのに比べ、『初会金剛頂経』では、第四に財宝をつかさどる宝部が加わり、最終的にはものごとの成就（完成）をつかさどる羯磨部が遅れて成立し、結果的には五部族という「五」の法数をもって体系を説くに至るのである。

それらの点を総合すると、『初会金剛頂経』の成立はやはり七世紀の中頃、もしくは後半の前期で、しかも『大日経』に少し遅れて、その体系が組み立てられたと考えておこう。

◆南インドの『金剛頂経』

次に、『金剛頂経』が成立した場（地方）について一瞥しておきたい。両部の大経といわれる相い方の『大日経』の成立地に関しては、従来、諸説があったが、近年は私たちが多くの仏像資料を紹介した東インドのオリッサ地方が次第に有力な地域とされるに至ったのは喜ばしい限りである。

それに対し、『金剛頂経』、とくに『初会金剛頂経』の成立地は、ほぼ例外なく南インド（南天竺）とされている。

その主な論拠は、以下のとおりである。

①いわゆる「南天の鉄塔」説のあること。

②『初会金剛頂経』に関係の深い金剛智が、南インドのパッラヴァ王朝と関連を持ったこと。

③金剛智の弟子で、『初会金剛頂経』の代表的漢訳経典である『金剛頂一切如来真実摂大乗現証大教王経』（別称『三巻本教王経』）を訳出した不空三蔵が、スリランカ、および南インドで密教の資料を得たこと。

④チベット訳で残る『初会金剛頂経』の注釈書である『コーサラ荘厳』（シャーキャミトラ作）に、コンカナ、サヒヤなど、主に南インドで同経を学んだと記していること。

これらより明らかなように、中央アジアのシルクロードを経由して中国へ伝わったことが確実な『大日経』では、中インドのナーランダーや北西インドとの関わりが伝えられているのに対して、『金剛頂経』の場合は、後に大日如来像の遺品を紹介する際に触れるように、仏像としてはインドを中心とする広範囲に遺存しているにもかかわらず、南インドとの関連が圧倒的に多い。

南天の鉄塔図（『覚禅鈔』）

その代表が、『金剛頂経』の最大のロマンである「南天の鉄塔」である。この説も、先に取り上げた「広本投棄説」とともに『金剛頂経義訣』に説かれるが、そこでは、南天竺の鉄塔の中において、ある大徳が『金剛頂経』を授けられたことが記されている。その原イメージは、玄奘三蔵のインド情報を後に弟子の弁機がまとめた『大唐西域記』に説かれる中観学派の清弁論師が海中の阿素羅宮（阿修羅の宮殿）を開いた説話によったものと思われるが、南インドと『金剛頂経』が近い関係にあったことを如実に物語っている。

なお、わが国の空海は、この「南天の鉄塔」説に非常な関心を示し、『秘密曼荼羅教付法伝』（略称『広付法伝』）の中では、真言の付法の八祖のうち、第三祖の龍猛菩薩が南天の鉄塔の中に入って、第二祖の金剛薩埵から密教の灌頂を授けられたと記している。

その意図は、すでに松長有慶博士などが指摘されたように、宗教的な存在である大日如来・金剛智・不空を結びつけるために、神話的存在である龍猛・龍智を介在させたと理解することができるが、いわば聖と俗をつなぐ場として南天の鉄塔が有効な働きをしたと考えることができる。

◆南インドの意義

詳しくは紹介できないが、『金剛頂経』が「北天」や「西天」ではなく、「南天」とのみ結びついていたのは、南インドと不可分の関係を持つ大乗仏教の龍樹（ナーガールジュナ）論師とその思想基盤となった『般若経』があったことは銘記しておく必要がある。

南インド出土の摩利支天

ともあれ、金剛智三蔵の伝記資料によれば、中インドの有名な仏教僧院であるナーランダーで中観や唯識などの大乗仏教を修学した金剛智が実際に『金剛頂経』系の密教を学び、しかもその奇跡を現したのは南インドであった。なお、空海の梵語の師であった般若三蔵も、南天で瑜伽教（『金剛頂経』系密教）を受け、マンダラに入ったと述べており、八世紀の初め頃には、南インドにおいて密教が流行していたことを示している。

ところで、最後に問題を提起しておきたいのは、「南」天竺の示す範囲である。従来、「南」天竺といえば、南天の鉄塔との関係が指摘されるアマラーヴァティー、ナーガールジュナコンダ、カーンチープラムなどの地方、つまり現代でいうアーンドラプラデーシュとタミールナードゥの両州を中心とする地方であるとされてきた。確かに、北東インドのパーラ朝と比較される南インドのパッラヴァ朝は、古都カーンチープラムに都を置き、そこに金剛智も滞在したと伝えている。しかし、カーンチープラムをはじめ上記の地方には、わずかな例外を除いて密教系の遺品は発見されていない。

そこで問題となるのが、玄奘の情報による『大唐西域記』であるが、彼が実際に南と西の両インドへ足を運んだかは問わないとして、私の見解によると、東インドと南インドの境は想像以上に北方に寄っている。私の見解によると、オリッサ州を西から貫流するマハーナーディ河を遡ったシルプール、そしてそのずっと西部に現在位置しているナグプールを結ぶ線以南が、七～八世紀頃のいわゆる「南天竺」ではなかったろうか。

シルプールの僧院跡

昭和五十七年に初めて調査したシルプールは、二つの僧院跡の発掘のみで遺品の数は文殊菩薩像（もんじゅ）、クベーラ（仏教では毘沙門天（びしゃもんてん）、もしくはジャンバラ）など少量であるが、オリッサの仏教寺院と類似した構造を持っている。このシルプールが南コーサラ（ダクシナ・コーサラ）国の都であったのは、決して偶然ではなかろう。最近、二十数年ぶりに同地を訪れると、三～四の寺院跡が新しく発掘されていた。

こう考えていた私に力強い援軍が現れたのは、今インドで新仏教運動の先頭に立つ、かの佐々井秀嶺上人その人であった。もう二十年も前、

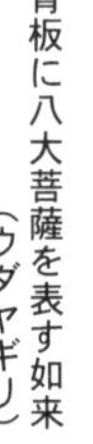

背板に八大菩薩を表す如来（ウダヤギリ）

背板に四供養菩薩を表す金剛界大日如来（ウダヤギリ）

初めてナグプールでお会いした時には、夜遅くまで南天の鉄塔、龍猛菩薩の話に時間を忘れたものだった。

ナグプール近郊説をとる佐々井師とは若干の違いはあるが、『金剛頂経』のふるさとは、私が『大日経』のそれと考えるオリッサ地方から意外と近いかもしれない。

◆『大日経』と『金剛頂経』が共存したオリッサ地方

この密教のふるさとともいうべきオリッサ地方の遺跡の現状であるが、ウダヤギリ遺跡のように、新たな僧院跡の発掘が進み、素晴しい如来像などが姿を表し始めた例もある反面、せっかく十年前あたりに新しい発掘が始まったものの、資金が続かなかったのか、発掘が途中で止まり、仏塔や僧院の基壇が再び土砂に埋もれ始めた所も少なくない。

日本ならば、ちょうど平安時代の頃にあたる広大な仏教寺院の遺構が詳しい調査報告書の完成を待たずに再び土中に姿を消すとすれば、誠に残念なことである。

ところで、オリッサ地方の密教遺品の中から『金剛頂経』系のものを選んでみると、『大日経』系のものに比べて予想より少ない。その中でとくに取り上げるべきは、ウダヤギリのマーダヴァプル僧院跡から出土した美しい金剛界大日如来像と、ラトナギリ遺跡から二体ずつ、二組（計四体）出土した金剛界立体マンダラの一部である。

胎蔵大日如来と観音・金剛薩埵の三尊を安置するラトナギリ・第四祀堂

最初の金剛界大日如来は、高い宝冠をかぶり、やや微妙な智拳印を結ぶ。腹部を引きしめたアクセントのある体躯で、背板の四隅に四供養菩薩を配する。現在のところ、インド現存の最も大型で、美しい大日如来像である。

背板に四親近菩薩を表す阿閦如来（ラトナギリ出土）

他方の同型石板で組み合わされた金剛界の立体マンダラは、旧都ジャジプルの資料庫に二体が展示されている。その内容は、同寸法の触地印如来像と定印如来像であるが、光背の左右上部に二体ずつ浮き彫りされている小菩薩像が、その持物と印相から、金剛界の十六大菩薩の半数に該当することを私の学位請求論文『密教仏の研究』で明らかにしたが、改めて詳細に調べてみると、阿閦如来（触地印）の四親近菩薩筆頭の金剛薩埵の持物（右手・金剛杵、左手・金剛鈴）などは、文献的には『金剛頂タントラ』や、『初会金剛頂経』に対するアーナンダガルバの注釈『真実灯明』に近い。また、日本の図像資料としては、石山寺本の金剛界八十一尊マンダラに比較的類似している。

密教の代表的菩薩である金剛薩埵の図像については、のちに第六章で詳しく検討したいが、後世の『金剛頂経』系密教で主流となった上記の持物をとる金剛薩埵と、やはり金剛界マンダラに金剛法菩薩として登場する蓮華の花を開く姿の観音が、ラトナギリ遺跡の第四祀堂では、胎蔵大日如来の脇侍として安置されている。また、ウダヤギリ遺跡の仏塔では、その四方に金剛界四仏のうちの不空成就如来を胎蔵大日如来に置き換えた、特異な構成の四仏を配置する。

東インドのオリッサで出土した『金剛頂経』・金剛界マンダラ系統に属する仏像は、年代的には九世紀から十世紀に収められるものが主流で、空海が中国から日本へ伝えた系統のものと比べれば、量感の印象は少し退化し、引きしまった肉体を強調するもののやや形式化の傾向は否めない。

しかし、『大日経』・胎蔵マンダラのみならず、『金剛頂経』・金剛界マンダラ系の遺品までもが出土し、しかもそれが時には図像的な融合をも示していることから、たとえ「両部」というセット思想の発想はなくても、いずれの系統の密教も、オリッサと深く結びついていたことが確認できよう。

金剛頂経という経典群

梵・漢・蔵の諸テキスト

◈二種の『金剛頂経』

前に触れたように、『金剛頂経』は、いわゆる金剛界マンダラを説く狭義の『金剛頂経』(『初会金剛頂経』)と、のちに個別に発展する『理趣経』などの萌芽(ほうが)的要素をも含んだ広義の『金剛頂経』の二種の概念が並存している。『金剛頂経』を最初に中国へ伝えたとされる金剛智三蔵が、暴風雨で船が難破しそうになったとき、大量の梵本を意識的に海中に投棄したという説は、広義と狭義の『金剛頂経』のギャップを埋めようとした苦心の策だったようだ。

ここで、二様の意味を持つ『金剛頂経』の文献資料を紹介するにあたって、最初に狭義の『金剛頂経』、つまり『初会金剛頂経』から取り上げることとしたい。要するに、金剛界マンダラを説くテキストであり、専門家の間では、サンスクリット語名などから『真実摂経』とも呼ばれるが、この呼び方は残念ながら普及しておらず、やはり『金剛頂経』としておこう。

一般的にいえば、ある経典を考察する場合、最近の仏教学の方法に従えば、インドで成立したことが明白であれば、まず梵本といわれる古代インドの言語(サンスクリット語か、その俗語のプラークリット語)で書かれたテキストを取り上げることから始める傾向が強い。いわゆる近代仏教学を生み出したのが、十九世紀末から二十世紀初頭のヨーロッパであったので、言語学的に共通する地盤（語族）を有していることもあり、むしろ自然の趨勢であったといえよう。

『金剛頂経』の場合、『大日経』とは異なり、その歴史的位置が高く、しかも流行期間が長かったこともあって、いわゆる梵本が一点だが伝わっている。皆無の『大日経』に比べると重要度の高さがうかがわれるが、『法華経』現存写本の数十点と比べると、差は歴然としている。

本章の扉に掲げたのは、現在ネパールの国立古文書館（ナショナルアーカイブス）に保管されている写本の写真であるが、九世紀頃の書写とされている。この貴重な写本、ならびに再書写した別写本については、D・L・スネルグローブとG・トウッチという著名なインド学・仏教学者が関与しており、わが国では高野山大学の故堀内寛仁教授が、他の蔵（チベット）・漢の両訳や注釈書をも対照した労作（『梵・蔵・漢対照　初会金剛頂経の研究　梵文校訂篇』（上）（下）、高野山大学密教文化研究所、（上）一九八三年、（下）一九七四年）を著して以後、『初会金剛頂経』の文献研究の出発点となっている。

なお、サンスクリット語で書かれた梵本資料としては、幸いなことに日本には他に『聖衆来迎寺梵本』と『五部心観』（書き込まれた梵文）が伝わっているが、狭義の『金剛頂経』と相違する部分があるため、別に取り上げることとしたい。

ところで、現存梵本の内容は、結論的にいえば完成本であり、「金剛界品」「降三世品」「遍調伏品」「一切義成就品」の世にいう四大品のほか、続タントラともいわれる「教理分」を含んでいる。チベット訳とよく一致するのみならず、漢訳では、平安時代の後期に伝えられた施護訳の『三十巻本教王経』にあたる。ただ、空海が理解した『金剛頂経』よりは少し発展したものであるので、一部の例外を除いて伝統教学で重視されなかったのは残念である。

◆なじみの深い漢訳資料

漢訳の中で、狭義の『金剛頂経』、つまり『初会金剛頂経』にあたるものとして、従来以下の経典があげられてきた。

(1)金剛智訳『金剛頂瑜伽中略出念誦経』四巻（または六巻。略称『略出念誦経』）

(2)不空訳『金剛頂一切如来真実摂大乗現証大教王経』三巻（『三巻本教王経』）

(3)施護訳『仏説一切如来真実摂大乗現証三昧大教王経』三十巻（『三十巻本教王経』）

このうち、(2)の不空訳の『金剛頂経』が、通称『三巻本教王経』として、古来、日本密教の中心聖典として重視されてきたことは周知の事実である。確かに、中国密教における『金剛頂経』系の学僧の中で、玄宗・粛宗・代宗の三朝にわたって傑出した地位にあった不空三蔵が、同経の訳出を契機に次第に重要な役割を果したことは何人も認めるところである。

したがって、宗学の上では『金剛頂経』の講伝に際して、必ずこの『三巻本教王経』をテキストとしている。また、わが国で『金剛頂経』に対する注釈が作られたとき、平安時代の慈覚大師円仁（七九四〜八六四）も、江戸時代の学匠・曇寂（一六七四〜一七四二）も、いずれも不空訳の『金剛頂経』を底本としている。

ところで、『金剛頂経』の構成を紹介する際に改めて触れるが、狭義の『金剛頂経』にあたる『初会金剛頂経』の完成本は、「金剛界品」「降三世品」「遍調伏品」「一切義成就品」の四大品からなっているが、不空三蔵訳の『三巻本教王経』は、このうちの最初の「金剛界品」の金剛界・大(だい)マンダラ（現図(げんず)・九会(くえ)金剛界マンダラの「成身会(じょうじんね)」）を説く部分に相当する。同品の全体には、現存する現図系の九会金剛界マンダラの九会のうち、六種のマンダラが説かれている。現在使われている九会金剛界マンダラの言葉でいえば、「成身会」「三昧耶会(さんまやえ)」「微細会(みさいえ)」「供養会(くようえ)」「四印会(しいんね)」「一印会(いちいんね)」の六種のマンダラは、「金剛界品」のマンダラである。

ところで、思想内容的にいえば、『初会金剛頂経』の中心思想、ならびに実践は、

(1)金剛界・大マンダラの出生(しゅっしょう)
(2)成仏法としての五相成身観(ごそうじょうじんかん)
(3)師資相承(ししそうじょう)の灌頂(かんじょう)

の三要素と私は考えている。

もちろん、不空訳の『三巻本教王経』は、三要素をすべて具備しており、しかもテキストとしても、梵本・チベット訳の「金剛界品」と整然とした対応関係が認められる。

しかし、不空の師である金剛智が翻訳した『略出念誦経』は、私が掲げた三要素を含んでいるものの、その配列や具体的な内容に関して、不空訳、梵本などと一致しない点が少なくない。この点について、経典名中に「略出」の言葉のあること、同経の注釈書とされる『金剛頂経義訣』に広本海中投棄説をあげることなどの理由によって、成立過程のテキストの翻訳であり、未完成なための差違と考えられてきた。

けれども、近年、文献学的比較研究に加え、マンダラのほとけたちの図像に重点を置く図像学の進展によって、『略出念誦経』は、『初会金剛頂経』そのものの系統（私のいう「本経」）ではなく、さらに儀軌化しており、図像的にも別の系統に配当すべきであるという見解が有力となってきた。とくに、大日如来をはじめとする五仏が獅子などの鳥獣に坐す点は注目すべきであろう。この問題は、第七章で金剛智の伝えた『金剛頂経』について論じるときに詳しく扱いたい。

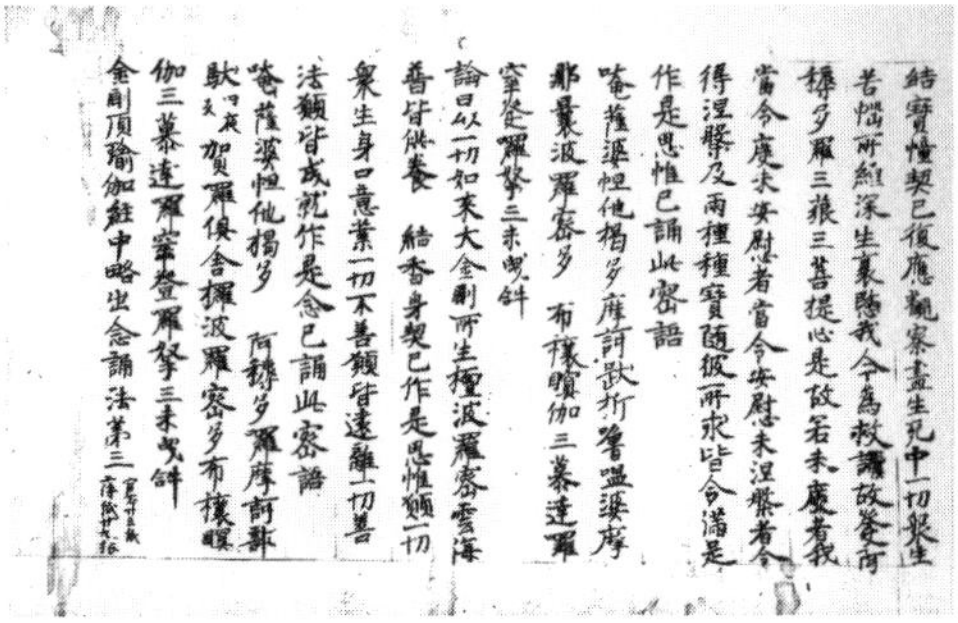

『略出念誦経』の写本

漢訳の最後に位置する施護三蔵訳の通称『三十巻本教王経』は、八世紀の中葉に訳出された不空訳の『三巻本教王経』よりも二百年以上たった十世紀末の翻訳ということもあって、量的にも内容的にも増広され、『初会金剛頂経』の完成段階を示している。テキストとしては、梵本、およびチベット訳とよく対応し、七世紀後半の初め頃には編纂が始まった『初会金剛頂経』が、他の経典と関連を持ちつつ、十世紀の前半にはすでに現在の形態を整えていたことがわかる。

したがって、九世紀前半に活躍した空海・最澄、そして少し遅れる円仁・円珍は、『金剛頂経』の完成本を知るに到らなかったが、それでも空海は『金剛頂経』の名前をあげるとき、不空訳の『三巻本教王経』には収まり切れない広義の『金剛頂経』を念頭に置いている。

施護訳は大部であり、等閑視されてきたが、南北朝時代の東寺の学僧・

杲宝（ごうほう）（一三〇六〜一三六二）は『三十巻教王経文次第（もんしだい）』を著し、新しい密教の理解に努力を払っている。

◈最近注目のチベット訳資料

『金剛頂経』の文献資料の第三は、世に「梵・漢・蔵」といわれる文献資料群のうち「蔵」にあたるチベット語訳経典である。なお、この三種の文献資料群についていえば、古くは「梵・漢・蔵」と呼ばれていたが、インドの仏教を忠実に伝えたのみならず、新しい発展をもたらしたチベット仏教への研究と関心

リンチェンサンポ（ラダック・アルチ寺）

が急激に発展するにつれて、いつしか「梵・蔵・漢」という順の方が定着していったと考えられる。

ところで、現在、各種のチベット大蔵経に収録されているチベット訳の『金剛頂経』のタイトルは、翻訳すると、「一切如来（いっさいにょらい）の真実の集成と名づける大乗経（だいじょうきょう）」となり、梵本の奥づけと異ならない。『大日経』よりも密教化が進んでいるにもかかわらず、「タントラ」ではなく、「大乗経」を名乗っているのは不思議な気がする。

内容は、全体を九品に分け、第一〜三品を「金剛界品」、第四・五品を「降三世品」、第六を「遍調伏品」、第七を「一切義成就品」、第八・九を「続（ぞく）タントラ」「続々（ぞくぞく）タントラ」にあてており、梵本、および『三十巻本教王経』とよく一致する。

翻訳は、インド僧のシュラッダーカラヴァルマンとチベット僧のリンチェンサンポ（九五八〜一〇五五）の共訳で、十一世紀の中葉に訳出されている。前者のシュラッダーカラヴァルマンが、後者のリンチェンサンポとともに数点の瑜伽部クラスの密教経軌を訳出しているところを見ると、当時西チベットに入っていたインドの密教僧と考えられる。

後者のリンチェンサンポは、チベットの密教を語る際には決して忘れることのできない人物である。九世紀中葉のいわゆるダルマ王の破仏以降断絶していたチベット仏教を復興するため、若くしてインドに派遣され、多年北西インドのカシュミールで顕・密の両仏教を学んだ。のちに、西チベットへ帰り、ラダックやグゲなど各地に多くの寺院を建立したという。チベットの後伝期仏教の始祖というべき位置にあり、彼の翻訳以降を新訳と呼んでいる。

リンチェンサンポは、無上瑜伽密教とも別称される後期密教の一部についても知悉していたが、得意としたのは広義の『金剛頂経』グループに属する瑜伽密教であったことは、西チベットに数多く伝わる密教マンダラからも明らかである。そのリンチェンサンポが『金剛頂経』のチベット訳を訳出していることは、少なからぬ意味を持っている。

両部の大経の対となる『大日経』が、九世紀の初め、インド僧シーレーンドラボーディとチベット僧ペルチェクの共訳であることと比較すると、『大日経』の旧訳に対して、『金剛頂経』は新訳であり、二百年の年代差とともに、密教化の度合が大きく進展している事実を如実に知ることができる。

◆注釈書と関連儀軌

狭義の『金剛頂経』にあたる『真実摂経』に対しては、その思想的・教義的重要性を反映して、インドにおいてすでに多くの注釈書が著されている。ただ残念ながら、早く仏教が滅んだことと、インドの貝葉(ばいよう)原典が未加工の植物材料ということもあり、著しく保存に適さないことなどによって、サンスクリット語で書かれた注釈書は、ネパールのヴァジュラアーチャーリヤによる近代の儀軌類を除くと、未だ古い著作の遺例は報告されていない。

しかし関連する儀軌としては、八～九世紀頃に活躍したと推測される瑜伽部密教の達人アーナンダガルバの『一切金剛出現(いっさいこんごうしゅつげん)（サルヴァヴァジュローダヤ）』などの梵本が報告・校訂されている。これを研究した大正大学の高橋尚夫氏によると、先に触れた『略出念誦経』と類似する部分が多いという。

最近の仏教学・密教学では、梵本の『初会金剛頂経』を研究するにあたっては、チベット訳の残る以下の三人の注釈書を補助資料とすることが多い。

(1)ブッダグヒヤ撰『タントラ義入(ぎにゅう)』
(2)シャーキャミトラ撰『コーサラ荘厳』
(3)アーナンダガルバ撰『真実灯明』

このうち、最初のブッダグヒヤは『大日経』に対しても二種の注釈書を残しており、やはりインドにおいても、『大日経』と『金剛頂経』が相い接して信仰されていた証左(しょうさ)となる。三者の密教理解の相違は、金剛界マンダラの図像系統において顕著である。とりわけ、アーナンダガルバの解釈した金剛界マンダラが、西チベットと東南アジアを中心に影響を与えたことは興味深い。

漢訳には、金剛智と不空の名前を持つ多くの注釈書・儀軌が伝えられているが、厳密にいうと真作は意外と少ない。たとえば、広本海中投棄説を説く『金剛頂経義訣』は、『略出念誦経』の六巻本の注釈書といわれているが、神話的要素が多すぎる。

『三巻本教王経』を訳出した不空は、略称『分別聖位経』と呼ばれる有益な儀軌を残している。これは、本名を『略述金剛頂瑜伽分別聖位修証法門』というように、金剛界マンダラの作法と瑜伽部密教の思想を要領よくまとめたもので、「経」というより不空の著作だろう。

中国では、晩唐の一時期であったが、金剛智と不空の両系統と、それをさらに土着化させた『金剛頂経』系の密教が遅咲きの花を開かせたのである。

不　空

◆広義の『金剛頂経』資料

『金剛頂経』の概念を拡大させると、現在の日本密教で最もよく読まれている『理趣経』や、後期密教の中心となった『秘密集会タントラ』なども含めることができるが、ここでは金剛智・不空の両三蔵、ならびに両者の密教を広く受容した空海の時代、すなわち漢訳の『金剛頂経』群が出来上った頃の視点から、広義の『金剛頂経』を整理してみよう。

そうすると、直接のキーワードとなるのが「十八会」という言葉である。不空三蔵が撰述した『金剛頂瑜伽経十八会指帰』（略称『十八会指帰』）と『都部陀羅尼目』は、いずれも「瑜伽本経」が十万偈を持ち、それが十八会、つまり十八の部分を持つと述べている。いわゆる広本説である。なお、『十八会指帰』の冒頭の名称は、従来「金剛頂経瑜伽」と無批判に伝えられてきたが、検討の結果、「金剛頂瑜伽経」とすべきである。なぜならば、「金剛頂瑜伽経」こそが、十八会の萌芽的部分を含む広義の『金剛頂経』をさす重要な概念であるからである。

十八会の内容とその発展形態との対応については、故酒井真典博士と筆者などの研究があるが、これまで次のような対応関係が一応の承認を得ている。

	会名	対応経典（略称）
初会	一切如来真実摂教王	『真実摂経』
第二会	一切如来秘密王瑜伽	『金剛頂タントラ』
第三会	一切教集瑜伽	『金剛頂タントラ』
第四会	降三世金剛瑜伽	『降三世大儀軌王』
第五会	世間出世間金剛瑜伽	『悪趣清浄タントラ』
第六会	大安楽不空三昧耶真実瑜伽	『理趣経』
第九会	一切仏集会拏吉尼戒網瑜伽	『一切仏集会タントラ』

第十三会　大三昧耶真実瑜伽（だいさんまやしんじつ）『仏説秘密三昧大教王経』（ぶっせつひみつざんまいだいきょうおうきょう）
第十五会　秘密集会瑜伽（ひみつしゅうえ）『秘密集会タントラ』

『理趣経』までの密教で終了したわが国の密教理解ではいささか考察が難しいものの、不空三蔵や空海の時代にはまだ各会は成立の過程の段階にあったが、不空訳の種々の漢訳にはその根本となる要素が出来上りつつあったのである。インドでの発展がほとんど見られなかった『大日経』に対し、『金剛頂経』はむしろ広義の経典群を築き上げ、密教の豊かな土壌としての役割を果したといえよう。

金剛頂経の構成

――密教システムの概要

◈複数ある『金剛頂経』のテキスト

さて、いよいよ『金剛頂経』そのものの構成について紹介したい。

すでに折に触れて述べてきたように、広義の『金剛頂経』になると、のちに『理趣経』など個別の密教経典に発展する部分を含んでいるので、膨大な量となる。そこで、世に『初会金剛頂経』といわれる狭義の『金剛頂経』（別称『真実摂経』）をここでの対象とし、その内容と構成を取り上げよう。

さらに詳しく触れると、狭義の『金剛頂経』（『初会金剛頂経』）を説明する場合、真言宗・天台宗の伝統教学では、不空三蔵訳の『三巻本教王経』に基づいて解釈されてきたが、これは先に説明したように、いわば発達段階本で、最終的な完成本は、漢訳でいえば、宋の施護訳の『三十巻本教王経』にあたる。単純に巻数から考えると、完成本は十倍の量と内容に増広されている。

ただ、中国・日本の伝統的な密教では、一千年以上にわたって、発達段階本ともいうべき『三巻本教王経』に従って、『金剛頂経』の密教の信仰・思想・実践が行われてきたので、従来の伝統説を一応の根底に置きつつ、ここ三十年の近代仏教学の成果によって、基礎的情報として利用が可能になった完成本としての『初会金剛頂経』も視野に入れながら、現代的立場から同経の構成を論じてみよう。

◈完成本『金剛頂経』の構成

二十一世紀の現代社会に入っている今、現在の情報・知識として理解されている最先端を紹介すると、『初会金剛頂経』の完成形態が整うのは十世紀であり、同経の骨格がまとまり始めてから約三百年近い年月が経過している。資料的には、現存唯一の梵本とチベット訳、ならびに宋代の施護訳の『三十巻本教王経』が、内容的にも分量的にもほぼ一致する完成本といえる。

まず、最近では基本的文献資料とされる梵本でいえば、経典自体に全体的な構造論が明記されているわけではない。この点は、『大日経』をはじめ他の経典でも同様である。

これに対し、いわゆる注釈書なるものは、第一の目的として一見まとまりのない経典を整理し、その内容を体系的に構築することを目指すものであり、結果的にいくつかの章節に分類される。これを「科文（かもん）」と中国では呼んでいる。

『初会金剛頂経』の場合では、注釈書の一つの『コーサラ荘厳』を著したシャーキャミトラは、次の五つの部分に分けている。

(1)因縁分
(2)根本タントラ
(3)続タントラ
(4)続々タントラ
(5)流通分

このうち、「因縁分」とは、漢訳の経典構成で用いる科文の「序分」にあたり、その経典が説かれる状況と原因を説いている。

次の「根本タントラ」以下の三つの「タントラ」と呼ばれる部分がいわば本論であり、いわゆる「正宗分」にあたる重要部分を形成するが、とくに根本タントラが、「根本」という言葉が示すように中心の位置を占める。これに対し、「続タントラ」と、さらに続く「続々タントラ」は、名前の示すように「続篇」「続々篇」ということで、一部テーマを敷衍した形をとり、分量的にも比較的短いことが多い。

「流通分」は、漢訳の流通分と同様、経典として最後に衆生教化の意義を説き、信者たちの信仰を讃嘆する。

中心となる根本タントラは、「金剛界品」「降三世品」「遍調伏品」「一切義成就品」の四大品に分かれ、合計二十二章からなる。各品の内容については、本書の第二〜五章で「金剛界品」をはじめとして順に詳しく説明したいが、原則として各品とも共通して六種のマンダラと、そのマンダラへ弟子を引き入れて灌頂する作法、および四種の象徴体系である四印（大印・三昧耶印・法印・羯磨印）などを説いている。

なお、「金剛界品」の冒頭第一章では、釈尊の成道の意義を密教的にアレンジした五相成身が説かれ、本経の命題ともいうべき即身成仏の可能性を高らかにうたい上げるとともに、次品の「降三世品」の第一章では、がらりと内容が異なり、金剛手が忿怒の形相（降三世明王）を示して、素直に従わぬヒンドゥー諸神を降伏するテーマが主題となっている。

何度も強調しているように、『金剛頂経』はその大半をマンダラの記述にあてている。同経に説かれる計二十八種のマンダラについては、それを説く各品の内容とともにのちに紹介したいが、「金剛界品」「遍調伏品」「一切義成就品」で各六種のマンダラが説かれるのに対し、「降三世品」のみはさらに四種の教勅マンダラが付加されて十種となる。以上を合計すれば二十八種となり、チベットのギャンツェのペンコルチューデ寺の大仏塔にはその珍しい壁画マンダラが描かれている。

本文の残りの「続タントラ」は三章からなり、順にマンダラ教学でいう大マンダラ、三昧耶マンダラ、法マンダラ、羯磨マンダラの解説とされるという。

本文最後の続々タントラは、聖俗一致を目指す修習（瞑想）よりも、供養・礼拝の外的所作を願う人びとのために説かれたといわれている。

◆漢訳による完成本の構成

内容的には梵本やチベット訳と大差はないが、完成本の『初会金剛頂経』の構成を、今度は漢訳の『三十巻本教王経』からたどってみよう。

宋代の訳経三蔵の施護が十世紀の末に訳出した『三十巻本教王経』は、略称名が示すように三十巻という大部の経典である。その内容は、全体を通して二十六分（分は章にあたる）の順番が付されているが、全体を大別すると五部に分けることができる。

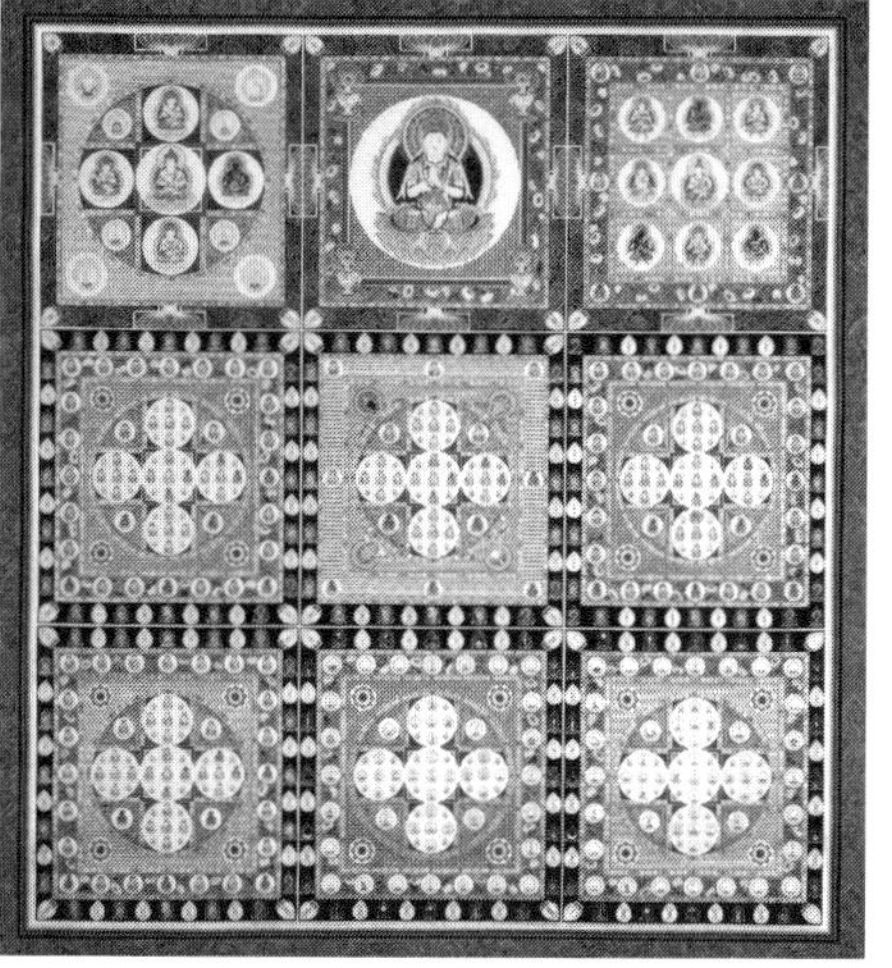

西

南			北
	四印会	一印会	理趣会
	供養会	成身会	降三世会
	微細会	三昧耶会	降三世三昧耶会

東

「金剛界品」「降三世品」などに基づく現図・金剛界九会マンダラと、その構成

「降三世品」の主役・降三世明王

第一部は、分名でいえば第一分から第五分までに相当し、漢訳では「大乗現証三昧」といわれるが、四大品で配当すれば「金剛界品」にあたる。第一分は「金剛界大曼拏羅広大儀軌分」といい、金剛界の大マンダラについて述べるが、これは現図の金剛界九会マンダラの成身会に該当する。不空訳の『三巻本教王経』は、この部分までの翻訳にあたる（なお、以下本書では『三十巻本教王経』については、原文にある「曼拏羅」を用いる）。

第二分の「金剛秘密曼拏羅広大儀軌分」は、陀羅尼マンダラとも、三昧耶マンダラともいわれる。現図の金剛界九会マンダラの第二会の三昧耶会にあたる。第三分の「金剛智法曼拏羅広大儀軌分」、第四分の「金剛事業曼拏羅広大儀軌分」は、それぞれ九会マンダラの微細会と供養会にあたるが、以上の各マンダラの詳細に関しては第四章で取り上げたい。

ともあれ、第一部は、現在流布している金剛界九会マンダラとの整合性に注目すべきであろう。

第二部は、第六分の「降三世曼拏羅広大儀軌分」から第十四分の「一切金剛部羯磨曼拏羅広大儀軌分」までに相当し、「金剛三昧」、あるいは通称「降三世品」と呼ばれている。現図の金剛界九会マンダラでは、第八会の降三世会と第九会の降三世三昧耶会が含まれる。

第三部は、第十五分の「調伏一切世間大曼拏羅広大儀軌分」から第十八分の「大曼拏羅広大儀軌分」

「遍調伏品」の主役・観自在菩薩（右）と「一切義成就品」の主役・虚空蔵菩薩（左、御室版）

までに相当し、「法三昧」、もしくは「遍調伏品」と呼ばれる。後者の名称からは、他を調伏（降伏）する恐ろしげな尊格たちが想像されるが、実際には同品は、観自在菩薩を中心とする蓮華部（法部）の諸尊のマンダラであり、『大日経』に説かれる胎蔵マンダラにも登場する馬頭・不空羂索・白衣などの蓮華部（観音部）の諸尊が多数説かれている。ただし、毘倶胝尊忿怒や蓮華忿怒など、品名から想像されるような忿怒系のほとけも含まれているのは新しい展開か。

第四部は、第十九分の「一切義成就大曼拏羅広大儀軌分」より第二十二分の「羯磨曼拏羅広大儀軌分」までに相当し、「羯磨三昧」、もしくは「一切義成就品」と呼ばれている。「一切義成就」とは、「すべての目的をなしとげる」という意味で、次章で取り上げるように仏陀釈尊の俗名シッダールタとも関連するが、この『初会金剛頂経』では、財宝性を象徴する虚空蔵菩薩が本尊として登場する。

日本の弘法大師空海が若き頃に修行に専念した虚空蔵求聞持法は、これまでは『大日経』や『金剛頂経』とまったく関係を持たない雑密と考えられていたが、奈良時代に大安寺の僧・道慈が持ち帰ったと想定される求聞持法のテキストと『初会金剛頂経』の「一切義成就品」の真言や印相には類似する点があり、その点を重視すると、空海は中国へ渡る前に『金剛頂経』の一部を知っていたことになる。しかも、次に紹介する「金剛界品」よりもはるかに後の部分であり、たとえ萌芽的にしろ、密教の情報は我々の想像以上に早く伝わっていたのである。

第五部は、「教理分」と呼ばれ、第二十三分から第二十六分までにあたる。『三十巻本教王経』では漢訳の長い名前のタイトルがついているが、「一切如来真実摂」「広大儀軌」などの共通する用語を略すると、それぞれ「随応方便」「秘密法用」「最上秘密」「勝上」の言葉がテーマとなっている。

このように、『初会金剛頂経』では、肝心の密教教理に関することは、ほとんど最後に、しかも個条的に韻文として要約されている。そして、詳しい説明はほとんどない。この点は、両部の大経の他方である『大日経』が教理を主とする「住心品」を最初に置き、その次にマンダラなどの行法に関する事項を並べているのとは非常に対照的である。『初会金剛頂経』の完成形態は、以上のように、マンダラの描き方、およびそれに関する行法が大部分を占めており、『法華経』や『維摩経』などの著名な大乗経典に顕著な文学性や説話性には乏しいといわざるを得ない。

◈伝統的な『三巻本教王経』の構成

梵・蔵・漢の資料に恵まれた『初会金剛頂経』の完成本は、聖なる世界を理念的に表現したマンダラのシステム的構築としては非常に高度の内容をそなえている。しかし、文学的・物語的なストーリー性は乏しいので、観念的で難解である。

わが国では、漢訳の『三十巻本教王経』が平安時代の後半に入宋僧の大雲寺の成尋によって日本に届けられたが、すでに不空訳の『三巻本教王経』の『金剛頂経』がその立場を確立していたので、先に触れたように東寺の学僧・杲宝の『三十巻教王経文次第』二巻が著されたのみであった。

それに対し、日本では不空訳の『三巻本教王経』に依拠する『金剛頂経』の理解が伝統的に定着している。その内容は、四大品の最初の「金剛界品」の、しかもその中の第一章にあたる金剛界・大マンダラ（現図・九会マンダラの成身会）の部分までであり、分量的には完成本の約十分の一にすぎない。しかし、重要な思想と実践はこの部分にすべて含まれているので、この最も狭い意味での『金剛頂経』の構成を提示しておこう。

構成分類（科文）は、伝統的解釈に基づくとともに、近年の堀内寛仁氏の科文や津田真一氏の労作（『和訳　金剛頂経』東京美術、一九九五年）を参考にしている。

序分
(1)通序
(2)別序
正宗分
(3)五相成身（観）

(4)金剛界諸尊の出生
(5)一切如来の集会
(6)灌頂作法
(7)成就悉地智
①四種悉地智
②秘密法
(8)四種印智
(9)諸儀則類

各章の具体的な内容と意義は、本書の第二〜三章でわかりやすく紹介していくが、ここではごく簡略に触れておこう。

まず、(1)通序と(2)別序の二章が、伝統的な経典科文でいう序分にあたる。ここでは、本経の舞台となる集会と登場するほとけたちが説かれる。いわばオープニングの場面であるが、レヴェルの高い瑜伽部の密教経典である『金剛頂経』では、少なくとも二種の性格の異なる毘盧遮那が登場する。

このうち、通常の大乗仏教の仏・如来と同質の毘盧遮那（大日）如来とその集会などが出現するのが通序であり、のちに五相成身（五段階の成仏法）をへて金剛界大日如来と称されるようになる。

一方、哲学的には無限定の存在であり、宇宙の根源ともいうべき法身・毘盧遮那（梵文原典では「如来」と呼ばない）を種々の形容詞を使って讃嘆するのが別序であり、他の経典ではほとんど例を見ない。

(3)五相成身（観）以下が、いわゆる正宗分にあたる。五相成身は、次の金剛界諸尊の出生と逆対応というべき意味合いを持ち、本経の重要思想となっている。現代の密教修習法の中にも、四度加行の金剛界念誦次第の一部をなす五相成身観として生き続けている。これは『大日経』系の阿字観と並んで、密教観法（瞑想）の双璧である。

(4)金剛界諸尊の出生と(5)一切如来の集会は、『金剛頂経』の想定する聖なる世界を、この経典のキーワードともなる金剛界マンダラとして表現したもので、完成本では二十八種にも達する本経のマンダラ群の基本である。なお、金剛界マンダラの中心となる諸尊を通常「金剛界三十七尊」と呼んでいるが、(4)で具体的に出生の様子が説かれるのは金剛薩埵以下の三十二尊のみであり、その中軸となる五仏については、(3)で中尊・金剛界大日如来の成仏に関連して述べられている。

(6)灌頂作法は、聖性をすでに体得し、自己の身に密教の内実を具備した阿闍梨が「聖の再生産」を弟子に対して行う作法で、インド古来の実践法と文化要素が凝縮されている。『大日経』に説かれる灌頂作法と比較すると、その進化のほどを知ることができる。

(7)成就悉地智（悉地を成就する智恵）は、大乗経典でいえば功徳・利益にあたる。もっとも、厳密にいえば、利益はむしろ初期密教の十一面・千手などの変化観音経典に数多く説かれている。『金剛頂経』では、密教修法の結果功徳を悉地（成就）と呼び、①四種悉地智（四種の悉地の智恵）や②秘密法など、いくつかの要素に細分している。

(8)四種印智（四種の印の智恵）は、『大日経』ではまだ三段階であった象徴体系を四段階に再整理しており、観念的・抽象的だが、本経の特色の一部となっている。

最後の⑼諸儀則類は、手の印を結ぶ作法をはじめ、必要な実践法が簡略に説かれているが、現在、わが国で声明（仏教音楽）として唱えられる四智梵語やインドで作例の見つかった百字真言などが説かれており、慣れてくると興味深い個所である。

なお、インドやチベットの『金剛頂経』の教学では、漢訳でいう正宗分における⑶〜⑸を、さらに、⑶の五相成身（観）を説く「最初瑜伽の三摩地」、⑷の金剛界マンダラ諸尊が出生する「最勝マンダラ王の三摩地」、⑸を「最勝羯磨王の三摩地」の三つに分けて、これを総称して「三三摩地（三段階の瞑想）」と呼んでいる。これは『金剛頂経』に代表される瑜伽部の密教で確立された体系で、のちに成立した後期密教の無上瑜伽部にも継承され、インド・チベットにおけるマンダラ教学の基本的な座標軸にもなっている。

◆マンダラがくり返される完成本

ところで、完成本である『初会金剛頂経』には、先に触れたように、以上の金剛界・大マンダラをはじめとする二十八種のマンダラが説かれているが、実はその各マンダラについての記述は、用いる真言や図像表現が若干違ったり、あるいは説明が簡略になったりすること以外は、基本的には今見てきた正宗分とほぼ同じ流れの「くり返し」なのである。

これは、両部の大経のもう一方である『大日経』が、原則として胎蔵マンダラただ一つを説く（ただし、その表現方法には尊形・象徴物・文字の三種がある）こととは大きく異なる点である。

胎蔵（界）と金剛界という両部・両界マンダラを対比して説明する場合、伝統的には、理と智という二元論で解釈されることが多い。これには、かつて空海撰ともいわれた『秘蔵記』などの文献根拠があるが、現代語に直して考えると、「智」はいいとしても、「理」が西洋の哲学者であるデカルトのいう「物質」とすぐに置き替えてよいものか、苦慮するところである。

それはともかく、二つのマンダラの構造的な違いに注目して、最近では、十二院（部分）の胎蔵マンダラをコーラス（もしくはオーケストラ）型、九会（場面）の金剛界マンダラをドラマ型という比喩でわかりやすく説明する方法が注目を集めている。

二つのマンダラの構造に関して、胎蔵マンダラを「十二院」といい、金剛界マンダラを「九会」というのは、すでに江戸時代中期の傑僧・慈雲飲光（一七一八～一八〇四）のマンダラ講伝書の『両部曼荼羅随聞記』（弟子の菩提華祥蘂が編纂）にも言及されている。このうち、胎蔵マンダラの「十二院」とは、一つのマンダラにおける十二の部分を意味しており、原則として尊格の重複はない。大日如来は、中央の中台八葉院にしか見られない。

それに対し、「九会」の金剛界マンダラは、それぞれ独立した九種のマンダラ（『三十巻本教王経』からの八種、『理趣経』系の一種）を並べたもので、あたかも九幕のドラマのように、同じほとけが多少衣服やスタイルをかえて何度も登場する。

言葉をかえると、完成本の『初会金剛頂経』は、多数のマンダラ世界を説いているが、最初の「金剛界品」冒頭の金剛界・大マンダラの部分だけを詳しく説明し、あとの各種のマンダラを説く部分は、それと同様の構成を取るので、五相成身（観）や灌頂の儀礼などの共通する部分は省略して、毎回異なってくるマンダラの部分のみを詳しく説くという手法を用いている。

すなわち、まず冒頭の金剛界・大マンダラにおいては、『初会金剛頂経』が聖俗一致（我々でも仏と合一できること）を旨とする瑜伽密教の中心経典であるから、最初に衆生の代表である一切義成就菩薩（釈尊のイメージ）が五相成身によって、金剛界大日如来へと成仏した話を説く。ただし、これは後のマンダラでは省略されている。

次に、逆に時間・空間を越えた法身の摩訶毘盧遮那が、各章ごとに異なった表現でマンダラのほとけたちを出生する。宇宙的真実を可視的に表現するとすれば、穏やかで、すべてを受け容れてくれる仏・菩薩も真実であれば、悪に対して怒りを顕わにする明王たちも真実である。それらすべての真実（マンダラ）を集成した経典だから、『初会金剛頂経』のことを別に『真実摂経』というのである。

その後では、単に個人的な感得（宗教体験）で終るのではなく、その境地を体得できる人材と後継者（追体験者）を再生産するための師（阿闍梨）と弟子の聖性伝達のシステム、つまり各マンダラに入る（身心で体得する）象徴儀礼が説かれる。すなわち、灌頂であるが、これについても冒頭の金剛界・大マンダラで詳しく述べられているので、その後のマンダラでは簡単な言及にとどめている。

このように、『初会金剛頂経』とは、その別名の『真実摂経』に示されているように、終始一貫して、宇宙的真実の表れとしてのさまざまなマンダラと、私たちがそれらを体得するための儀礼・実践を説く経典なのである。

四面大日如来（長谷法寿作、摩耶山天上寺）

第二章

金剛界マンダラの出生

金剛頂経における大日如来
そのさまざまなありかた

◆『金剛頂経』の本尊

日頃、慣れ親しんでいる仏教美術、とくに密教美術の立場からいえば、両部の大経の一つである『金剛頂経』のほとけ、つまり本尊としての大日如来は金剛界大日如来と呼ばれ、仏像・仏画として表現される場合は、左手の立てた人さし指を右の手のひらで覆う智拳印をとる。以上のことは、結果的には正しい事実というべきであるが、『金剛頂経』の本尊として厳密に考えると、⑴尊名、⑵仏の性格、⑶図像的表現、そして⑷現存する遺品作例という四点から、それぞれ多くの問題点を含んでいる。そこで、必要な範囲内で四つの点から再検討してみよう。

まず、第一の尊名であるが、世間一般では『金剛頂経』の本尊は、「金剛界大日如来」として確立されているといっても過言ではない。しかし、正確にいえば、「大日如来」という尊名は、もう一方の重要経典である漢訳『大日経』（通称）でも、わずかに二、三回使われるのみであって、大部分は「毘盧遮那」であり、『金剛頂経』では、狭義でも、広義でもすべて「毘盧遮那（如来）」である。

もっとも、後世流布した言葉、この場合は「大日如来」であるが、それが必ずしも漢訳経典そのものになければならないということではない。すでに何度も触れてきたように、『大日経』『金剛頂経』という経典名自体、それらの経典が漢訳、もしくは伝来して以後、かなりの時間を経て作り上げられた総称名であり、より平易にいえば通称にすぎない。

けれども、逆にいえば通称が世間に普及することは、それだけその経典が人びとに受け容れられたことを意味している。『大日経』も、『金剛頂経』も、社会通念的にも、また学術的にも完全に定着した名称であることを疑う人はいない。したがって、漢訳経典ではたとえ「毘盧遮那如来」となっていても、本書では自信を持って「大日如来」という呼称を用いたい。

◆毘盧遮那の多様性

金剛界大日如来（高野山・西塔）

次にやはり最も問題となるのは、狭義の『金剛頂経』（『初会(しょえ)金剛頂経』、もしくは『真実摂経(しんじつしょうきょう)』）、とくに冒頭の「金剛界品(こんごうかいぼん)」に説かれる「大日（毘盧遮那）如来」が一体いかなる仏・如来であるのかということである。

この点も厳密にいえば、経典の冒頭に登場する毘盧遮那如来は、その後、五段階の成仏法である五相成身(ごそうじょうじん)をへて成仏する主体である一切義成就菩薩(いっさいぎじょうじゅ)、さらにはいわゆる金剛界マンダラを出生する摩訶毘盧遮那(まかびるしゃな)（如来といわない）など数種の質的に異なる存在が複雑にからみ合っているので、ここでは経典の冒頭部分にしぼって、まず紹介していきたい。

なお、資料としては以下、不空三蔵訳の『三巻本教王経』に含まれる個所は、伝統に従ってそれをテキストとしつつ、意味の理解しにくい個所は梵本からの翻訳を補助資料として用いておきたい。

「かくの如く我れ聞けり。一時、婆伽梵（世尊）、一切如来の金剛をもって加持し給う殊勝の三昧耶智を成就し、一切如来の宝冠の三界法王の灌頂を得、一切如来の一切智智は瑜伽自在なることを証し、能く一切如来の一切印平等の種々の事業を作して、尽くること無く、余すこと無き一切の有情界において、一切意願、作業みな悉く成就し給える大毘盧遮那は、常恒に三世に住し給える一切の身と口と心の金剛如来にして、一切如来の遊戯し給うところの阿迦尼吒天王宮の中の大摩尼殿において、種々に間錯されし鈴と鐸と繒幡の微風に揺激され、珠鬘と瓔珞と半満月等をもって荘厳されしに住して、九十倶胝（無量の数）の菩薩衆とともなりき」

非常に長い文章であるが、最初の「かくの如く我れ聞けり」（有名な「如是我聞」）は別として、次の「一時（あるとき）」以下は、漢文も、梵本も一つの連続した文章となっている。

ところで、近代仏教学では最近あまり重視しなくなったが、中国・日本の伝統的な仏教教学では、経典（とくに大乗経典）の序文には、必ず六種の必要要素が含まれているとする。古来、それを六成就と呼んでいる。

その内容と該当する項目を列挙すると、次のようである。

(1)信成就　かくの如く（内容）

(2)聞成就　我れ聞けり（聞いたという事実）

(3)時成就　　一時（あるとき）、時間
(4)主成就　　説法する仏、教主
(5)処成就　　説法の場、世界
(6)衆（もしくは眷属）成就　　つき従う眷属、集会

そして、先に掲げた『金剛頂経』の第一章「金剛界品」の冒頭の序文には、以上の六つの要素がすべて簡潔に説かれているのである。

このうち、仏教経典、とりわけ大乗経典の定型句である「かくの如く我れ聞けり」は、最初にこの経典の言葉が、仏から説かれ、流出した真理であることを高らかに宣言する。密教経典といえども、後期密教に至るまでこの原則に従っている。

むしろ大きな意味を持つのは、第四の説法する仏、つまり教主を説く部分と、第五の説法の場を説く部分であり、先行する『大日経』に比べて非常に複雑な構造となっている。

まず、婆伽梵と音写される世尊、つまり教主となる『金剛頂経』の本尊は、毘盧遮那如来、世にいう大日如来であることは疑いない。この毘盧遮那如来に、多くの形容詞句、換言すれば修飾語が付されているので大変長い主語となっているが、ともかくその毘盧遮那如来が、後述する阿迦尼吒天、通常は色究竟天と呼ばれる世界に、多くの菩薩たちとともに住しているというのが、本経の最初の状況設定である。

ところで、この毘盧遮那如来がいかなる仏であるのか、それを仏教学の極位である仏身論の立場から詳

しく述べるのに先立って、先の「通序」とも称される序文に多く登場する「一切如来（サルヴァタターガタ）」という語の説明と、以後種々問題となる毘盧遮那（如来）との関係について一言しておこう。

両部の大経の相手方ともいうべき『大日経』では、少なくとも経典自身では、毘盧遮那如来という仏の性格と内容についてほとんど関心を払うことはなく、中心課題は大悲胎蔵生マンダラの説示と、身・口・意の三密行に基づいた現世成仏の道であった。

なお、『大日経』とそれに大きな影響を与えていた『華厳経』との関係に早くから注目していた弘法大師空海は、『入楞伽経』という通路を通して『大日経』の毘盧遮那如来をさとりの当体、つまり法そのものである法身と考えていたが、その後の日本では台密（天台宗の密教）の一部を除いて、ほとんど仏身論的考察がなされなかったのは惜しまれる。

しかし、八世紀の後半頃、インドで活躍したブッダグヒヤという密教の学匠は、幸い『大日経』と『金剛頂経』のいずれにも注釈書を著し、しかも先に『金剛頂経』の注釈書を書いたのち『大日経』の注釈書を二編（『大日経広釈』と『大日経略釈』）著した結果、『金剛頂経』の複数の仏身論、すなわち毘盧遮那如来の多様性を『大日経』の毘盧遮那如来にも適応させたため、法身・菩提場身・受用身・変化身という四種の捉え方を導入している。

それはともかく、『金剛頂経』のキーワードである「一切如来」に戻ると、梵本では単数形と複数形の両種がある。そのうち、少なくとも単数形の一切如来は、密教が志向する全体的実在（いわゆるダルマ）を表示する用語であり、『金剛頂経』では「大（摩訶）毘盧遮那」と称する。梵本では、後に「如来」という普通名詞を意識的につけない。なぜならば、それは単なる如来よりも上位の存在であるからだ。この大毘盧遮那は、伝統的な仏教用語でいえば、「さとりの当体」を象徴する法身にあたることは容易に想像されるだろう。

実際のところ、『金剛頂経』では、先に取り上げた通常の仏教経典の序文とは別に、少し後に、いわゆる「別序(特別の序文)」があって、根本的実在ともいうべき法身・大毘盧遮那の属性と働きを、金剛界マンダラに登場する十六大菩薩や四波羅蜜菩薩などの諸尊に託したり、ヒンドゥー教の神々の働きなど多種多様の言葉でもって形容する。

長文なので、最後の部分だけ、漢訳の原文を紹介しておこう。

「(前略)

一切の仏を身となすと、薩埵常益覚(常に利益とさとりを与える存在)と、大根本の大黒(マハーカーラ。シヴァ神の化身)と大染欲と大楽と大方便と大勝と諸の勝宮自在となり。

婆伽梵、大菩提心、普賢大菩薩は、一切如来の心に住し給う」

長々と列挙される名詞と形容詞は、無始無終(始めもなく、終りもない)という代表的な修飾語で表示されるように、時間や空間を超越した根本的な全体仏であり、まさに法身・大毘盧遮那にほかならない。

この経典では、法身仏を表す場合は、さとりの心である菩提心の上に「超」を示す「大」をつけるのみならず、菩薩の前にも「超」を意味する「大」をつけて「大菩薩」とする。「普賢大菩薩」は、決して釈迦如来の脇侍(両脇に侍する者)にとどまる普賢菩薩ではなく、実に法身・大毘盧遮那であり、いわば潜勢態として宇宙に遍在する一切如来の心（中心）に厳然として存在しているのである。

◆色究竟天の毘盧遮那如来

『金剛頂経』では、根本となる法身・大毘盧遮那が時間・空間を超えて、いわば虚空に遍在しているのであるが、実際にさとりを証得したり、逆に自らの世界をマンダラとして自己展開する場合には、別の属性と作用が必要となる。それが阿迦尼吒天とも音写される色究竟天に位置する報身（受用身）の毘盧遮那如来であり、先ほどの通序の主成就（説法する仏）と処成就（場所）は、まさにその事実を証明している。報身とは、さとりの結果を享受できる仏身であり、言葉を変えれば行動できる仏である。

ところで、仏教では仏・如来がさとりを開いたり、その後で説法する場について独自の世界観を持っている。そしてそれは、仏をどう考えるかという仏身論、ならびに時間の流れをも視野に入れる歴史観とも密接に関連している。

まず、古代インドの歴史世界においてブッダガヤーの菩提道場で成道した釈迦如来は、仏の見方としては人間の姿をとった変化身と考えられる。ただし、変化身として成仏した仏は他にはいないことになる。

他方、仏教における仏の考え方としての法身は、先述の法身・大毘盧遮那のように、時間と空間の枠内では説明が不可能である。そうすると、実際に修行者が菩薩という因位の存在から本願の力と仏の授記の加護によって成仏できる、宗教的な仏身が要請された。それが、報身、もしくは受用身といわれることはご存じと思う。

仏と衆生（菩薩）の間を種々の方法で結ぼうとした大乗仏教では、この世界（娑婆世界）のほかに報身仏の世界、たとえば阿弥陀如来の極楽浄土や薬師如来の浄瑠璃浄土を立てたが、密教ではむしろこの報身仏の世界を垂直の方向に求めて行ったようである。

仏教の世界観では、周知のように、欲界・色界・無色界の三種の世界（三界）を立て、それぞれに数種の階層がある。そして、インド仏教において、仏の成仏が議論されるようになると、欲望が断ち切れない欲界では成仏は無理であり、逆に身体存在もなくなった無色界では成仏の意味もなくなる。要するに、仏が仏となりうるのは、中間の色界であるという解釈が、仏身思想やさとりの内在性を説く如来蔵説に関心を持つ『入楞伽経』などで体系化されてきた。

『金剛頂経』の通序のほとけ毘盧遮那如来も、まさに法身・一切如来の加持（影響力）を受けながら、色界の最上位である色究竟天に住し、金剛手菩薩や観音菩薩などの代表的な菩薩たちとともにいらっしゃるのである。

これが同経の導入部であり、出発点であるが、やがて機が熟し、毘盧遮那如来は諸菩薩とともに欲界の贍部洲（ジャンブドヴィーパ）、つまり人間の世界に姿を表し、五相成身という成仏のドラマを演ずることとなるが、この成仏のプロセスと仏身の変化は後で取り上げることとしたい。

◆金剛界大日如来の図像と作例

最初に提示した四つのポイントのうち、「仏の性格」については、他の経典と共通の通序、特別の別序

逆智拳印を結ぶ韓国の大日如来（仏国寺）

という二種の毘盧遮那（大日）に続いてさらに展開があるのだが、今はここでとどめておこう。

残りの「図像的表現」と「遺品・作例」も『大日経』の大日如来のように単純ではない。したがって、詳しくはそれぞれ機会を設けて説明するが、今後のために概略だけ紹介しておくことが必要だろう。

図像的表現では、インド・中国・チベット・日本・朝鮮半島・東南アジアなど各地で見出される金剛界大日如来像は、ほとんどすべてが左手の立てた人さし指を右手で覆う智拳印をとる姿で表現されている。智拳印という言葉は、確かに梵本にも、漢訳にも説かれているが、これはむしろ羯磨印（カルマ・ムドラー。働きを表す印）としての功徳を語る「あだ名」であって、文献的には最上菩提印、もしくは覚勝印といった方がテキストに近い。

ただし、すべての金剛界大日如来がこの印相（ムドラー）をとるかといえば決してそうではなく、文献的には四印の一つである羯磨印にすぎない。しかし、行為という要素が強調されてか、この智拳印を結ぶ大日如来像が大部分を占めることも事実である。しかし作例でいうと、わずかながら、四印の他の一つである三昧耶印を結ぶ大日如来や五仏の像もわが国に伝来している。

また、智拳印とはいいながら、左右の二手を逆にした一種の逆智拳印が、朝鮮半島と日本に十例あまり遺存している。その理由は明確でないが、あえて左右逆にすることによって威力の増強を期待したのだろうか。また、『金剛頂経』の金剛界大日如来が即、智拳印を結ぶという先入観を打ち破るのが、現在のネパールに多数伝わっている五仏のうちの大日如来である。それらは親指と人さし指で輪を作った両手を胸の前で適宜に組み合わせている。これは、転法輪印と呼ばれ、釈尊の鹿野苑（サールナート）での初めての説法を象徴している。

八世紀以後のインドの仏教では、すでに出来上った密教と、釈尊以来の伝統的仏教（波羅蜜道）の融合がはかられたので、智拳印をとっていた金剛界大日如来も、パーラ朝時代には次第に説法の姿に戻っていったと考えられる。

成仏を説く五相成身観

五段階の即身成仏法

◆壮大なドラマの始まり

広大にして深遠な内容を説く仏教経典の中から、重要な思想と実践が抽出されて一つの仏教的体系を造り上げるわけであるが、『金剛頂経』の場合、思想的には金剛界・大マンダラの出生と五相成身による即身成仏が、また実践では五相成身を観法化した五相成身観と、金剛名や金剛杵を授ける灌頂作法が、それぞれ中心的役割を果している。すなわち、思想と実践の両面において、五相成身という要素は決定的な意味を持っているのである。

そこで、『金剛頂経』の本文を見てみると、この宇宙世界を覆いつくす一切如来が次のように巧みな比喩をもって表現されている。

「時に一切如来、この仏世界に満ちたもうこと、なおし胡麻のごとし」

「胡麻のごとし」という喩えは、現代の日常生活からはなかなか実感しがたいが、ゴマは豆科の植物と同様に「さや」の中に並んで生長していくので、無数のものが整然と遍在しているありさまを表現したのであろう。

次に、状況・場面の上で、重要な展開が認められる。

「その時、一切如来、雲集し、一切義成就菩薩・摩訶薩の菩提場（ブッダガヤーのさとりの場）に坐せるにおいて、往詣して、受用身を示現し、ことごとくこの言をなす。

善男子よ、いかんが無上正等菩提（最高のさとり）を証するや、一切如来の真実を知らずして諸の苦行を忍ばんや」

先に本経の本尊にあたる毘盧遮那（大日）如来について紹介したように、いわば時空を超越した全体仏・根本仏である法身・大毘盧遮那と、それが具体的に表現されたほとけとしての受用身の毘盧遮那如来という二種の仏身が設定されている。

そのうち、実際に五相成身や金剛界マンダラの出生と関わる毘盧遮那は、後者の受用身、つまりさとりを享受する仏身である毘盧遮那如来であり、三界という三種の世界のうち、唯一成仏が可能な色界の最高位である色究竟天に本来は住しているはずである。

この毘盧遮那如来を、全体仏の普通名詞である一切如来が取り囲む形で、場面は色界の色究竟天から欲界、すなわち成道前の釈尊をはじめ、人間が現実に住んでいる贍部洲へ移動する。そしてその世界も、無数・無限の一切如来によって、ことごとく覆い尽されているのである。宗教学的にいえば、法界・法身という理念的・抽象的な完成形態を象徴する大毘盧遮那（一切如来）が、ほとけと人がめぐり会うことのできる色界から、さらに人びとが住み、そこにおいてかつて釈尊がさとりを開いた歴史の世界に、いよいよ姿を現すことになる。

瞑想する菩薩（ボロブドゥール）

「受用身を示現し」とは、法身という全体性を一切如来が、修行者における「さとり」との接触が可能な境位へ自己展開したわけであり、ほとけの側からいえば、衆生救済のために人間の世界に一歩近づいたことになる。

その集合体としての一切如来が、人間の世界のいわば代表者として声をかけるのが、五相成身といわれる五段階の成仏法の主人公にあたる一切義成就菩薩である。仏教に詳しい方なら、この「一切義成就」と「菩薩」という二つの言葉から、ピンとくるところがあるかもしれないだろう。

なぜなら、「すべての意義を完成したもの」という「一切義成就（サルヴァールタシッディ）」は、中インドの菩提道場でさとりを開いて仏陀となった釈尊の出家前の名前・シッダールタを暗示するものであり、「菩薩」とは成仏する前の存在を示す言葉であるからだ。要するに、一切義成就菩薩は、今から『金剛頂経』の教えと修行に従ってほとけとなる存在であるとともに、その原イメージは最初にさとりを開き、仏教の開祖となった歴史的な存在、換言すれば仏陀・釈尊を念頭に置いているのである。最初に、色究竟天という神々の世界にいた毘盧遮那如来が、人間がすむ贍部洲に移動したのは、そのためであった。

成道の釈尊（チベットの金銅仏）

◆新しい成仏法の呈示

歴史世界に登場した釈尊は、六年間に及ぶ求道の旅の末、まったく恣意（しい）・放逸（ほういつ）の快楽主義でもなく、逆に肉体を極限まで痛めつける苦行主義でもなく、中道（ちゅうどう）ともいわれる深い洞察によって深遠な道理を体得したという。

その後、大乗仏教では、般若波羅蜜多（はんにゃはらみた）の空（くう）の教え、極楽浄土にいます阿弥陀仏の救済、遍在する仏性（ぶっしょう）・如来蔵（にょらいぞう）への信頼など、種々の内容とタイプの異なる「さとり」と「救い」が呈示された。そして、さらに数百年後には、『大日経』や『金剛頂経』に代表される本格的な密教経典が登場し、釈尊の自らの努力と深い洞察という一種の難行ではなくて、新たな「さとりの体得法」を打ち出す。

先に掲げた最後の言葉、「あなたは、一切如来の真実（『金剛頂経』のさとり）を知らないのに、従来の難行ばかりしていても、どうして最高のさとりを体得することができようか」という問題提起は、今から『金剛頂経』の秘密を説き明かそうという宗教ドラマの、華々しい幕開けである。

◆第一幕・通達菩提心

再び、シナリオにあたる『金剛頂経』の本文に戻って、第一段階の通達菩提心（さとりの心に気づくこと）と呼ばれるストーリーを紹介していこう。

「時に、一切義成就菩薩、一切如来の警覚によりて、すなわち阿娑頻那迦（無動）三摩地より起ち、一切如来を礼してもうして言さく、

世尊・如来よ、我れに教示したまえ、いかんが修行、いかんがこれ真実なるや」

主人公にあたる修行者・一切義成就菩薩は、さとりの世界を集合的に人格化した一切如来から、衝撃的な忠告（警覚。驚覚とも書く）を受けて、思わずわれに返り、初期仏教以来の禅定法である無動三昧（無識身三摩地）、つまり吸う息と吐く息を止め、身体を完全に寂静な状態に置く瞑想を中断して、一切如来が宗教的加持・感応の世界の中で説かれる真実（タットヴァ）を教えてくださることを懇願する。この「真実」こそが、『初会金剛頂経』の正式名称である『真実摂経』の「真実」にあたることは、容易に気づくところである。

そこで、事実上の第一段階に入っていく（なお以下、本書における各真言は、日本の慣習読みである）。

「一切如来、異口同音に彼の菩薩に告げてのたまわく、善男子、まさに自心を観察する三摩地に住して、自性成就の真言をもって、自らほしいままに誦すべし。

オン・シッタハラチベイトウキャロミ。

（オーン。私は、自らの心を洞察します）」

難行・苦行ではない、『金剛頂経』系密教の説く自身成仏観法の第一のプロセスは、まず自らの存在基体となる心、すなわち自心を洞察することである。そして、自性成就とは威力がそなわっている真言で、その内容もまた翻訳すれば、自心への通達を宣言するものにほかならない。

◈第二幕・修菩提心

一神教を標榜する宗教では、大宇宙である世界と小宇宙である人間、いずれについて語るときでも、価値の基準は創造神・絶対神として外部にある。構造と性格の異なる仏教は、自覚と内省の宗教として、その視線の対象を我々の心の中に求めたが、思想と実践の不離を強調する密教では、実際の行法においても自心への透徹を最初に掲げ、次にその心を月の輪（満月輪）に等置させる。

「時に、（一切義成就）菩薩、一切如来にもうして言さく、

世尊・如来よ、我れ遍く知りおわんぬ。我れ、自心を見るに形、月輪のごとし」

ついで、その心が光り輝き、無垢（汚れがない）であるので、いかようにも染められることを説く。

「一切如来、ことごとく告げてのたまわく、
善男子よ、心の自性は光明にして（中略）、また素衣（無地の衣）の色を染むるに、染むるに随って成じるがごとし」

そのように、いかようにも染りうる心であるからこそ、さとりと直結する「菩提の心」、つまり菩提心を起すことの重要性を、第二段階の眼目として説くのである。

「時に一切如来、自性光明の心智をして豊盛ならしめんがためのゆえに（中略）、
オン・ボウジシッタボダハダヤミ。
（オーン。私は、さとりの心を起します）」

そして、第一段階の通達菩提心の段階では、ぼんやりと「月輪のごとく」見えていたものが、第二段階の修菩提心では、明瞭な満月輪であることが確認される。すなわち、イメージの尖鋭化・集中化である。このように、さとりを具象化した菩提心と、可視的な浄月輪を等置する点に、密教シンボリズムの一端が顕著に現れている。

なお、このさとりの心を生起せしめる真言は、その後、独立して取り上げられることが多く、仏教者、とりわけ密教の修行者としての宣誓を表す三昧耶戒真言（オン・サンマヤサトバン）とともに、広く人びとに用いられている。

◈第三幕・成金剛心

自らの心を浄月輪と見る第一・第二段階についで、「成金剛心」と呼ばれる第三段階では、自心（胸中）の月輪の中に金剛杵という重要な要素が登場する。これは、『大日経』系の阿字観（経典そのものでは暗字観）にはない、『金剛頂経』の五相成身観の最大の特色である。

経文には、次のように説く。

「一切如来、告げてのたまわく、

汝、すでに一切如来の普賢心（菩提心）を発して、金剛堅固にひとしきを獲得せり。（中略）

自心の月輪において金剛の形を思惟するに、この真言をもってすべし。

オン・チシュタ・バザラ。

（オーン。金剛杵よ、立ちなさい）

菩薩、もうして言さく、

世尊・如来よ、我れ月輪の中に金剛（杵）を見たり」

要するに、発起したさとりの心（菩提心）をより堅固にするために、自らの心の月輪の中に五つの切っ先を持った五鈷金剛杵を想起するのである。五鈷とは、別に取り上げる大日如来をはじめとする金剛界五仏と、その五種の智恵を象徴している。

金剛杵とは、古来、帝釈天（インドラ神）や護法神の執金剛などが手に持つ武器で、いかなるものをも打ち砕く威力が強調されている。とくに密教は、ヴァジュラと呼ばれる金剛杵の強力な威力をその思想と実践の中に巧みに組み入れ、多くのほとけ（尊格）の名前の上に「金剛」という言葉を付加している。

なかでも、『金剛頂経』はその代表的存在であり、もう一つの金剛石（ダイヤモンド）の堅固性もその概念の中に含んで、五相成身観の第三幕で決定的な役割を果すことになったのである。

◈第四幕・証金剛身

先の段階で自心の月輪の中に登場した金剛杵は、第四幕においてさらに重要な役割を果す。経の原文をたどってみよう。


「一切如来、ことごとく告げてのたまわく、
　一切如来の普賢の心の金剛を堅固ならしむるに、この真言をもってせよ。

　オン・バザラタマクカン。

（オーン。私は、金剛杵を本質とします）

　　（中略）

すなわち、一切如来は、一切義成就菩薩において、金剛名をもって金剛界と号し、金剛界灌頂をなしたもう。

時に、金剛界菩薩摩訶薩、かの一切如来にもうして言さく、
　世尊・如来よ、我れ、一切如来を自身となすを見たり」


各段階では、必ず一つの真言が説かれており、身・口・意の三種の行為形態（三密）のうち、口密、つまり言語的聖俗一致の行法を形成している。

雑密とも称される初期密教では、真言よりも長い目の陀羅尼が多用される。その場合、音写される内容は、賞讃の呼びかけ文や、祈願の命令形（「授けたまえ」「取り去りたまえ」など）が圧倒的に多いのに対し、『金剛頂経』の真言、とくに五相成身観の真言は、大部分が聖俗一致を意図する同一化の真言と呼ばれるものである。

第四段階で、修行者である一切義成就菩薩は、自心の満月輪中にある金剛杵を堅固にするとともに、大宇宙（虚空）に遍在する一切如来がそこに入り込み、集約されることによって、金剛杵を媒介とした大宇宙と小宇宙の合一が完成する。すなわち、金剛性の体得であり、それは最高の実在感をも示している。

そして、一切如来が形成する可視的な大宇宙が実に金剛界マンダラであるから、成道前の釈尊のイメージを内包した一切義成就菩薩は、ここに金剛界マンダラの灌頂を受けることにより、実に金剛界大菩薩という密教的存在に変身することになるのである。

このプロセスで、菩薩は一応成仏したといえるが、その結末を改めて整理したのが、第五幕である。

◆第五幕・仏身円満

五段階の自身成仏観法は、インドやチベットでは「五（種）の現等覚」、換言すれば「五つの完全なるさとり（のプロセス）」と呼ばれており、文献資料も数多く残されている。

現在使用されている「五相成身観」という言葉は、底本となっている『三巻本教王経』には見られないが、同じ不空三蔵訳の『金剛頂瑜伽護摩儀軌』では「五相成身」、『都部陀羅尼目』では「五相成本尊瑜伽」とあり、内容と言葉は不空三蔵当時（八世紀の中頃）には、ほぼ確立されていたようだ。

最後の仏身円満と称される部分をあげておこう。

「一切如来、また告げてのたまわく、

有八葉蓮花」　真言曰　一返
唵底瑟姹縛日羅鉢娜摩
次廣金剛　定印
「想心月輪上八葉蓮花漸舒漸大遍
満三千界乃至法界饒益利益一切
有情」　真言曰　一返
唵娑頗羅縛日羅
次斂金剛　定印
「想此心蓮花漸斂漸小還収如故」　真
言曰　一返
唵僧賀羅縛日羅
次證金剛心　定印
「應當知自身金剛蓮花界遍法界諸
佛入自身蓮花如鏡現万像」　真言　一返

広金剛・斂金剛のある五相成身観の次第

このゆえに、摩訶薩よ。（中略）

自身を仏形（ぶつぎょう）に観ず。（中略）

オン・ヤタサラバタタギャタ・サタタカン。

（オーン。一切如来と私は同じです）」

これまで、一切如来は対話の相手である一切義成就菩薩を「善男子」とか、「汝」と呼んでいたが、すでに金剛界大菩薩として質的に成仏しているので、最後に「仏形」を完成して、一切如来と同質、すなわち金剛界如来となるのである。

この段階を仏身円満というが、津田真一氏は第五の真言を「宇宙方程式」という興味深い呼び方をしている。それは「相似するものは同一である」という瑜伽（ゆが）部密教の大原則を明示したものであり、「一切如来の真実」の中核となっている。

なお、現在、日本の密教修行で行われている五相成身観は、第三段階の成金剛心と第四段階の証金剛身の間に、心月輪（しんがちりん）中の八葉（はちよう）の蓮華が拡大して世界に遍満するプロセスを観想する広金剛（こうこんごう）（観（かん））と、逆にその心蓮華が収縮して元に集約する斂金剛（観）が挿入されている。厳密にいえば、七相成身観であり、この方がイメージに量的変化があるので、実践には適している。出典は、金剛智訳の『略出念誦経』などである。

金剛界マンダラの出生(1)

中軸となる五仏

◆一切如来の移動

先に詳しく紹介したように、『初会金剛頂経』のメインテーマの一つである五相成身（五段階による成仏法）を説くために、最初は色界の最高位である色究竟天にいた毘盧遮那如来は、釈尊をモデルとした一切義成就菩薩に教導を与えるために、この世界（欲界）の菩提場（ブッダガヤーのさとりの場）に移動した。ただし、こういう場の移動も、無数・無限の一切如来、言葉をかえれば法身・摩訶毘盧遮那という存在によってのみ可能となるのである。ともあれ、実際の作用（働き）を行うことができるのは、原則として報身・受用身に限られることも留意しておく必要があろう。

密教の三密瑜伽によって、一切義成就菩薩からほとんど聖化していた金剛界大菩薩は、五相成身の第五段階の仏身円満において、いよいよ金剛界如来として成仏したのである。

次に、法界に遍満する一切如来、つまり法身・摩訶毘盧遮那は、場所を須弥山の頂きにある金剛摩尼宝峯楼閣（その頂きが金剛〔ダイヤモンド〕と摩尼宝珠によって荘厳された宮殿）に移動することとなる。

いま、不空訳の『三巻本教王経』の言葉をたどってみよう。

「時に一切如来、復た一切如来の薩埵金剛（金剛杵）より出でて、虚空蔵大摩尼宝をもって灌頂し、観自在の法の智を発生せしめ、一切如来の毘首羯磨（羯磨杵）に安立して、これによって須弥盧頂（須弥山頂）の金剛摩尼宝峯楼閣に往詣したもう」

いささか挿入文が長いが、主語は一切如来で、世界の中心にそびえる須弥山の頂きにある天（三十三天）に到ったという意味である。

そして、長い挿入の四句は、『金剛頂経』特有の四部・四仏の特性を示す定型句で、すべては最高の普遍的存在である摩訶毘盧遮那に帰されるが、個別化すれば、すぐ後に登場する四仏（阿閦・宝生・阿弥陀・不空成就）と、それぞれによって代表される四部（金剛部・宝部・法部・羯磨部）の属性・作用として特化される。

	属性・作用	部名
(1)	薩埵金剛（金剛杵）	金剛部
(2)	虚空蔵、大摩尼宝、灌頂	宝部
(3)	観自在、法、智	蓮華（法）部
(4)	毘首羯磨	羯磨部

ともあれ、大宇宙の遍在者たる一切如来は、成仏して間もない金剛界如来（報身・毘盧遮那〔大日〕如来）をともなって、欲界の中では上位の三十三天に移動し、そこにおいて金剛界如来をはじめ、金剛界三十

七尊の出生が展開されることになる。この金剛界三十七尊の出生を中心とする金剛界の世界を表現したのが、実に金剛界マンダラにほかならないのである。

須弥山と諸天の対比

欲界	六欲天	他化自在天	
		楽変化天	
		覩史多天	
		夜摩天	
		三十三天	須弥山
		四大王衆天	
	地表	倶盧洲	
		牛貨洲	
		勝身洲	
		贍部洲	
		傍生	
		餓鬼	
	地下	等活地獄	
		黒縄地獄	
		衆合地獄	
		号叫地獄	
		大叫地獄	
		炎熱地獄	
		大熱地獄	
		無間地獄	

◆金剛界如来と四仏たち

仏教世界の中軸を形成する須弥山の頂きに到った一切如来は、五相成身の三密行（インド・チベット密教の用語では「最初瑜伽の三摩地」）によって成仏した金剛界如来（報身・毘盧遮那如来）を神秘的・宗教的な威力（神変加持）によって、「一切如来の師子座」、すなわちマンダラの中央の「一切の面に安立」することとなる。

なお、先の短い文章にある「一切如来の師子（獅子）座」と「一切の面に安立」という語が、のちに大日如来とそのマンダラである金剛界マンダラの図像において、重要な要素となった。

まず「獅子座」は『大日経』でも説かれたが、如来の威力を百獣の王ライオンでもって象徴したもので、インドやチベットの大部分の金剛界大日如来は、実際に獅子の上に坐って表現される。わが国では、空海が請来し、日本密教の思想的基盤となった現図系の金剛界九会マンダラでは、本尊の大日如来はすべて蓮華（ハス）座に坐している。けれども、天台密教で重視された一会（一つの画面）の金剛界八十一尊マンダラでは、経典の解釈を具体化して明確に獅子に乗っている。

他方の「一切の面」は、サンスクリット原本のいわば直訳であって、もとの意味は「あちゆる方角に顔を向けた」という理解である。確かに中央に位置を占めたほとけは、人間的な一つの顔と二本の手というイメージで考えると、「前」の一方向しか見ることができない。しかし、一切如来の超越的な力によって中央に場所を特定された大日如来は、あたかもすべての救いを求める者を救済する十一面観音と同じく、能力的には東・南・西・北の全方位を統括しているといえる。

獅子座に坐す四面金剛界大日如来
（上・ラダック・アルチ寺、下・ニューデリー国立博物館）

この点を図像化したのが、四方にそれぞれ顔を持つ四面大日如来であり、やはりインドやチベットに作例が多いほか、日本にも彫像・画像がわずかに伝わっている。

続いて、中央の金剛界（大日）如来の四方に、不動（阿閦）如来をはじめとする四仏が同時に出生するが、その模様を経典は、以下のように説いている。

「時に不動（阿閦）如来と宝生如来と観自在王（阿弥陀）如来と不空成就如来との一切如来は、一切如来をもって自身に加持し（中略）、一切方の平等なることを観察して、四方にしかも坐したもう」

中央の金剛界大日如来の四方（東・南・西・北）を取り囲む四仏（四如来）を、金剛界四仏と総称している。この四仏は、思想的には中尊・大日如来のすべてを統括する絶対仏・総体仏としての働きと属性を分担したものであり、その属性の一部は、直前に掲げた四部の属性・作用と対応する。

なお、金剛界（大日）如来と不動（阿閦）如来などの四仏については、経典では「出生」という言葉を使わないが、いずれも「一切如来をもって加持し」という言葉が見られる。これは、すでに五相成身によって成仏した報身・受用身としての大日如来とその分身ともいうべき阿閦如来などの四仏が、法身の一切如来（摩訶毘盧遮那）の加持を受けて、等質になったことを意味している。

すなわち、理念的には、実在としての全体仏・一切如来（摩訶毘盧遮那）が、聖なるものの顕現であるとともに、俗なるものに対しては救済の意味を持つマンダラ空間（狭義には「金剛摩尼宝峯楼閣」）に姿を現したことをいう。その場合、金剛界大日如来の一尊だけでも「金剛界」というマンダラ世界を構築することは可能だが、内容を充実し、かつシステム化するために、四つの属性グループの代表仏となる四仏が、中尊・大日如来の四方に同時に位置することになる。

それゆえ、直接「出生」という語はなくても、「一切如来をもって加持し」という表現によって、法身・一切如来と報身・金剛界五仏（大日と四仏）の連続性と異質性が、ともに保証されたことになろう。

◈両部マンダラの四仏

ここで、金剛界四仏の意義と働きについて、両部マンダラとして対になる胎蔵マンダラにおける四仏と比較しながら、簡単に要約しておきたい。

『金剛頂経』においては、この密教宇宙（法界）は、遍在者たる一切如来（複数）によって完全に覆い尽されているが、それを単数、つまり全体仏で表現すれば、法身・摩訶毘盧遮那である。

そして、五相成身（五段階の成仏法）によって成仏して間もない金剛界如来（報身・毘盧遮那如来）が、再び一切如来の神秘的・宗教的な威力（神変加持）によって、聖域空間であるマンダラの中央に「安立」することとなる。哲学的な表現をすれば、無限定なる実在世界が、有限なる衆生にその存在を理解させ、かつ救済するために、自己限定をして、最初の第一点（中心）を位置づけたのである。

チベット系の金剛界マンダラ（ラダック・チャチャプリ寺）

次に、第二段階としては、中央の毘盧遮那如来（金剛界大日如来）の四方（東・南・西・北）に、名前と属性・作用の異なる四体の如来が同時に坐する。先に説明したように、事実上の「四仏出生」である。

『金剛頂経』の経文そのものでは、各仏の名前と位置を記すのみであるが、四仏がそれぞれつかさどる部族と、後に出生する十六大菩薩によって詳しく表される各部族の属性・作用などを注釈書を参照して復元すれば、以下のとおりである。

四仏	部族	方位	属性・作用
阿閦	金剛	東	力・降伏・菩提
宝生	宝	南	財宝・灌頂
阿弥陀	蓮華（法）	西	智恵・救済
不空成就	羯磨	北	作用・効果

各仏の名称、由来、内容等については、拙著『密教仏の研究』（法蔵館、一九九〇年）に詳しいが、簡略に整理しておきたい。

まず、阿閦如来とは梵語の音写で、意味をとって不動如来とも呼ばれる。阿弥陀如来と並ぶ、東方の妙喜国に住する歴史の古い大乗仏であったが、金剛界マンダラでは重要な東方に配され、最も威力のある金剛部をつかさどっている。ちなみに金剛界マンダラでは、下方が東とされている。

南方の宝生如来は、名前の示すように、宝を生じるほとけである。『大日経』の虚空蔵菩薩、地蔵菩薩もそうであるが、ものを生み出し、世の中を作り上げるのもほとけの大切な作用である。

西方は、『大日経』の胎蔵マンダラであれ、『金剛頂経』の金剛界マンダラであれ、いずれも阿弥陀（無量寿）如来の独壇場である。西方の極楽浄土の仏・阿弥陀如来が、いかに人びとの間に受容されていたかを物語っている。もっとも密教マンダラは、この時、この世に聖域空間を実感するので、他方国土の極楽はマンダラの中に昇華(しょうか)されている。

北方の不空成就如来は、「その功徳(くどく)が空(むな)しくない」、つまり「必ず結果を出す仏」を意味し、胎蔵マンダラでは必ずしも体系化されていなかったほとけの作用と功徳を重要な属性として確立した、大切な仏である。

一方、胎蔵マンダラ中央の中台八葉院(ちゅうだいはちよういん)に表される胎蔵四仏は、次のような仏道修行のプロセスを象徴するものとして理解される。

四仏	方位	意義
宝幢(ほうどう)	東	発心(ほっしん)（さとりへのスタート）
開敷華王(かいふけおう)	南	修行（さとりへの実践）
無量寿(むりょうじゅ)	西	菩提（さとりの実感）
天鼓雷音(てんくらいおん)	北	涅槃(ねはん)（さとりの体得）

これらの胎蔵四仏は、マンダラ出生としては、その意義から推測されるように段階的・継続的であるのに対し、金剛界四仏では、四方はあくまで全体の一部であり、同時の出生と考えるべきである。

金剛界マンダラの出生(2)
四仏を補佐する十六大菩薩

◈十六大菩薩の意義

一般の人びとに金剛界マンダラの教えをわかりやすく説明するときには、私は金剛界マンダラ全体（一切如来と同じ）を法人としての会社、金剛界大日如来を社長、阿閦・宝生・阿弥陀・不空成就の四仏を総務・営業などの部長にたとえている。確かに、四仏は、それぞれの属性・作用を分掌しているので、このたとえは比較的わかりやすいが、「平等」という言葉があるように、大日如来と四仏は、本来はいずれも仏・如来であって、ほとけとしてのヒエラルキー（階層性）はない。

ところが、以下に続いて登場する十六尊のほとけたちは、明確に「（大）菩薩」と説かれており、ほとけとしての位が異なっている。しかも、原文に、「○○菩薩の身を生じ」「○○の月輪によって住し」とあり、複雑なプロセスを通してではあるが、実際の金剛界世界、つまり金剛界マンダラに出生すると考えてよいだろう。

さて、結果的に四仏の各四方に出生される菩薩たちを、伝統教学では「四親近菩薩」と称している。「親近」とは、重要な人（ほとけを含む）に付随して、その働きを助け、役割を分担する存在をさす。単にあるほとけを取り囲み、守護する眷属よりも、もう少し重要な役割を果している。先ほどの会社組織の例を用いれば、部長の下でさらに細かな仕事を担当する課長や係長にあたるものか。

このような四親近菩薩が、各四尊で、しかも中心となる仏が四仏であるので、掛け算をすると十六尊となる。したがって、十六菩薩といえばよいのだが、『金剛頂経』では必ず「大菩薩」と表現される。これは、一切義成就菩薩が五段階の即身成仏法によって金剛界如来として成仏したように、仏の立場に強調点を置く『金剛頂経』では、菩薩といえども必ず仏・如来と直結していることを示している。言葉をかえれば、法身・

一切如来の世界の中に覆われているのである。

続いて、経文では、十六大菩薩のそれぞれの出生を説くが（インド・チベット密教では、ここからを「マンダラ最勝王の三摩地」という）、その構造とプロセスはすべて共通している。まずは代表として、先頭の金剛薩埵の出生を説明しよう。

◆筆頭・金剛薩埵の出生のプロセス

十六大菩薩の出生のドラマは、すべて共通のプロセスを持っている。その次第を可能な限り『三巻本教王経』の原文に従い、しかも長文で難解な部分は現代語訳を用いながら解説していこう。

「その時、世尊・毘盧遮那（大日）如来は現証等覚（成仏）すること久しからずして（中略）、すなわち一切如来の普賢摩訶菩提薩埵（大菩薩）の三昧耶より出生する薩埵の加持の金剛の三摩地に入り、一切如来の大乗現証の三昧耶と名づくる一切如来の心を、自らの心より出だしたもう」

金剛薩埵を筆頭とする十六大菩薩を出生する作業において、一応の主語となっているのは、世尊・毘盧遮那如来、すなわち成仏した報身の大日如来である。しかし、注意すべきことは、その活動には常に法身・一切如来の存在と威力が関係していることを見逃してはならない。

まず、金剛薩埵の場合、その顕教名（密教化する前の存在）である普賢大菩薩の象徴（三昧耶）より出現した薩埵加持金剛という名称の三昧（三摩地。瞑想における精神集中）に、世尊・毘盧遮那如来が入る。大乗仏教の頃からすでにそうであるが、密教の世界においても聖性などの質的変化が生じるのは、起きたり寝たりする日常生活の中ではなく、聖と俗の世界が交錯し合う三昧の体験を通じてということが多い。

そして、世尊・毘盧遮那如来の心臓から、「一切如来の大乗現証の三昧耶（一切如来のさとりの象徴）」という心呪（中心となる真言）を生起させる。この真言が「バザラサトバ」であり、ほとけとしての金剛薩埵の原語となる。なお、『般若心経』巻末の有名な「ギャティ・ギャティ・ハラギャティ・ハラソウギャティ・ボウジソワカ」も心呪である。

この後、展開が非常に複雑なので、現代語に直して整理すると、次のようになる。

その世尊・普賢（摩訶毘盧遮那）は、一切如来のそれぞれの胸から多くの月輪（満月の姿）となって現れ、阿閦などの四仏である一切如来のかたわらに位置する。続いて、それらの多くの月輪から、一切如来たちの智恵を本質とする多くの金剛杵（智金剛）が現れ、世尊・毘盧遮那如来の胸に入り込んだ。さらに多くの金剛杵は一つにまとまり、一切如来の金剛のように揺ぎない身体（身）・言葉（口）・心（意）の活動から構成された金剛杵の形となって、再び毘盧遮那如来の胸から出て、その手のひらにとどまった。

このあと、その金剛杵の輝く頂きから一切如来が姿を現し、種々の働きをする内容が説かれたあと、この金剛薩埵の精神集中（三摩地）はあらゆる面においてすぐれ、実に揺ぎないものであるから、それぞれの如来たちは一つにまとまり、普賢大菩薩の姿となられ、世尊・毘盧遮那の胸にとどまって、次のような感嘆の詩句（ウダーナ）をあげられた。

今度は、その詩句を原文で紹介してみよう。

「奇なるかな。我れは普賢にして、堅なる薩埵なり。自然なるものの堅固なるに従り、無身なれど、薩埵の身を獲得す」

「薩埵」とは、梵語の「サットヴァ」の音写で、「存在」とか「衆生」を示す。つまり、本来は時間や空間を超越した法身の摩訶毘盧遮那（一切如来）が、何段階かの複雑なプロセスを経て、次第に私たちの存在世界に姿を現すことになるのであるが、次の文によって、十六大菩薩筆頭の金剛薩埵が、最終的にマンダラ世界（いわゆる金剛界マンダラ）に占める位置を示している。

「時に普賢大菩提薩埵の身は、世尊の心より下って、一切如来の前の月輪に依って、しかも住す」

もともと密教以前の菩薩であった普賢菩薩は、法身・一切如来の加持によって同じ位置に到り、今度は世尊・毘盧遮那（大日）如来の胸（存在）を経由して、ついに一切如来の前の小月輪の中に金剛薩埵としての姿を現すのである。ここでいう「一切如来」とは、金剛界四仏のうち東方に位置する阿閦如来をさすことは、各種の注釈書より明らかであり、その前方、つまり中央の大日如来に近い小月輪に金剛薩埵が出生することになる。

そこで、世尊・毘盧遮那如来は、「一切如来の智恵を象徴する金剛杵」という三昧に入り、その後、普賢大菩薩（すなわち金剛薩埵）に対して、一切如来の地位を象徴する金剛杵をその手のひらに与えられた。ここに、十六大菩薩筆頭の金剛薩埵の象徴たる持物（三昧耶形）が出来上った。

金剛薩埵（御室版）

それに呼応して、一切如来たちは、「金剛手（こんごうしゅ）」という「金剛」という言葉によって特徴づけられた名称の灌頂をもって、かの普賢大菩薩（金剛薩埵）を灌頂されたのである。

◆十六大菩薩の出生のプロセス

中央の報身・毘盧遮那（金剛界大日）如来と、その同列存在の四仏からなる金剛界五仏によって、無限の内容と価値を持つ金剛界マンダラを象徴的に表すことは可能だ。具体的には『金剛頂経』の注釈書の段階で、四仏、もしくは五仏に特別な仏の智恵を付与することである。この五智（ごち）については、第七章で不空三蔵による五仏・五智説の確立を取り上げるときに詳しく紹介したいが、絶対の無限を仮に五つの仏の円形で表現することができる。世間では、「聖なる丸五印（まるごじるし）の世界」とも呼んでいる。

ところが、よりシステム化の進んだ『金剛頂経』（金剛界・大（だい）マンダラ）では、四方の四仏のそれぞれの四方に、一ランク下の密教菩薩を出生して、四方の四仏の周囲に二次的な小惑星の集団を形成する。金剛界五仏全体を大惑星集団とすれば、各四菩薩を従えた四仏のグループは、丸五印の各丸の中にさらに小さな丸五印が成り立つ。私は「二重丸五印」と称している。天文・天体でたとえれば、各衛星（地球の場合は月）を従えた太陽系惑星群にあたる。

先には、金剛薩埵が、実際に、東方の満月輪（まんがちりん）のブロックにあたる阿閦如来の月輪の前方（中尊・大日如来の側）に姿を現す複雑なプロセスを経典に即して明らかにしたが、ここでは結果として出生した四体の菩薩（四親近菩薩）の共通性を取り上げておきたい。紙数の都合もあるので、南方の宝生如来の周囲を取りかこむ四親近菩薩を表にまとめると、次のようである（方位は宝生如来を中心とする）。

方位	顕教名	心呪名（真言名）	灌頂名（金剛名）
前	虚空蔵	金剛宝	金剛蔵
右	大威光	金剛威光	金剛光
左	宝幢	金剛幢	金剛幢
後	常悦喜根	金剛笑	金剛喜

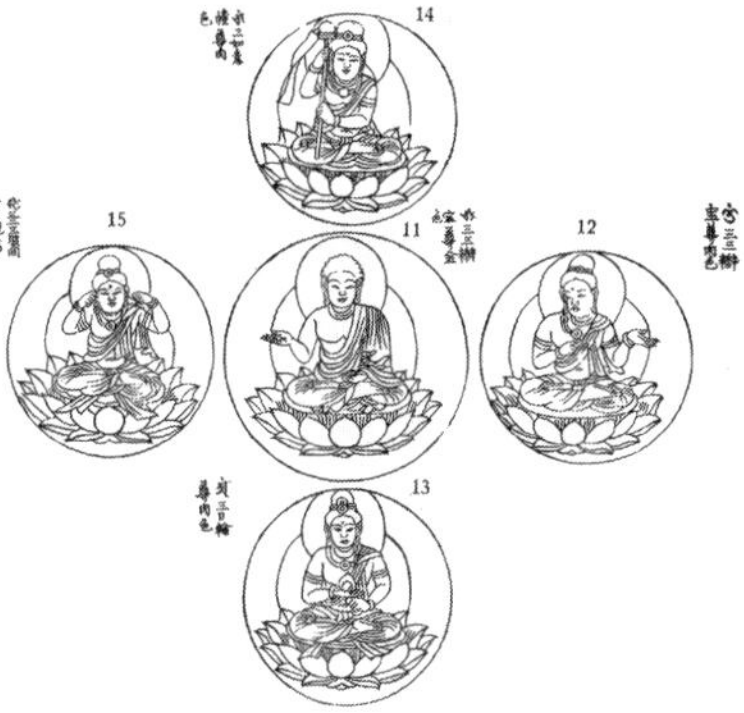

宝生如来と四親近菩薩（御室版）

今、前方に出生し、最も重要となる金剛宝菩薩の例をあげて再整理すると、まず、全体仏である世尊・毘盧遮那がある三昧（瞑想）に入って、自らの心臓から「金剛宝」という心呪（根本となる真言）を出現させる。

続いて、一切如来の加持（不思議な威力）によって、巨大な金剛宝（如意宝珠）が現れるが、それが世尊・毘盧遮那の手の上に収斂する。そして、その金剛宝より虚空蔵大菩薩が現れて、次のような感嘆の詩句を述べる。

「奇（特）なるかな、妙なる灌頂にして無上の金剛宝なり。
仏は、（執）著するところ無きも、名づけて三界の主と為すに由れり」

次に、その虚空蔵大菩薩は、南方の宝生如来の前方（大日如来側）の小月輪に出生する。ようやく金剛界マンダラに、所定の場所を得ることになるのである。

そして、世尊は再び三昧に入ったのち、かの虚空蔵大菩薩に、同尊の象徴（三昧耶形）となる金剛宝を授ける。すると、一切如来たちは、最後に「あなたは、金剛蔵（菩薩）である」という金剛という言葉のついた名前の灌頂を与え、ここに密教の金剛宝菩薩が新たに誕生したのである。

以下、各尊とも、特定の三昧と三昧耶形を経て、宝生如来の右・左・後に出生し、それぞれの象徴物を手に持って働きを強調する。世尊・毘盧遮那（大日）如来の場合は、顕教の一切義成就菩薩（釈尊をイメージしたもの）が密教の金剛界如来として成仏したが、十六大菩薩の場合は、宝生如来などの四仏の属性と作用を分掌（ぶんしょう）し、補佐する意味もあって、従来の虚空蔵や宝幢（宝ののぼり旗）などの大乗仏教の伝統的な菩薩が、一切如来の加持と、マンダラの中尊である世尊・毘盧遮那の媒介を通して、新たに金剛宝、金剛幢などの密教菩薩となって、壮大な金剛界マンダラを形成するのである。

なお、財宝性を特性とする宝生如来に従属する菩薩としては、金剛宝が最も中心となり、光（金剛光）や旗（金剛幢）も、ものを生み出すイメージとしては共通している。

東インド・オリッサ州からは、金剛界四仏のうち、とくに阿閦如来と阿弥陀如来の二仏の光背上部に、四親近菩薩を浮き彫りした石像（四九ページの図版参照）が数体発見されている。

◆十六大菩薩の完成

以上、複雑な「出生」のプロセスの要点のみを列挙してきたが、五相成身の密教的成仏法において、元来は密教以前の存在であった一切義成就菩薩が、一切如来の加持を受けて、最終的には金剛界大日如来として成仏したように、途中のプロセスは相当異なっているが、もともと密教以前の大乗菩薩であった普賢菩薩や虚空蔵菩薩が、法身・一切如来の加持によって普賢大菩薩や虚空蔵大菩薩となり、本尊（世尊）・毘盧遮那如来の媒介を経て、密教菩薩である金剛薩埵や金剛宝菩薩として金剛界マンダラに出生し、その適切な位置を与えられることになる。

いま、金剛薩埵から金剛拳に到る十六大菩薩の各グループと、その位置を列挙しておきたい。

四仏（方位）	**四親近菩薩（前・右・左・後の順）**
(1)阿閦（東方）	金剛薩埵・金剛王・金剛愛・金剛喜
(2)宝生（南方）	金剛宝・金剛光・金剛幢・金剛笑
(3)阿弥陀（西方）	金剛法・金剛利・金剛因・金剛語
(4)不空成就（北方）	金剛業・金剛護・金剛牙・金剛拳

個別の菩薩の説明は省略するが、各々の四親近菩薩は、中央の各四仏の属性と作用を分掌し、補佐しているといえる。とくに前方に位置する金剛薩埵・金剛宝・金剛法・金剛業の四尊は、各グループの代表としての意味を持ち、密教研究者の間では「四転輪菩薩」と呼ばれている。

十六大菩薩のすべてに「金剛」の名前がつくのは、金剛界マンダラのほとけとして必ずしも不思議なことではないが、すでに先に触れたように、「心呪名（真言名）」と「灌頂名（金剛名）」という二種の名前を授かっている。そのために、最初の密教以前の菩薩名を含めると、各尊が三種の名前を持つことになる。

代表的な例として、先の四転輪菩薩を取り上げておく。

方位（輪）	顕教名	心呪名（真言名）	灌頂名（金剛名）
東方輪	普賢	金剛薩埵	金剛手
南方輪	虚空蔵	金剛宝	金剛蔵
西方輪	観自在	金剛法	金剛眼
北方輪	一切如来毘首羯磨	金剛業	金剛毘首

なお、十六大菩薩の尊名としては、結果的に心呪名が用いられることが多い。

金剛界マンダラの出生⑶

＝四仏のさとりの「印」・四波羅蜜菩薩

◆四波羅蜜の出生

次に『金剛頂経』のテキストで登場するのが、一般に「四波羅蜜」と呼ばれる存在である。現在、標準のマンダラとして通常用いられている現図の金剛界九会マンダラの成身会では、中央の毘盧遮那如来のすぐ四方に、四体の菩薩の姿をしたほとけが配されている。

これらが四波羅蜜菩薩であり、また『金剛頂経』系密教を中国において確立させた不空三蔵に帰される著作の多くに「(金剛頂瑜伽)三十七尊」の言葉が頻出することから、こうした不空三蔵のテキストをより所とするわが国の密教では、四波羅蜜菩薩はすでに確立された重要な菩薩である。

もっとも、その姿を表現した図像からわかるように、上半身にブラウス状の上着をつけていることが注意をひく。専門的には、羯磨衣（もしくは蓋襠衣）と呼び、袖口をしぼった一種の甲冑のように理解する向きもあるが、大日如来を直接に取り囲むこの四体だけが武闘スタイルをする理由はまったくない。

大日如来と四波羅蜜菩薩（御室版）

結論を先に述べれば、ほとけとして尊格化された四波羅蜜は、その特異な性格と役割から、性差（ジェンダー）に関心のうすい中国や日本の東アジアにおいても、常に女性のほとけ（女尊）として表現されていた。田中公明氏は、「女菩薩」という新語を提案しているが、『大般若経』の転読法要の際にその真言が唱えられる般若菩薩とともに、女性の菩薩の双璧といえる。上着を着せたのは、豊満な胸を隠すための努力と考えられる。そこで、現在のテキストである『三巻本教王経』に基づいて、四波羅蜜の出生を明らかにしたいが、四尊の最初の金剛波羅蜜の個所を取り上げたい。

「その時、不動（阿閦）如来は、世尊・毘盧遮那の一切如来の智を成就し已って、一切如来の智を印じるが故に、金剛波羅蜜の三昧耶より生じる所の金剛加持の金剛三摩地と名づけるに入りて、一切如来の金剛三昧耶と名づける一切如来の印を、自らの心より出だしたもう。

サトババジリ
（薩埵金剛女よ）」

例によって、『金剛頂経』の特徴である「一切如来」と「金剛」が数多く登場するが、この文の場合、十六大菩薩の出生とは異なり、主語は、四仏のうちの東方・阿閦（不動）如来である。そして、四波羅蜜のすべてに共通する重要なキーワードは、「印」である。

すなわち、東方の月輪の中に、金剛薩埵をはじめとする四親近菩薩を従えて位置する阿閦如来が、金剛杵に象徴される（菩提心の）三昧という精神集中に入って、一切如来（法身・摩訶毘盧遮那と同義）のさとりを象徴するしるし（印）を出生する。

このとき、十六大菩薩の場合と同様、根本となる真言（心呪）が発せられるが、それが「サトババジリ」である。インド・チベットではこれが尊名となり、訳せば「薩埵金剛女」となる。

続いて、本文をたどってみよう。

「一切如来の心よりわずかに出で已るや、金剛の光明を出だし、かの金剛の光明の門より、すなわちかの婆伽梵（世尊）・持金剛は、一切世界の微塵に等しき如来の身となって一切如来の智を印じ、また聚って一体となって、一切世界の量に等しき大金剛の形を生じ、世尊・毘盧遮那仏（大日如来）の前の月輪に依って、しかも住して、この嗢陀南（感嘆の詩句。ウダーナ）を説けり」

長文を引用したが、先に出生したさとりのしるし（印）は、法身・摩訶毘盧遮那（ここでは持金剛）の神変加持によって巨大な金剛杵となり、それがまた収斂して、中尊・大日如来の前（阿閦如来の方向）の小月輪に場と姿を与えられる。そして、最後に、

「奇（特）なるかな、一切仏の薩埵金剛にして堅なり。
堅の無身なるが故に、金剛身を獲得するに由れり」

という感嘆の詩句を発して、金剛波羅蜜の出生は完了する。

なお、十六大菩薩のケースとは異なり、この四波羅蜜以下の八供養、四摂の計十六尊は心呪（真言）名のみであって、灌頂を受けて与えられる灌頂名（金剛名）はすべて説かれない。

また、四波羅蜜と八供養については、漢訳・梵本とも「菩薩」という言葉すら用いていない。もちろん、中国・日本のマンダラ教学では、金剛界三十七尊のうち、大日などの五仏を除く三十二尊は「菩薩」とされ、私もそれに基づいて、大日如来と四仏がほとけを出生し合う「相互供養」などの教化的説明をしているが、成立・起源という学問的な視点に立てば、四波羅蜜と八供養は、女尊に特別な意味を与えるというインドの文化史的状況を的確に表している。

◆二様の四波羅蜜

漢訳の『三巻本教王経』を見ても、また貴重な現存梵本を見ても、この四波羅蜜については「〇〇菩薩の身を生じ」という表現は見られない。そこで、古来、学問的な教義解釈においても、またマンダラの図

像表現においても、四波羅蜜に対しては二様の解釈が並行して行われている。

第一の解釈は、『金剛頂経』研究の大先達であり、労作『梵蔵漢対照　初会金剛頂経の研究』を著した元高野山大学教授の故堀内寛仁氏などの主張する「人格化以前、三昧耶形の段階」説である。それによれば、漢訳・梵本のテキストを見る限り、中尊・大日如来の前という位置は与えられても、姿・形としては「大金剛の形を生じ」とだけあって、金剛杵という象徴物（三昧耶形）だけが説かれている。

金剛界マンダラの種々相に関しては、のちに詳しく取り上げたいが、日本の金剛界マンダラでは、異系統といわれる一会（一画面）の八十一尊マンダラも含めて、ほとんどすべてが菩薩形（女性形）で表現されているのに対し、チベット文化圏に残る金剛界マンダラでは、四波羅蜜は、女性菩薩形と三昧耶形とが半分ずつくらいの比率で共存している。

四波羅蜜とその三昧耶形は、次のようである（方位は大日如来を中心とする）。

尊名	出生する如来	方位	三昧耶形
金剛波羅蜜	阿閦（不動）	前	金剛（杵）
宝波羅蜜	宝生	右	宝（珠）
法波羅蜜	阿弥陀（観自在王）	後	金剛蓮華
羯磨（業）波羅蜜	不空成就	左	羯磨金剛

これらの四種の三昧耶形の名称は、これまで経典のテキストで知られていたが、近年、インド、西チベット、中国などから貴重な美術遺品資料が発見され、詳しく内容も理解できるようになったことは喜ばし

い。左の写真はインド・ビハール州のナーランダー僧院跡と、中国・陝西省の法門寺地下宮殿から発掘されたものであるが、それぞれを比べると三昧耶形にも微妙な多様性があることがわかり、貴重な歴史の証人である。

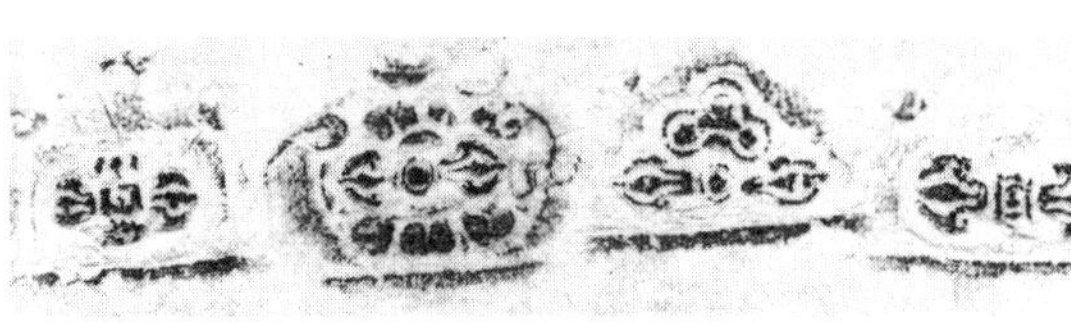

四波羅蜜の三昧耶形（上・ナーランダー出土、下・法門寺出土）

　さて、第二の解釈は、おそらくは四仏・四部の属性と作用を表したと想像される四波羅蜜が、「印（ムドラー／mudrā）」という媒体を通して擬人化され、その原語（ムドラー）が女性形であることも関連して、女尊として表現されたとするものである。確かにインドの後期密教では、重要な男尊の配偶女尊を印母（ムドラー）と呼んでほとけたちのマンダラ世界に取り入れたことがあるので、初期的な三昧耶形から次第に女尊に発達して、現在の日本の現図・金剛界マンダラに見られるような、上半身に特異な衣をまとった姿として表現されるようになったのであろう。

　そして、教義的には、阿閦・宝生・阿弥陀・不空成就の四仏が、それぞれの役割を象徴する菩薩（女性）を大日如来の周囲に出生して、中央の円輪を完成させたと考えられるのである。

金剛界マンダラの出生(4)

八供養菩薩による相互供養

◆経典が持つエネルギー

密教経典は、他種の仏教経典と比較して、その量的、また質的な多様性が顕著である。もっとも現代の日本密教に範囲をしぼると、逆に日常依用される密教経典は数点に限定される。その中で、教義的には断突の位置を占めるのが、『大日経』と『金剛頂経』のいわゆる「両部の大経」である。

もっとも、これらの密教経典は密教修法の基本テキストであり、『法華経』や『阿弥陀経』などの大乗経典とは違って日常、読誦されないのが、むしろ特色である。逆に、日々さまざまな場合に読誦されるのが『理趣経』と『般若心経』であることは、経験的に知っておられる方が多いだろう。

このギャップがどこから来るのかが、単なる哲学ではなく、宗教としての仏教の秘密ということになるのだが、結論的なことを一ついえば、仏教を思想・哲学・倫理という視点でのみ取り上げ、聖典に秘められた威力・功徳・神秘などのもっとカオス的、根源的なものを意識的に捨象したのは、西欧に端を発する科学的・合理的な近代仏教学の功績であると同時に、おちいった陥穽であった。

私は、『般若経』『法華経』『維摩経』などに散見される無自性空、久遠実成、不二法門などの高邁な思想性を高く評価するものであるが、その内容がすばらしいからこそ、「般若波羅蜜多」のように実体的な力を生み出しうるものである。

大乗経典を活力源とする大乗仏教が東アジアを中心にあれだけの流行を見せたのは、聖なる経典を対象とする十種の菩薩行があったからであり、それらの十種の菩薩行を世に十法行と呼んでいるが、それは以下のとおりである。

(1)書写　書き写す
(2)供養　敬い尊んで捧げる
(3)施他　他に与える
(4)諦聴　他人の読むのを聞く
(5)披読　自ら読誦する
(6)受持　忘れない
(7)開演　他人に説明する
(8)諷誦　声に出して読む
(9)思惟　内容を詳しく考える
(10)修習　実際に行う

これらは、主に大乗経典の聖なる内実とその宗教エネルギーを始動する具体的方法なのであるが、聖なるものをいかに実証するかという直接関係を基盤構造とする密教経典でも、上記の十法行のいくつかを独特の方法で利用している。その代表が、これから紹介する供養のほとけである。

◆相互供養の始まり

これまでの中尊・大日（毘盧遮那）如来からはじまって、金剛界四仏、それらの眷属（部下）である十六大菩薩、四仏の働きを代行する秘書的な四波羅蜜菩薩の出生によって、ダイヤモンドと法具の金剛杵のダブルの高貴性と堅固性をそなえた金剛界・大マンダラの骨格（とくに内院）がほぼ出来上ったといえる。

しかし、何の世界もそうであるが、概略の枠組とポストが出来ても、全体の組織（システム）を維持・運営していく部分（要素）がなければ、その世界を永続させて行くことは難しい。再び、金剛界マンダラを会社組織にたとえれば、社長（大日）をはじめ四人の部長（四仏）、各部の課長・係長（十六大菩薩）、さらには四人の秘書（四波羅蜜）がそれぞれの仕事と役割に専念しても、現代風にいえば、管理（メンテナンス・福利・厚生）と警備（セキュリティ・広報）の部分が必要である。マンダラは聖なるほとけの世界を象徴的に表現したものではあるが、その基層イメージには人間のいとなみの理想像があることは否定できない。

そこで、システム性を誇る金剛界マンダラでも、三十七尊のうち後半の十二尊については、事実上、管理と警備のほとけが登場することになる。そのうち、先に出生される八体の供養菩薩は、伝統的には「内の四供養」と「外の四供養」と呼ばれている。「内」と「外」とは何をさすのか。また「四供養」の内容はいかなるものか。そして、世にいう「相互供養」とは、何と何の相互なのだろう。

こうした基本的な疑問点を明らかにするために、『三巻本教王経』をたどってみよう。

「その時、世尊・毘盧遮那仏（大日如来）は、また一切如来の適悦の供養の三昧耶より生じる所の金剛と名づける三摩地に入って、一切如来族の大天女を自らの心より出だしたもう。

バザララセイ

（金剛嬉よ）」

これより、「内の四供養」と称される四体のほとけが順にマンダラに登場することになるが、少なくとも経典そのものの中には「内」や「外」の言葉は認められないようである。

重要なポイントは、まず内の四供養では、中尊（本尊）の大日如来が、宇宙に遍在する一切如来のある種の供養（最初の金剛嬉の場合は、適悦〔よろこび〕）を象徴する三摩地に入った上で、その大日如来の心臓から、大天女、すなわちすぐれた女性の天人（その心呪）を出生させる。『金剛頂経』では、「大菩薩」「大天女」などというように「大」の形容詞をあえて使う場合は、仏・如来と共通する聖性の負荷を帯びていることを示唆している。

内の四供養菩薩（御室版）

先に取り上げた四波羅蜜菩薩の場合は、経典が編纂されて間もない頃は、金剛杵、如意宝珠など特有の象徴物（三昧耶形）で表現されていたが、次第にほとけとしての姿をとるようになる。その際「波羅蜜多」という単語が梵語の女性形であることにより、女性のほとけ、つまり女尊として上半身にブラウス状の薄布を身につけていることが多い事実は、すでに紹介してきたとおりである。

内の四供養の筆頭の金剛嬉は、先に紹介した心呪名（バザララセイ）から訳したものだが、意味は「〈金剛のごとき〉最高の喜び」ということである。ちなみに、十六大菩薩までには、この真言名の他に、灌頂の際に授けられる灌頂名（金剛名）との二つの密教名があるが、四波羅蜜以下は中心的存在である「大菩薩」ではないので、灌頂は授けられない。

ともあれ、供養（菩薩）で大切なことは、少なくとも『金剛頂経』の梵本や漢訳では「菩薩」とは称されず、むしろ「天女（devi）」と明記されている事実である。要するに女尊であり、これまた現代風にいえば、管理部門担当の女性職員である。

◆出生と位置の確保

先の「自らの心」とは、世尊・大日の心臓という意味と、「バザララセイ」という心呪（心真言、根本となる真言）を多少オーバーラップさせているが、以後の展開は、例によって一種の宇宙ドラマ風なので、いささか理解しがたい。まず経典の本文をあげ、続けて少し簡略化した現代文を付しておこう。

「一切如来の心より、わずかに出で已るや、金剛印を出だし、かの金剛印の門より、すなわちかの婆伽梵持金剛（摩訶毘盧遮那）は、一切世界の微塵に等しき如来の身となり、また聚って一体となって金剛嬉戯女となれり。

（中略）

世尊・不動（阿閦）如来の曼荼羅の左辺の月輪に依って、しかも住してこの嗢陀南（感嘆の詩句）を説けり。

奇なる哉。比べるもの有ること無し。諸仏の中の供養において。

貪染（愛欲）の供養により、能く諸の供養を転じるに由れり」

『金剛頂経』は、『大日経』や『理趣経』などの密教経典と比べても、はるかに抽象的で、かつ難解である。その原因は、同経の大部分が遍在する法身・毘盧遮那からマンダラの諸尊が出生するプロセスを三昧（瞑想）と象徴と拡大・収斂という複雑な展開を用いて、段階的に説いているからである。

そこで、津田真一氏の研究なども参考にしながら現代文に要約すると、次のようになろう。

「中尊・毘盧遮那の心臓より、この象徴（印契、心呪）が出現したとみるや、それに呼応して一切の如来たちの心臓より、もろもろの金剛印契女が出現した。そしてさらに、それらの金剛印契女の口より、かの尊き持金剛（摩訶毘盧遮那）は、一切世界の微塵に等しき数の如来身となって出現した。

そして、それらは再び一つに集まって、かの大天女となった。

（中略）

（金剛嬉女は）世尊・阿閦如来のマンダラの左側において、月輪の中に位置を占め、次のような感興詩を詠んだ。

ああ、もろもろの自生なる者（如来）たちを供養することにおいて、私（金剛嬉）に匹敵するものはいない。なぜなら、愛欲の歓びをもって供養するからこそ、一切の供養が存在しうるからである」

上着を着た女尊としての金剛舞菩薩

この最初の金剛嬉（女）について、もう一度整理すると、中尊の毘盧遮那如来がある三昧に入ることによって、大天女の心呪（心真言）を出生する。この心呪の出生に続いて、大宇宙に遍満する無数の一切如来が一つにかたまって、心呪名と等しい金剛嬉女の姿をとってマンダラ世界に位置を占める。その場所は、東方（下方）に位置する阿閦如来の左側（中尊に向かって）ということで、図形的には東方の阿閦如来と南方の宝生如来の間、つまり東南方ということになる。

なお、金剛界マンダラの三十七尊は、すべて満月輪に「依止して」おり、月輪をまったく説かない胎蔵マンダラとは好対照をなしている。

また、感興詩の中に、いずれも「供養」という言葉があるが、たとえば金剛部、とくに金剛薩埵の配偶者的役割をになっている金剛嬉は、「愛欲の歓び（適悦）の供養」とうたわれているように、『理趣経』との密接な関係がうかがわれる。

なお、図像的には、インド・チベットでは豊かな胸を強調した女尊として表され、中国・日本では赤い上着をきた女尊として表現されることもある。日本のマンダラ教学では、大日などの五仏を除く残りの三十二尊は、すべて菩薩として捉えられる。なお、内の四供養の金剛嬉と阿閦如来の四親近菩薩の金剛喜とは発音が同じとなるため、区別する必要上、供養菩薩の方に「女(オンナヘン)」をつけることが多い。

◆内の四供養の完成

最初の金剛嬉菩薩が、教義的には、中央の大日如来が、東方輪において四親近菩薩（ここでは金剛薩埵・金剛王・金剛愛・金剛喜）に囲まれて機能を果している阿閦如来に「喜びの供養」をするために、その輪の左側に出生したことを説明したが、これに続く金剛鬘・金剛歌・金剛舞の各尊も、ほぼ同様の仕方で出生する。

尊名	三昧名（略称）	位置（中尊に向かって）	図像
金剛嬉	一切如来の歓喜による供養	阿閦如来のマンダラの左側	喜びのしぐさ
金剛鬘	一切如来の宝鬘による灌頂	宝生如来のマンダラの左側	半分の花環を捧げ持つ
金剛歌	一切如来の歌詠による供養	阿弥陀如来のマンダラの左側	琵琶をひく
金剛舞	一切如来の舞踊による供養	不空成就如来のマンダラの左側	舞うしぐさ

図像的に見ると、日本の現図系マンダラ（たとえば御室版）では、頭に宝冠をかぶり、上半身に腕釧や胸飾りなどの装身具をつけた菩薩が、それぞれの供養物やしぐさをして表現されているが、インドの石像の四隅に表現される内の四供養菩薩は、持ち物は日本とほとんど同じでも、豊かな乳房を強調した典型的な女尊像として表されている。

外の四供養菩薩（御室版）

◆外の四供養菩薩の出生

後世の確立された教学では、中尊の大日如来が四方の四仏に対して、歓喜（嬉）、宝鬘（鬘）、歌詠（歌）、舞踊（舞）をそれぞれ供養するのに対して、その返礼として、阿閦（不動）如来をはじめとする四仏がそれぞれ特有の供養を大日如来に捧げるとされているが、経文にも明らかに相互供養が説かれている。

まず、外の四供養菩薩の最初の金剛香菩薩の出生を、経典からたどってみよう。

「その時、世尊・不動（阿閦）如来は、毘盧遮那（大日）如来の供養に答えたてまつるがゆえに、一切如来の能悦沢（焼香の供養）の三昧耶より生じる所の金剛と名づける三摩地に入って、一切如来の婢使（遊女）を、自らの心より出だしたもう。

バザラドヘイ

（金剛香よ）」

内の四供養と同じ構造であるが、今度は四仏がそれぞれの供養物に関係する三摩地に入り、そこから一切如来の遊女（心と身を安楽にさせる存在）を表す心呪をまず出生させる。

そして、虚空に遍満する一切如来の心臓から無数の如来の身が出現し、それらが一つに集まって金剛

（焼）香女の身となり、世尊・毘盧遮那（大日）の住居である金剛摩尼宝峯楼閣の左側の隅の月輪に場所を占めると説いている。

金剛摩尼宝峯楼閣とは、その頂きが金剛石（ダイヤモンド）や如意宝珠（望みのものを生み出す神秘的な宝石）からなる大日如来の宮殿であるが、実際の金剛界マンダラでは、日本でもチベットでも、外側の四方形（外院）の東南隅にそれぞれ配置されている。

続けて出生する金剛華・金剛燈・金剛塗の三尊と合せて、表にしておこう。

尊名	供養する主体	三昧名（略称）	図像
金剛香	不動（阿閦）如来	一切如来の焼香の供養	柄香炉を持つ
金剛華	宝生如来	宝の荘厳の供養	華台を持つ
金剛燈	観自在王（阿弥陀）如来	一切の光明の供養	柄燈明を持つ
金剛塗	不空成就如来	一切如来の塗香の供養	塗香器を持つ

すでに原文に則して紹介してきたように、供養する主体は阿閦如来などの四仏であり、供養されるのは、社長にあたる中尊の毘盧遮那（大日）如来である。要するに、内の四供養とは逆となっており、お互いに供養し合うので相互供養と呼ばれている。

なお、供養の内容は、焼香・供華・燈明・塗香というインド以来の代表的な供養物であり、とくに前三者の香・華・燈の三種の供養は、わが国では「三具足」と呼ばれ、供養の仏具の定番となっている。塗香は香の一種ではあるが、身体に塗りこめるもので、燃やす焼香とは完全に区別する。

原文では、これらの外の四供養の女尊は、「遊女」「侍女」など、内の四供養の「天女」に比べても庶民的である。これは密教の母国インドの文化状況を表しており、やはり花や燈明などの供養物を象徴するのは、身近な女性の尊格が適切なのであろう。

中国・日本では、十六大菩薩と同様、菩薩として扱うことは周知の事実である。

金剛界マンダラの出生(5)

マンダラを守護する四摂菩薩

◈四摂菩薩の出生

多士済々の金剛界マンダラのほとけたちも、主なものは最後の出生となった。これによって、大月輪の内院とそれを取り囲む四方形の外院からなる金剛界マンダラの概略が完成することとなる。

それが、鉤（かぎ）・索（なわ）・鎖（くさり）・鈴（すず）の四摂菩薩であり、それぞれの種字真言である「ジャク・ウン・バン・コク」とともに密教の行法の中でも重要な位置を占めている。

例によって、冒頭の部分を原文で眺めてみよう。

「その時、世尊・毘盧遮那如来は、また一切如来の三昧耶の鉤の三昧耶より生じる所の薩埵の金剛と名づける三摩地に入って、一切如来の一切の印の衆の主を、自らの心より出だしたもう。

バザラクシャ

（金剛鉤よ）」

内・外の供養菩薩の出生と文章構造はほとんど同じであるが、相互供養の意味はなく、世尊・毘盧遮那（大日）如来が、「鉤の三昧耶」を中心概念とする三摩地に入って、それと連動する「印の衆の主（集団の主）」を表す心呪を自らの心臓より出生する。

それが、「バザラクシャ」すなわち「金剛鉤」であり、次のように出生する金剛鉤菩薩の尊名にもなる。

「また、集まって一体となって金剛鉤大菩薩の身となり、世尊の金剛摩尼宝峯楼閣の金剛門の中の月輪に依って、しかも住し、一切如来の三昧耶を鉤召して、この嗢陀南（感嘆の詩句）を説けり。（後略）」

菩薩形の四摂菩薩（御室版）

四摂、つまり「四体の摂しとる（ほとけ）」の最初の金剛鉤は、先がかぎ状に曲った鉤が相手を引っかける威力を象徴した尊格である。私が子供の頃、氷屋のおじさんがこの形をした鉤で氷を上手に扱っていたのを昨日のことのように思い出す。この金剛鉤は、原文中に「大菩薩」の語があり、中国・日本では明確に菩薩として表現されているが、西チベットともいわれる北西インドのラダック地方の壁画マンダラでは、左脚を伸ばして、逆の右脚を踏みしめた明王スタイルの四摂菩薩も見られる。

金剛界マンダラ中に配される場所は「金剛摩尼宝峯楼閣の金剛門の中の月輪」とあるように、方形の外院の東方（下方）の中央の小月輪の中に描かれる。日本の金剛界マンダラでは、各辺とも門の姿は消滅しているが、チベットでは経典の記述のように、門の中に配されている。

以下、順に出生される金剛索・金剛鎖・金剛鈴の各尊とともに、表にまとめておきたい。

尊名	三昧名（略称）	位置	図像
金剛鉤	鉤（召）の三昧耶	金剛門の中の月輪	鉤を持つ
金剛索	引入の三昧耶	宝門の中の月輪	索を持つ
金剛鎖	鎖（縛）の三昧耶	法門の中の月輪	鎖を持つ
金剛鈴	遍入の三昧耶	羯磨門の中の月輪	鈴を持つ

四摂菩薩は、金剛界マンダラの他の尊格グループとは異なり、四尊の仕事の間に時間的プロセスが存在している。すなわち、かぎで引き寄せ（鉤召）、なわでつかまえ（引入）、くさりでしばり（縛）、そして最後の鈴（すず）で相手を意のままにする（遍入）といわれている。

このような一連の働きは外敵からガードするだけではなく、マンダラに入る者（同調者、入信者）を導く有効な作業とされるところに密教の極位がある。

金剛界・大マンダラの完成

成身会のすばらしい世界

◆金剛界のほとけたちの出生

これまでに経典の本文に従って説明してきたように、『金剛頂経』（狭義の『初会金剛頂経』）では、冒頭の場面設定とそれに続く五段階の成仏法（五相成身）のあとに、この無限定の実在世界を摩訶毘盧遮那、もしくは一切如来としてとらえ、それが実動する過程として、中尊の毘盧遮那（大日）如来をはじめとする合計三十七のほとけたち（尊格）が次々と登場（出生）するありさまを詳しく説いている。伝統教学では、それを「金剛界三十七尊の出生」と呼ぶ。

また、中国密教、および別系統のチベット密教の教学でも、全体仏にあたる摩訶毘盧遮那を法身仏、その活動（哲学的には自己限定）によって、世界の中心に最初の位置を占める毘盧遮那如来を報身仏として区別している。法身仏が宇宙的というか、全体を表す理念的な存在であるのに対し、報身仏は、大乗仏教以来の阿弥陀如来や薬師如来のように、誓願や修行などの宗教的な功徳、あるいは法身仏の働きを契機として出生する仏である。通常、仏像・仏画として表現されるのは、後者の報身仏であり、その特徴として三十二の大きな特徴（三十二相）、八十の副次的特徴（八十随好）をもって表現されることは、よく知られている。

なお、近年、「大日」というなじみの深い如来名を使って上記の二種のほとけを区別する場合、前者の全体としての法身・摩訶毘盧遮那を「大大日」、マンダラの中心に位置する報身の毘盧遮那を「大日」とするという画期的な提案もあるが、まだ定着するには至っていないようだ。

次に、全体仏の摩訶毘盧遮那が、その聖なる威力の発動と、この世界に存在している生きとし生けるものを救う（具体的には、マンダラに入らせる）ために、自らが自己展開、自己限定して、マンダラ世界に出生した金剛界マンダラの代表的なほとけたちをもう一度整理すると、次のようになる。

位置	尊格名
中央輪の中央	大日（毘盧遮那）如来
東方輪の中央	阿閦如来
南方輪の中央	宝生如来
西方輪の中央	阿弥陀如来
北方輪の中央	不空成就如来
東方輪の四方	金剛薩埵・金剛王・金剛愛・金剛喜
南方輪の四方	金剛宝・金剛光・金剛幢・金剛笑
西方輪の四方	金剛法・金剛利・金剛因・金剛語
北方輪の四方	金剛業・金剛護・金剛牙・金剛拳
中央輪の四方	金剛波羅蜜・宝波羅蜜・法波羅蜜・羯磨（業）波羅蜜
各四仏のマンダラの左側の月輪	金剛嬉・金剛鬘・金剛歌・金剛舞
金剛摩尼宝峯楼閣の左側の月輪	金剛香・金剛華・金剛燈・金剛塗
四方門中の月輪	金剛鉤・金剛索・金剛鎖・金剛鈴

各尊のグループごと、ならびに個別の働きと意義については、すでに詳しく説明したので、ここでは金剛界三十七尊の全体的意味を私風にまとめておこう。

まず、高次のほとけの立場からいえば、ダイヤモンドのような高貴で堅固な聖なるほとけの世界は、それ自体として最高の実在であり、この『金剛頂経』でも、序の後半にいわゆる「別序（べつじょ）」として、「始めも無く、

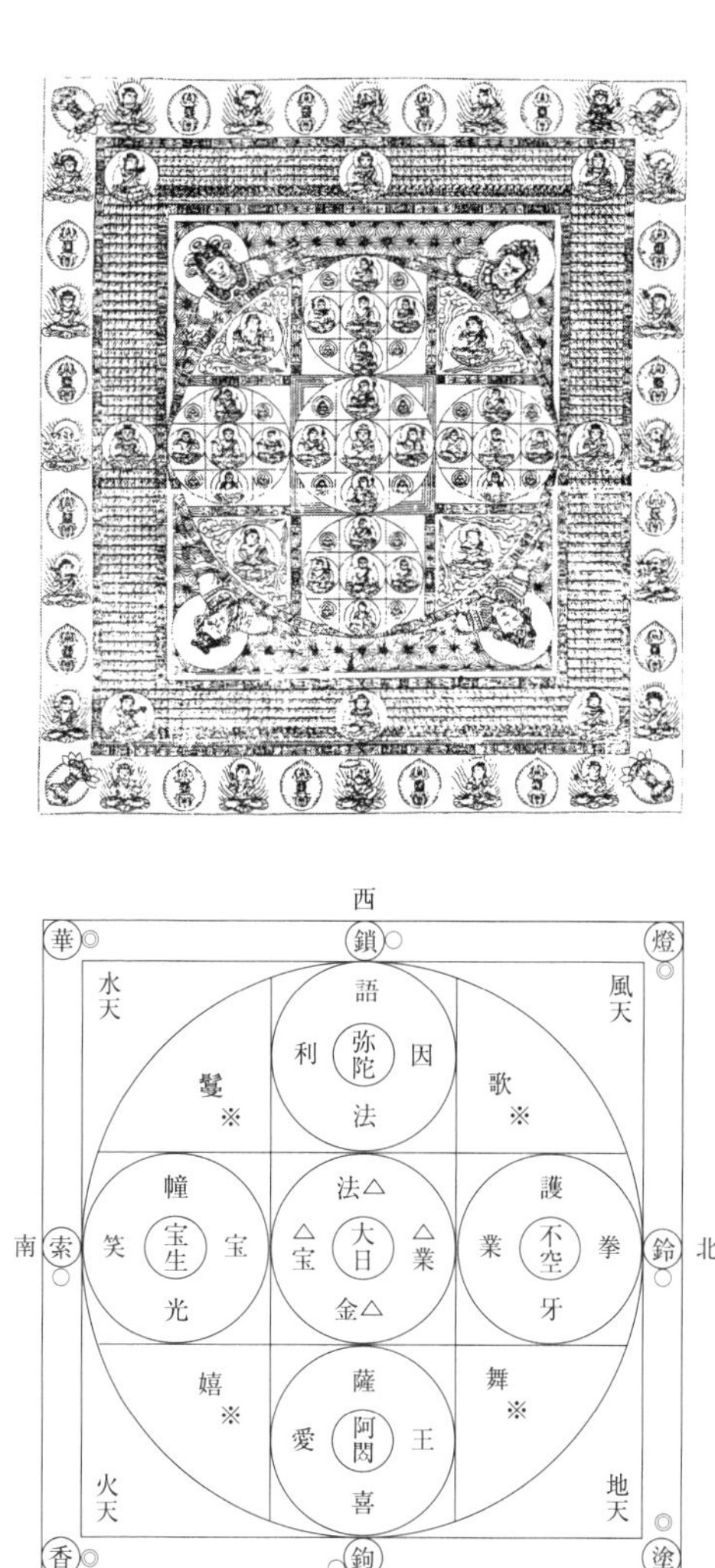

成身会（長谷寺版）と、そのほとけの配置

△四波羅蜜　※内の四供養　◎外の四供養　○四摂

終りも無い」「寂静な」「偉大な力を持つ」などの多くの形容詞でもって、積極的かつ抽象的に表現されるにすぎない。なぜならば、ほとけはすでに聖なる存在であるからである。

しかし、全体的というか、単数で表現される法身、あるいは法界は、確かに形容詞で属性を列挙されるにすぎないが、対極となる俗なる存在との通路となる報身という視点を導入すると、そこに全体的聖性（摩訶毘盧遮那）の働きと属性という二面から、具体的な要素を読みとることができる。

これを神学的にいえば、全智全能なる普遍仏・全体仏が自己限定、もしくは自己展開をして、知・財・力・愛などの重要な個別的属性を具体的なほとけに分掌させることになる。全体仏では、すべての属性と作用がそこに包摂されていたものが、複数仏になると、重要な属性と作用が個々のほとけによって象徴されることとなるのである。マンダラは、その理想的表現装置である。

もう一つの見方は、本書では、以前に五相成身のところで一度だけ触れた俗なる衆生、言葉をかえれば、今を生きる私たちという存在との関連である。これまで紹介してきた金剛界マンダラの三十七尊出生は、あくまで法身仏の自己展開なので、当然関係する領域はまだほとけの世界である。しかし、あえて「如来」というカテゴリー名を持たない「摩訶毘盧遮那」（大大日）から「毘盧遮那如来」を中心とする金剛界五仏が出生し、さらには金剛薩埵を代表とする十六大菩薩が出生したことは、ほとけの段階としても、

超如来（如来を越えた普遍的存在）――→如来――→菩薩

というように、順次具体化し、しかも私たち人間に近づいてきていることは事実である。

すでに指摘されているように、『大日経』とそのマンダラである胎蔵マンダラでは、「慈悲」「大悲（大

いなる慈悲）」という言葉がキーワードとなっている。他方の『金剛頂経』と金剛界マンダラでは、各所に「智」という言葉が目立つのに比べて、「慈悲」という概念は、必ずしもストレートには見当らない。もっとも、俗なる凡夫の立場から金剛界マンダラを見ると、法身・摩訶毘盧遮那がいく種かの階層のある三十七尊の出生を意図して活動を起したこと自体に、あらゆる存在するものに聖性の負荷（成仏の可能性）を、しかも数ランク、数種のほとけたちの出生を通して打ち出したところに、金剛界マンダラの慈悲を感じとることができるのではないだろうか。

言葉を補えば、（一切義成就）菩薩から（金剛界）如来へ向上する五相成身と、超如来（摩訶毘盧遮那）が向下する金剛界三十七尊の出生の両方向への展開によって、『金剛頂経』の世界は成り立っていると考えたい。

◆一切如来の集会

「金剛界品」では、三十七尊の出生が完了した後、出生の母胎ともなった一切如来が集会する、いわばまとめの段階がある。短いが重要な個所なので、取り上げておこう。

インドやチベットでの『金剛頂経』の教学では、この部分のみを三三摩地（三段階の瞑想）の第三「最勝羯磨王の三摩地」にあてている。

「その時、世尊は一切如来を召集せんがための故に、金剛弾指の相をなして、この一切如来の召集の加持の心（呪）を説きたもう。

バザラサンマジャ

（金剛集会よ）」

金剛弾指、あるいは単に弾指と呼ばれる所作は、右手の親指と人さし指で指をはじいて音を出すことで、相手となるほとけや人に注意をひかせる役割を持つ。すなわち、この宇宙世界に遍在する無数・無限の一切如来にアピールして、集会されんことを請うしぐさである。

そして、一切世界にあまねく存在する仏・菩薩たちが集まって集会を完成したのち、金剛界マンダラに異ならない金剛摩尼宝峯楼閣の世尊・毘盧遮那如来のところへ行き、一切如来を敬礼する以下の心呪（真言）を説かれた。

「オン・サラバタタギャタ・ハンナマンナノウ・キャロミ

（オーン。私は一切如来のみ足を敬礼します）」

本経では、この真言のことを「一切如来のみ足を礼する心（呪）」と説いている。

『大日経』や『金剛頂経』など整備された中期密教経典では、マンダラ行や修法に際して使用される真言は、単なる擬音や音の遊戯ではなく、明確な意味を伝えるのが原則である。

この「一切如来の集会」の真言は、現在用いられるほとんどの修法や修行においても、最初と最後に、必ず唱えられ、行者が一尊、もしくはマンダラ各尊を本尊として修法するときでも、その背後というべき一切如来の集会に対して敬礼し、いわば聖なる存在を讃え、自己をそこに集中させる重要な役割を果している ということができる。

◈金剛界・大マンダラの形態

これまで、『金剛頂経』の第一章「金剛界品」の最初に説かれる「金剛界三十七尊の出生」の部分を、主に漢訳の不空訳『三巻本教王経』によりながら解説してきた。厳密にいえば、経典では少し後に「金剛界・大マンダラ」と通常呼ばれている部分があり、そこで非常に短文ではあるが、マンダラの簡単な構造と、代表的なほとけの名前があげられている。

しかし、実際には「金剛界三十七尊の出生」こそが金剛界・大マンダラの内実となっていることは、疑うべくもない事実である。そこで少し先取りして、経典に説く金剛界・大マンダラと日本のそれを形態的に比較しておきたい。

日本のマンダラ教学では、このマンダラを「成身会」「羯磨会」、もしくは「根本会」と呼んでいるが、漢訳・梵本・チベット訳のいずれを見ても、「成身」「羯磨」「根本」にあたる用語は認められず、改めて説明するように、いわゆる現図マンダラとして確立された金剛界九会マンダラ（九つの場面からなる金剛界マンダラ）が流行して以後、日本のマンダラ教学において提案された言葉である。

これに対し、密教のふるさとインドや流行の地であるチベットでは、金剛界三十七尊の出生（とくに十六大菩薩以下）を「最勝マンダラ王の三摩地」と称して重視している。これは、三三摩地説の第二番目にあたる。

次に、経典から少し離れて、金剛界九会マンダラの中心となる成身会のマンダラの形態を紹介しよう。

その前に、『金剛頂経』に説かれるマンダラの基本要素を列挙すると、次のようになる。

①狭義の『金剛頂経』には、「金剛界品」「降三世品」「遍調伏品」「一切義成就品」の四大品があり、それぞれの章品に複数のマンダラが説かれている。合計すれば、二十八種のマンダラとなる。

②とくに、最初の「金剛界品」には六種のマンダラが説かれ、それが現在使われている金剛界九会マンダラの左側と中央の部分の六会にあたる。

③日本で「成身会」「根本会」と呼ばれて重視されているのは、「金剛界品」の先頭の金剛界・大マンダラである。ただし、日本のものと現存するチベット系のものを比較すると、登場するほとけのみならず、形態的構造が異なっている。

そこで、比較の基準として、江戸時代に制作され、一般にも流布した長谷寺版の金剛界マンダラの成身会の部分（一三三ページ・上の図版参照）を取り上げてみよう。

その中で、中心となる三十七尊は、すでに本章で取り上げてきた尊格であり、先にまとめて説明しておいた。それらだけを改めて図にすると同ページ・下の図のようになる。これら三十七の尊格は、日本でもチベットでも同じであるが、四波羅蜜だけは日本のような女尊（天女）形ではなく、金剛杵や蓮華（ハス）などを象徴物（三昧耶形）として表すこともある。

さて、マンダラ全体でいえば、今、この世において聖なるほとけの世界を人為的に産出するため、マンダラには必ず結界が必要であった。具体的には、チベット系のマンダラにおいては、最外周は巨大な火炎のサークル（円輪）で遮断されている。いわば炎のバリケードである。また、その内側には、力を象徴する金剛杵（ヴァジュラ）の連続文が描かれて、二重の防御をなしている。左の写真は、西ヒマラヤ・ラダック地方の有名なアルチ寺院の壁画の金剛界マンダラであるが、このように必ず最外周に大円輪が設けられている。

これに対し、日本のマンダラはすべて外周の火炎輪などを捨て去り、その内部の構造とほとけの配置に重点を置いている。この現象は、おそらく通過文化圏であった中国で生じたものと思われるが、一つには自然環境の厳しいインドやチベットと、気候が比較的温暖な中国との違いということだろうか。

ともあれ、日本のマンダラでは火炎輪は消滅し、円輪内の構造が中心となる。その場合でも、四方に各門を持った城郭（じょうかく）構造のうち、外部に表される楼閣の部分も消滅し、金剛界マンダラでも、内部の大円輪とそれを取り囲む外院と呼ばれる正四方形とから構成されている。

ラダック・アルチ寺の金剛界マンダラ

しかし、アルチ寺のチベット系の金剛界マンダラと比較して明らかなように、卍形の門を持ったチベット系マンダラの方がオリジナルな形態を伝えており、日本の外院にあたる部分は『金剛頂経』の言葉を借りれば、金剛摩尼宝峯楼閣のいわば楼上の部分と考えることができるだろう。

◈成身会に付加された要素

私たちに親しい成身会のマンダラと、『金剛頂経』の「金剛界品」に説かれる金剛界・大マンダラを比較すると、いくつかの点で相違があることに気がつく。それを列挙すると、次のようになる。

①現図マンダラには、五仏の各小円輪を全体的に包摂する大円輪があり、その四隅（東南・南西・西北・北東）に、火天・水天・風天・地天の四大神（四大天）がそれぞれ大円輪を支え持っている。

②現図マンダラでは、外院の外側に方形の最外院がもう一つあり、そこに世にいう外金剛部二十天（五類諸天）が配されている。

四大神の目立つ成身会

この二つの点については、現在披見しうる限りのインド・チベット系の金剛界マンダラには該当する例を見出すことができない。

漢訳・梵本のいずれの金剛界・大マンダラを説く個所にも、地天（地神）などの四大神と、那羅延天（ヴィシュヌ神）をはじめとする外金剛部二十天を明記するものはない。このような付加された構造と図像を持つ現図・金剛界マンダラの特殊性については、別に詳しく説明を加えたいが、本来は各会が独立したマンダラであるのに、それを最近のコンピュータ上での画像表示のサムネイル形式のように、異なる画面を圧縮して同一大画面に呈示する方法は、インドやチベットにはなく、明らかに中国の発想である。とくに、九会という構造は中国で注目された思想であり、逆にインド・チベットにはほとんど存在しない。

外金剛部の神々（御室版）

現図マンダラの密教史的意義については、機会を改めて論じたいが、「金剛界品」における金剛界三十七尊の出生と、後に要約される金剛界・大マンダラ（図絵マンダラ）の記述に従えば、原則として金剛界・大マンダラ、つまり日本の成身会マンダラが描かれるべきであるのに、現図マンダラの考案者（恵果、もしくは不空）は、広義の『金剛頂経』の要素を巧みに組み入れたのである。

すなわち、狭義の『金剛頂経』（『初会金剛頂経』）の「金剛界品」には直接説かれていない四大神と二十天は、同経の他の品や、広義の『金剛頂経』の一部を形成する他の経典・儀軌の中に言及され、その姿を見出すことができる。

たとえば、現図・金剛界マンダラの成身会で最も大きく描かれているために、インパクトの強い火天などの四大神は、第三会の『金剛頂経』と考えられる『金剛頂タントラ』に、「その（大円輪）隅の諸方に、四天を正しく描け」とあり、続いて金剛部などの四部に関連づけて詳しく説かれている。教義的には、中央の大円輪を（虚）空と考え、四大と合わせて、地・水・火・風・空の五大を完成していると体系化することもできよう。

他方のヒンドゥー教の神々を外院に配する外金剛部二十天は、狭義の『金剛頂経』の第二品である「降三世品」に登場するだけでなく、四大神を説く『金剛頂タントラ』にも登場する。

それゆえ、現図・金剛界マンダラの考案者が、いずれの資料から直接の影響を受けたかを詳細に検討しなければならないが、成身会一つをとっても、単に『初会金剛頂経』の「金剛界品」を忠実に表現したのではなく、他の系統（広義）の『金剛頂経』の各種資料を参照しながら作り上げげた、人為的な広義の金剛界・大マンダラが現図マンダラであり、種々の『金剛頂経』を適宜取り入れて工夫されたマンダラであったことは銘記しておくべきだろう。

大日如来の印相とシンボル（『五部心観』法明院本）

第三章……

秘密の世界へ

マンダラに入る灌頂の儀礼
——讃嘆とマンダラ建立

◆一切如来への礼拝

本書では、『初会金剛頂経』の中でも不空訳の『三巻本教王経』に含まれる個所については、それに従って解説を続けているが、前章でも述べたように中尊の毘盧遮那（大日）以下の金剛界三十七尊が出生したのち、それらの出生の母胎となった一切如来が集会する場面がある。

その最後に、「オン・サラバタタギャタ・ハンナマンナノウ・キャロミ」という有名な「一切如来のみ足を敬礼する真言」（普礼真言）が説かれるが、インド・チベットの『金剛頂経』理解では、そこを三摩地（三段階の瞑想）の第三の「最勝羯磨王の三摩地」にあてている。

一方、日本では、本書のように、不空三蔵訳の『三巻本教王経』に基づいて『初会金剛頂経』が解釈されることが多い。

それに対しては、古来、以下の注釈書がよく知られている。

⑴『金剛頂大教王経疏』七巻、円仁撰（平安時代）
⑵『金剛頂大教王経私記』十九巻、曇寂撰（江戸時代）

そして、これらのわが国の注釈では、先述の「一切如来のみ足を敬礼する真言」などは、以下の「マンダラ建立」の冒頭の導入の部分とされる。

いずれの主張にも相応の根拠はあるが、ここではインド・チベット（梵文原典やチベット訳）の解釈を採用しておこう。

◆灌頂の作法へ

いよいよ出現した金剛界・大マンダラに、この俗世界から新人の修行者が入って、種々の儀礼を通して、さとりを得た金剛仏子の境地を得る灌頂の作法が詳しく説明されている。

その最初に、金剛薩埵以下の十六大菩薩それぞれに託された遍在仏・摩訶毘盧遮那への百八の尊名を列挙して讃嘆する。

「その時、婆伽梵（世尊）・一切如来は、また集会をなして、金剛界・大マンダラを加持せしむるがゆえに、あますところなき有情界の抜済（救済）と一切の利益と安楽を得しむるがゆえに、（中略）婆伽梵・一切如来の主宰、金剛薩埵・無始無終の大持金剛を請したてまつるに、この一百八讃をもって（勧）請す」

すなわち、集約された一切如来ともいうべき摩訶毘盧遮那は、しばしば「大持金剛（金剛杵を持つ偉大なる者）」とも呼ばれる。これは、『金剛頂経』の序文の別序段とつながるものであり、哲学的にいえば無限定なる法身である。それを作用・属性によって、阿閦（金剛部）など四仏・四部に従って配分したのが十六大菩薩であり、以前に紹介したとおりである。

金剛薩埵と金剛王（御室版）

通常、「百八名讃」と呼ばれる長文の讃嘆文の冒頭の、金剛薩埵と金剛王の両菩薩の部分を仮に抽出してみよう。この部分は、理解しやすいように梵本から訳出しておく。

「金剛薩埵よ、大薩埵よ、金剛よ、一切如来よ、普賢よ、金剛本初よ、金剛手よ、汝に帰命あれ。〔金剛薩埵〕

金剛王よ、最上の妙覚者よ、金剛鉤よ、如来よ、不空王よ、金剛最上者よ、金剛鉤召よ、汝に帰命あれ。〔金剛王〕」

こうしてみると、両尊にそれぞれ七つの名讃（讃嘆の呼びかけ）が説かれており、実際のところ、チベット訳で残るシャーキャミトラ撰の注釈書『コーサラ荘厳』では、呼びかけの数を百十二としている。

しかしながら、経文には次のようにはっきりと「一百八名」（梵本も同じ）を説いている。

「我れらこの名の一百八名をもって讃す。願わくは大乗を現証（明らかに理解）して、大理趣（大いなるさとりへの道）を遍流（あまねく説くこと）せん。

我れら世尊を讃す」

百八（一〇八）は、周知のように、大晦日の除夜の鐘の数、あるいは数珠の珠の数として知られているが、その根拠は『大智度論』などに説く百八煩悩といわれている。インドでは、仏教に限らず、古くウパニシャッドの時代から神々の数、念誦の回数などに好んで百八が使われており、『金剛頂経』でも、表向きは金剛薩埵などの十六大菩薩に対して六〜七種の名前で讃嘆するが、最終的にはいつも背後に遍在する法身・摩訶毘盧遮那を称えることにほかならないのである。

そして、直接的には、百八名讃の最後の文である、

「願わくは、最勝の儀（灌頂）と、一切の仏の（偉）大（な）輪の勝れたる大マンダラ（金剛界・大マンダラ）を説きたまえ」

という言葉によって知られるように、密教行者として確立される灌頂と、そのための必要要素としてのマンダラが説かれることになる。

◆金剛界・大マンダラの説示

前章の終りで少し先取りしたように、次に経典で説かれる部分が正式には「金剛界・大マンダラ」といわれ、日本のマンダラ教学で有名な「成身会」、もしくは「根本会」にあたる中枢部分である。

ただし、今から説明するように、マンダラは構造が中心であり、尊名はわずかに代表的な数尊があげられるにすぎない。実際に登場するマンダラのほとけは、すでに紹介した金剛界三十七尊が基本となるので、ほとけたちの内容は成身会との比較のために先に取り上げたのである。

さて、一切如来たちの依頼の言葉を聞いた世尊（法身・摩訶毘盧遮那）は、「金剛加持」という名前の

チベット僧による砂マンダラの建立

三昧（瞑想）に入って、次のような構造のマンダラを説いた。

長文にわたるので、現代文で要約しておこう。

①四角形の外郭には、四方にそれぞれ鳥居門（トーラナ）を持つ。
②内に入ると、円形の城市がある。
③それらは金剛線（いわゆる三鈷界道）によって取り囲まれる。
④八つの柱によって形成される区画に、五つの月輪が飾られる。
⑤中央に仏（大日）と、その四方に四波羅蜜を描く。
⑥四方の小月輪に阿閦以下の四仏を描く。
⑦それらの各四方に各四親近菩薩（全体で十六大菩薩）を配する。
⑧大円輪の内部の四隅に、内の四供養を描く。
⑨マンダラの四角形の外郭の内側の四隅に、外の四供養を描く。
⑩四方の四門の中央に四人の護門者、すなわち四摂菩薩を描く。

以上は、金剛界三十七尊（五仏・四波羅蜜・十六大菩薩・八供養・四摂）の出生で触れた内容と同軌であり、それらを配する前に、土壇の上に図形としてのマンダラ構造を、いわゆる墨打ち（作図）することが簡単に説かれている。準備の作法が複雑で、しかも数日かかる『大日経』とは、大きく異なるところである。

ところで、図像学的にいえば、この金剛界・大マンダラの説示の最後の個所に説かれる、

「外壇に安立して、まさに摩訶薩（菩薩）を画くべし」

という言葉が後世の議論を引き起した。

金剛界マンダラで外壇（院）というと、内部の五月輪の外側の正四方形の部分をさす。現実に流布した金剛界マンダラで、経文に所在が説かれる外の四供養と四摂の両グループ以外に、外院に登場する菩薩は賢劫（現在という時間）の十六尊と呼ばれる弥勒などの十六菩薩くらいである。日本の現図・九会マンダラの成身会では、その部分にいわゆる「一切如来」を視覚化した賢劫の千仏が描かれるが、これらは「摩訶薩」として解釈されたのであろうか。

賢劫十六尊の中の四尊（叡山本・醍醐寺）

賢劫千仏の一部（御室版・成身会）

なお、確かに文献と対照すると、上記の金剛界・大マンダラは、わが国の現図・九会マンダラと対比させると、中央の成身会にあたるとされる。しかし、この金剛界・大マンダラでは、各尊の持物はもちろん、印相すら説かない。それらは、本文のもう少し後で、いわゆる「四印」の第四番目にあたる羯磨印として説かれる。

また、現図・九会マンダラの中央・成身会の外郭の、さらに外側に配される最外院の外金剛部二十天と、内院の地・水・火・風の四大神は、いずれも「金剛界品」に根拠はなく、第二品の「降三世品」や、広義の『金剛頂経』の第三会と推定される『金剛頂タントラ』に説かれたものを利用した事実は、すでに指摘してきたとおりである。

◆阿闍梨がマンダラに入る作法

先に紹介した金剛界・大マンダラは、登場する大日如来などの実際の印相や持物はまだ説かれていないものの、この『金剛頂経』で最初に説かれる根本マンダラであり、しかも姿・形で表現される「図絵マンダラ」である。

このマンダラは、哲学的には無限定なる法界世界を象徴する法身の摩訶毘盧遮那が、現象世界で苦渋している生きとし生けるもののために、種々の機能と属性を持つ阿閦如来などの四仏をはじめ三十七尊を出生したものであるが、その重要な場（空間）において、今から密教、とりわけ聖俗一致を旗印とする瑜伽密教の中心儀礼である灌頂のドラマがおごそかに始まるのである。

言葉をかえれば、聖なるほとけからなる世界において、すでに聖性を体得した阿闍梨（師）と、今からそれを現証（実際に体得）しようとする弟子の間の教導の儀礼がスタートする。それが灌頂であり、その中で弟子の頭に水を注いだり、マンダラの上に花を投げるなどの象徴操作が華々しく演じられることになる。

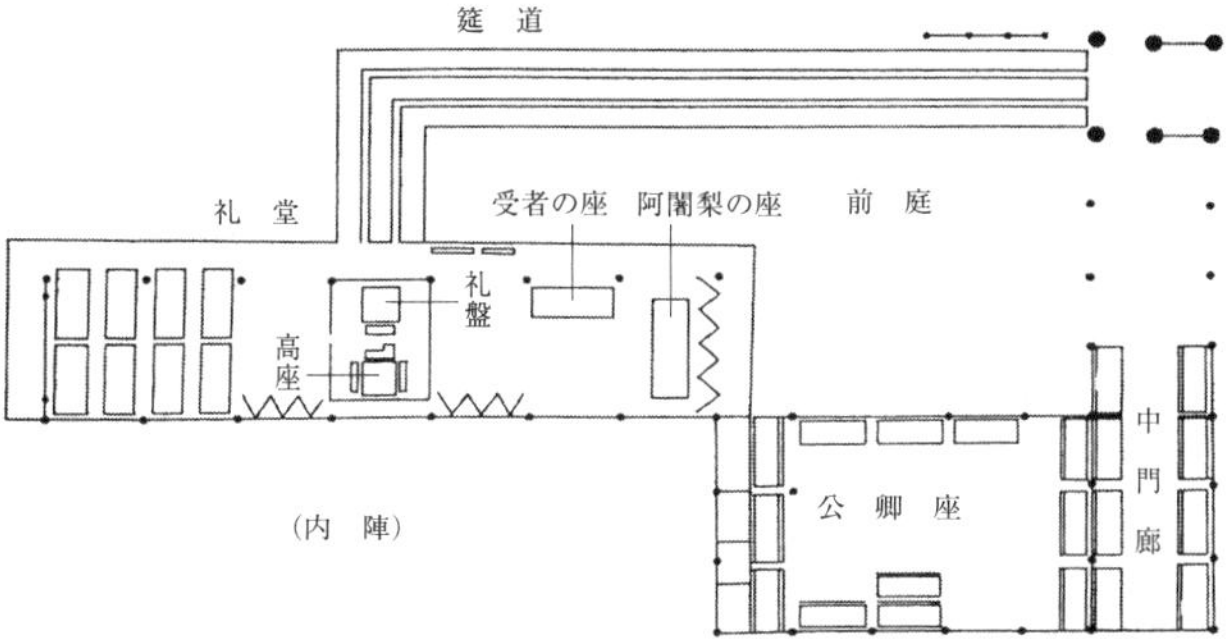

平安時代の灌頂道場の指図（作図）

灌頂の第一段階としては、ほとけにかわってマンダラ儀礼を指導する阿闍梨の作法が行われねばならない。経文では表現が難解なので、遠藤祐純、津田真一両氏の研究を参考にしながら、その過程を項目別に列挙しておこう。

①最勝三昧耶（最高の象徴）の印を結んで、マンダラに入り、「アク」という心真言を唱えて、聖性を確認する。

②自らの名前とその後に「金剛」をつけて唱える。私の場合なら、「本宏金剛」となろうか。

③金剛鉤（すぐれた引きかぎ）の印を結び、一切如来をマンダラに集会させる。

④もう一度、百八名讃を唱え、諸尊を讃嘆する。

⑤「ジャク・ウン・バン・コク」という四摂の印と真言によって、高次のほとけたち（智薩埵）と象徴的存在（三昧耶薩埵）の一体観を体得する。

⑥最後に、マンダラに降臨したほとけたちに、すべての生きとし生けるものの利益を祈願する。

要するに、阿闍梨は、今から新しい弟子を聖なる場であるマンダラに引き入れるために、宇宙空間に遍在するであろう諸仏（一切如来）をマンダラ空間に限定・収斂させる一種の象徴儀礼を実践して、灌頂に対する空間設営を行うのである。

◆マンダラに入る要件

次に、いよいよ主人公となる弟子がマンダラに入壇する作法が詳しく説かれるが、その前に、最初の条件であり、『金剛頂経』のマンダラ灌頂の特色である弟子の機根（適性）について触れておきたい。

この大問題に対して、『三巻本教王経』では、簡潔に、しかも明瞭に以下のように説いている。

「われ、まず尽無余（あますところなき）の有情界の抜済と利益と安楽と最勝悉地の因果に入らしむるを説くがゆえに、この大曼荼羅に入るに、是器（適した人）、非器（適していない人）を簡択（選別）すべからず」

非常に短い表現ではあるが、二つの重要な主張が認められる。

第一は、すべての人を救い、利益（ためになること）と安楽（幸福を感じること）を与え、さらにはさとりという最高の悉地（完成）というオールラウンド（全分野）の功徳をもたらす最高の教えと実践であるマンダラに入る、という自信である。

第二は、そういう高次の立場からの出発であるので、段階を一歩ずつ登っていく通常の修習法ではない。したがって、『大日経』など他の多くの初期・中期の密教経典のように、最初に弟子となって入壇する者の適性と能力をチェックする必要はないとする。チベット訳のみ残っているシャーキャミトラの注釈書『コーサラ荘厳（しょうごん）』も、弟子の機根を問わない『金剛頂経』の入（にゅう）マンダラ説を特別な例と見なしている。そして、同経は入壇者の機根を問わない理由を数点述べているが、そのいくつかをあげておきたい。たとえば、次のように主張している。

①ある人びとが、たとえ大きな罪悪を犯しても、この金剛界・大マンダラを見、それに入るなら、かれらは一切の罪悪を離れたものとなる。

②ある人びとが、たとえ財物や食物などの欲望の対象に執着し、戒律を守ることをしなくても、この金剛界・大マンダラに入ったならば、欲望のままに行動しても、あらゆる願望が完全に満たされるであろう。

それ以外にも二、三の理由をあげるが、弟子の能力や適性に関係なく、すべてマンダラに入ることによって、まったく平等な菩提（ぼだい）（さとり）に入ることができるという、いわばマンダラ至上主義によって、入口論にこだわらず、逆に低いハードルを越せば、様々な可能性が保証されるという瑜伽密教の倫理観を端的に表現している。

灌頂の具体的な作法

花を投げて仏を得る

◆前行としての四礼

得度式の五体投地

さて、内容の豊富な『金剛頂経』でも、実践面の重要項目である灌頂の部分に差しかかっている（『一切曼荼羅引入広大儀軌』）。先には、灌頂の前提となる入マンダラの際の弟子の資格について紹介したが、比較的条件の厳しい『大日経』に比べて、効果に自信のある『金剛頂経』では、むしろ宗教的決断にあたる入マンダラにこそ弟子の要件が集約されている感がある。

そして、次に灌頂に先立って、中心仏である大日如来は別にして、東西南北の東方をつかさどる阿閦如来をはじめとする金剛界四仏を礼拝することが説かれる。師である阿闍梨と弟子がマンダラ空間の中央に位置し、四仏に象徴される一切如来が四方を取り囲んで聖域を形成している。

まず、入壇した新弟子は、金剛合掌（両手を組み合わせた合掌）した両手を頭上に伸ばして、全身で五体投地し、東方の阿閦如来を礼拝する。

その際に唱える真言は、次のとおりである。

「オン・サラバタタギャタ・ホジュハサタノウヤ・タマナン・ニリヤタヤミ・サラバタタギャタ・バザラサトバ・チシュタソバ・マン」

（オーン。一切如来に供養し、親近せんがために、私は自らを捧げます。一切如来よ、金剛薩埵よ、私を加持せよ）」

以下、南方などの三仏礼拝も同様の構造と儀礼をとるので、全体の四礼（四仏礼拝）を表としてまとめておきたい。

方位	目的	対象仏	真言の末尾動詞
東方	供養・親近	金剛薩埵（阿閦）	加持せよ
南方	供養・灌頂	金剛宝（宝生）	灌頂せよ
西方	供養・説法	金剛法（阿弥陀）	法輪を転ぜよ
北方	供養・利益業	金剛業（不空成就）	作業をなせ

なお、灌頂儀礼の詳細な研究としては、桜井宗信氏の労作『インド密教儀礼研究』（法蔵館、一九九六年）があり、有益である。

◆覆面と執華

まず、聖なる四仏、広くは一切如来に守護され、見守られた新弟子に対し、教導する阿闍梨は、いったん俗世界を視覚的に遮断し、しかもマンダラの仏たちとの神秘的な出会いを演出するために、赤い色の布でもって弟子の顔に覆面をさせるのである。

その場合、新弟子は、密教の修行者としての金剛薩埵（大日如来の因位）にあたるので外縛（五指を外に出して両手を組む）して、両方の中指を立てる印相を結ぶ。灌頂の作法ではこの印が基本となり、教学的には、心の月輪の中の五鈷金剛杵を示すという。

そして、覆面の真言を唱えることになるが、その真言（心呪）が、どこかで聞いたような、

「サンマヤサトバン

（汝は三昧耶〔本誓〕である）」

である。

密教の信仰と儀礼では、この真言の上に「帰命」を示す「オーン（唵）」をつけた「オン・サンマヤサトバン」が、故人を弔う十三仏のうちの普賢菩薩（四七日忌）の真言、および密教の戒である三昧耶戒の真言として有名であるが、この覆面をつける時の真言こそが、その原型にあたるといってもよかろう。

その上で、阿闍梨は、弟子の外縛した二本の中指の先に華鬘（花房。実際は、しきみの房）をはさませ、次の短い真言を唱えさせるのである。

「サンマヤ・ウン

（三昧耶よ。フーン）」

まさに、マンダラの上に花を投げる準備が整ったといえるが、実際に指先の花を落として有縁の仏を得るには、もう少し儀式が必要である。そして必要な時までは、マンダラが弟子の眼に入らぬことが望ましい。

◆誓いの儀式

先のように投華得仏の準備ができると、阿闍梨は次に「アジヤサトバン」から始まる長い誓誡（ちかい）の真言を唱えるが、その意味内容は、津田真一氏の訳によると、次のようである（いくらか字句を改め、

言葉を補った）。

「今日、汝は一切如来の族（グループ）に入った。それゆえ、我れは汝に金剛智を生起せしめるであろう。そしてその智恵によって、汝は一切如来の悉地（成就）すら獲得するであろう。いわんや他のもろもろの悉地においてをや。しかし、汝は（それを）いまだ大マンダラを見ていない人には語ってはならない。（語るなら）汝の三昧耶（宗教的誓い）は敗壊（消滅）してしまうから」

要するに、すでに金剛界のマンダラ行に入った新弟子ではあるが、まだ完全に資格を得ていない不十分な段階では、その秘密を未だマンダラに入っていない者に語ってはならないのである。密教の密教と呼ばれる理由は、個人の能力によってレヴェルが異なることである。

そこで、『三巻本教王経』では、次に金剛阿闍梨に以下の作法と言葉を説いている。

「金剛阿闍梨（師匠）は、自らまさに薩埵金剛の印（外縛して二中指を並べ立てる）を結んで、かえして弟子の頂（頭上）に置き、この言を作すべし。

これはこれ、三昧耶金剛なり。汝が頂（頭）をくだくとも説くべからず」

薩埵金剛の印

すなわち、先に弟子に結ばせた堅固な金剛杵を象徴する薩埵金剛の印を今度は阿闍梨が結んで、それを弟子の頭上に置いて「これ（マンダラに入ること）は大切な誓いだから、頭がくだけても決して（未入壇者に）話をしてはならない」と教えなければならない。

『金剛頂経』系の密教の場合は、先に触れたように、マンダラに入る（それを信じる）資格はほとんど要求されないが、やはり聖俗合一を標榜する瑜伽密教なので、今度はその内容が重要な意味を持つ。

そこで、次に誓いの水（金剛誓水）を弟子に飲ませて、聖性と秘密性を保証するために、普通の水を加持（宗教的威力を与える）して、次の真言を唱えさせたのち、誓水を飲ませる。

「バザラサトバ・ソバエン・テイジヤキリダエイ・サンマバシチタ・ニリビジヤ・サタキシャナン・ヤヤジヤ・ジボロヤジダン・ノウエン・バゾロダキャ・タク

（金剛薩埵は、今や汝の心（臓）におのずから確立されている。汝がもしこの真実を他に語ったなら、〔その金剛薩埵は〕直ちに汝の心を破って出て行ってしまうだろう。金剛〔の誓〕水よ、タハ）」

このようにして、結婚式の三々九度ではないが、誓いの水を通して阿闍梨と弟子は堅く結ばれるのである。

◆金剛薩埵の加持護念

続いて師である金剛阿闍梨は、弟子に次のように発願させる。

「一切如来たちは、我れを加持したまえ。金剛薩埵は我れに入りたまえ」

それを受けて、金剛阿闍梨は再び薩埵金剛の印を結んで、以下の偈文を唱えるが、現在の事相（実践作法）では「アエントサンマユバザラン」以下の音写真言となっている。

その内容は、現代訳にすると、

「まさにこの三昧耶金剛（薩埵金剛印＝金剛杵）は、金剛薩埵にほかならないと考えられる。

この金剛薩埵は、まさに今、最高（無上）の金剛智を汝に入らしめよ」

となるが、その後に狭義の真言である「バザラベイシャ・アク（金剛遍入よ、アハ）」が続く。

サンスクリット語の原語が「阿尾捨」と音写される遍入（āveśa）とは、宗教学的には、普通の人間に神・仏・霊などの聖なる存在、もしくはその自性（本質）としての智が宿る（入る）ことで、もっと民俗学的なレヴェルでいうと、「神がかり」や降神術もその範疇に入れることができる。東北の恐山のイタコの口寄せや、いわゆる「踊る宗教」などのトランスも含むことができる。

中国の密教では、空海の師であった恵果和尚が童子に阿尾捨（遍入）法をかけ、神がかりの状態で予言をさせた話が伝わっている。

この『金剛頂経』の場合は、もう少しレヴェルが高い瑜伽密教なので、新弟子に密教の菩薩の象徴である金剛薩埵の存在と威力を加えて（加持）、守らしめる（護念）ことを組み入れたようだ。ともかく、金剛遍入と呼ばれる金剛薩埵の加持護念によって、経文では次のような功徳が力強く主張されるのである。

「一切の悉地（成就）現前し、未曾有の喜悦と安楽と悦意を生じることを得。

（中略）

あるいは一切の意願（心の願い）みな満足することを得、ないし一切如来の体性（仏性）を成就せん」

◆華を投げて仏を得る

密教も近年では一般の人びとにも比較的知られるようになった。秘儀といわれる灌頂も、まだ公開され

結縁灌頂の投華得仏（東寺）

たわけではないが、目隠ししてマンダラの中央部の上に花（花房）を投げて、それが落ちた個所のほとけ（もしくは部族）と縁を結ぶという儀式があることは知っている人が多い。

まさにそれに該当する個所に至ったわけであるが、経文は非常に簡単である。

「すなわち、その華鬘（実際は花房）をもって弟子をして大曼荼羅に投げしむるに、この心真言（短い真言）をもってすべし。

ハラチシャ・バザラ・コク

（受け容れよ、金剛よ。ホーホ）」

そして、その華鬘の落ちたところのその尊（もしくは部族）が、この弟子に成就することになるのだが、それを非常にくだいていえば、そのほとけが守護尊（守りぼとけ）となるといえる。なお、のちの密教のテキストでは、その弟子の成就（成仏）の占いも兼ねていることがある。

経文では、その花を取って、かの弟子の頭の上にかけるとあるので、確かに元来は小さな花環であったかもしれない。その際にも、

「オン・ハラチギリカンダ・トバミマン・サトバ・マカバラ

（オーン。汝はこの者を受け容れよ。〔汝〕大力なる者よ）」

という真言を唱える。「大力なる者」とは、投華で定まった弟子の守護尊であろう。
それによって、弟子は偉大なる金剛界マンダラのほとけに受容された者となり、密教の実践者としての完成が速やかに保証されたことになる。

◈覆面を解いて、マンダラを見る

先のマンダラに入るという大きなハードルを超えた、というよりも金剛界・大マンダラという聖なる世界に一歩を印したあと、さらに目隠し（覆面）をすることによって視覚を超越する方法でマンダラの上に花を投げ、人為的な作業ではないほとけの加持力によって大薩埵（有縁のほとけ）が事実上、作動することになる。

そこで、覆面を解くことになるが、ここで以下のようなやや長文の真言（解覆面）を唱える。

「オン・バザラサトバ・ソバエン・テイジャ・シャキシュ・ダキャタノウ・タタハラ・ウダギャタヤチ・サラバキシュ・バザラシャキシュ・アドタラン

（オーン。金剛薩埵は自ら、今日、汝の眼を開かしむることに専念したもう。一切眼者は、最高の〔無上なる〕金剛眼を汝に開かしめる）」

この中の「一切眼者」とは、すべてを見通す者ということで金剛薩埵をさす。要するに、単に覆面を解くという動作が大事なのではなく、これまでの儀式によって、弟子は金剛薩埵と同位に至り、すべてを洞察する眼力を得たのである。

チベット系の砂マンダラ

経文は、続いて、

「すなわち、弟子をして次第に、しかも大曼荼羅を見せしむ」

とあるが、常識的に「次第に」という言葉を解釈すると、「前から後へ」という順序、つまり毘盧遮那（大日）から金剛鈴へ至る三十七尊を順に見ることになるはずである。

ところが、チベット訳で残るシャーキャミトラやアーナンダガルバなどのインド密教者の注釈では、逆に金剛鈴から毘盧遮那に遡って諸尊の出生を観想するとある。確かに順と逆の二重に観想する方が、効果的かもしれない。

このように、新生の（金剛薩埵として宗教的に生まれかわった）弟子が、新たな境界から金剛界・大マンダラを見ると、

「これより已後、一切の義利（実動）と一切の意の所楽（心の望み）の事と一切の悉地（完成）、ないし持金剛および如来を獲得せん」

というように、密教の最終目的を実現することができるという。

◆三種の具体的な灌頂

ここでは、『金剛頂経』の広義の灌頂のプロセスを経文に従いながら解説しているが、より概念の限定

された狭義の灌頂は、密教の師である阿闍梨が新しい弟子に対して、承認・資格・免許などの意味を象徴する何かを授与することである。

『金剛頂経』では、以下の三種の灌頂を連続して説く。なお、インド・チベットの密教では、さらに宝冠と金剛鈴を加えて五種灌頂とする。

一．瓶灌頂

水瓶を用いる灌頂は、インド密教以来、最も数多く使用されている。本文では、金剛杵でもって香水（水に沈香などの香を入れたもの）の入った水瓶を加持し、弟子の頭上にそそぐとある。

現行の密教作法で加持香水といわれているものがその応用例であろうが、そこでは実際に水をかけることはせず、香水をかきまわした散杖（小棒）で、弟子の頭上を事相各流のやり方で縦横双方に洒水加持する。おそらくは昔は実際に香水の一部をかけて水によって浄め、かつ秘儀を伝達したのではあるまいか。

その際の真言は、「バザラビシンジャ（金剛よ、灌頂せよ）」である。

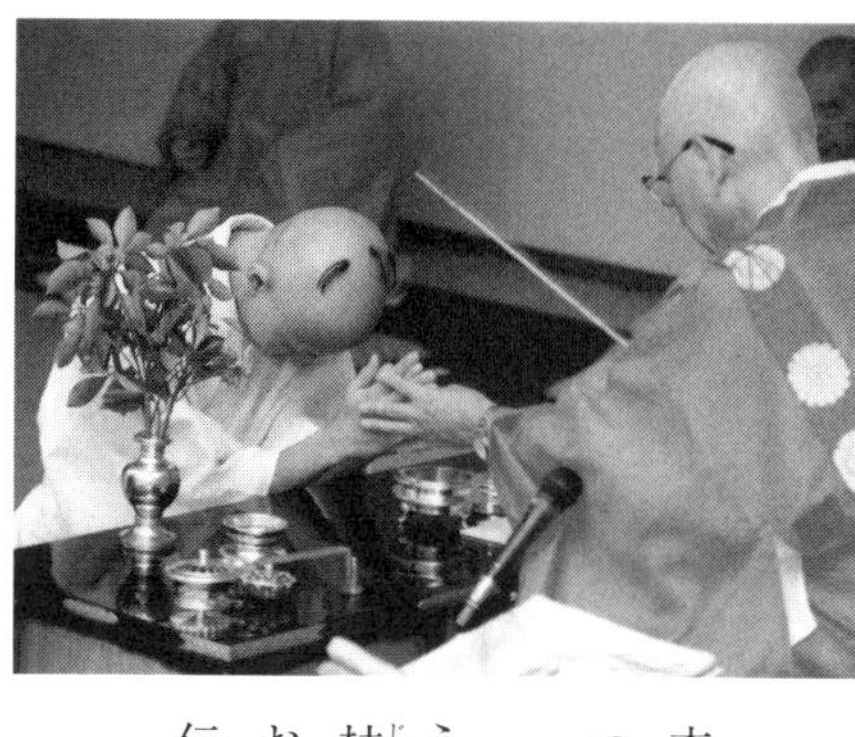

得度式の香水加持

二．金剛主灌頂

伝統的に「金剛主」と名前がつけられているが、経文中にその言葉は見られず、むしろ唱える真言中の「バザラジハチダトバ」がそれにあたる。

作法としては、阿闍梨はマンダラに投華して得られた個別の一尊の印を弟子に結ばせ、それに華鬘を結びつけて各自の標幟（シンボル）として、その手に安置させるのである。

その時に唱えられる、

「オン・バザラジハチダトバビシンジャミ・チシュタ・バザラ・サンマヤ・サトバン（オーン。われ〔阿闍梨〕は汝に金剛主性を灌頂せん。安住せよ。金剛〔杵〕よ。汝は三昧耶なり）」

は、現在の真言宗の葬儀の際に、導師（阿闍梨）が遺体（弟子）に対して、金剛杵を授けることによって金剛性を持つ者（密教的存在）となったことを宣言する授五鈷杵（金剛杵を授ける）の真言として有名である。

金剛主とは、注釈書では「三界の法王」などの教学的解釈はあるものの、「堅固で永遠なる密教性」としておきたい。なお、後のインド密教では、「金剛主」を金剛鈴と解釈することもある。

三．金剛名灌頂

三種灌頂の最後を飾る金剛名灌頂こそは、この経の中心的灌頂である。

「オーン。金剛薩埵よ。汝は我れを金剛名灌頂によって灌頂すべし。へーイ、金剛某甲よ」という内容を持つ真言を、わが国では慣用発音で唱えるが、大切なのは、花が落ちたところの尊格（もしくは部族）

の金剛名（大日の場合は遍照金剛、聖観音は正法金剛）を、原則として自らの金剛名とすることである。

ここにおいて、マンダラに入って金剛主となった弟子は、最後にその人間の存在を象徴する名前に関しても新しい金剛名を得て、『金剛頂経』の聖性が行きわたり、金剛界マンダラの一大ドラマの主人公になるのである。

金剛頂経の悉地観

この経典の効き目

◆利益と悉地

ある宗教の教えや修行、あるいは神仏などを説くのが聖典である。仏教では、とくに仏や菩薩などの主なほとけが説く構成になっているものを、狭義の「経典」と称している。

経典では、おおむね中央に位置する本文のところで重要な教義が説かれる。中国の仏教で特異な発達を示した段落分け（いわゆる科文、シノプシス）では、この部分を正宗分と呼んでいる。

それに対し、末部にあたる流通分は、その経典の流行・流布を意図する個所であり、しばしば経典のメリットが強調される。その内容と表現は経典によって差違があるが、最も多いのが、

「衆生の利益・安楽のために」

という表現である。

この言葉は、インド仏教以来の定型句で、小型の石造奉献塔などに祈願文として彫り込まれている。このうちの「利益」が単独で流行したのが、世にいう「ご利益」である。

ところが、密教の経典になると、「利益（artha）」という言葉があまり用いられなくなり、むしろ「悉地（siddhi）」の用語が表面に出てくる。その理由を考えてみると、「利益」がその経典そのものか、あるいはそこに登場するほとけが持つ「利」と「益」であって、いわば一方通行的であるのに対し、「悉地」は、密教の行法を行った者が聖俗一致の極致で体得する相互交流の不思議な所産であるからであろう。

その代表が、『金剛頂経』より成立年代が遡る先輩である『大日経』であり、そこでは、「世間成就品」第五と「悉地出現品」第六の二つの章をあて、密教の生み出す効果と威力を詳しく説明している。

一方の弟分の『金剛頂経』は、さらに密教化の度合が進んでいたので、結果的には四種の内容の異なった利益を並行して説くことになるのである。

◆四種のメリットとは

本体的要素（理という）の強い『大日経』に対し、『金剛頂経』の主要概念（キーワード）は、智である。そのため、「悉地」という結果功徳を扱うにあたっても、「成就悉地智」（悉地を成就する智恵）という表現を用い、その作用を特別な智に配当している。

この成就悉地智に四種あることを、『三巻本教王経』は以下のように説いている。

「（阿闍梨が）弟子に問うていわく、

汝が愛楽する（好む）は、出生悉地の智なりや、神通悉地の智なりや、持明悉地の智なりや、一切如来の智たる最勝悉地の智なりや。

と。

彼のねがう所に随って、まさにこれを説くべし」

要するに、灌頂を受け、完全に密教の弟子となった修行者に対して、師である阿闍梨は、「一体、どういう内容（レベル）の結果目的を求めているのか」と質問する。

そして、四種の結果功徳を順に列挙するのであるが、そのことは『金剛頂経』がすべての結果功徳を生み出す内実と威力のあることに自信を表明しているといえる。先の引用では、四つの悉地（成就・完成の意味）の智をいずれも原文で表記してあるので、もう一度表にして、現代的に説明しておく方が好都合であろう。

四種悉地	**内　容（現代訳）**
出生悉地	金銀等の財宝を得ること
神通悉地	顕教的超能力を得ること
持明悉地	密教的超能力を得ること
最勝悉地	密教仏のさとりを得ること

このような四種の悉地成就を一つにまとめて順に並べたものは、寡聞にして他の例を聞かない。四種のうち、第二の「神通」は、釈尊の伝記の頃からすでに使われていた言葉であり、偉大な宗教者や修行者が

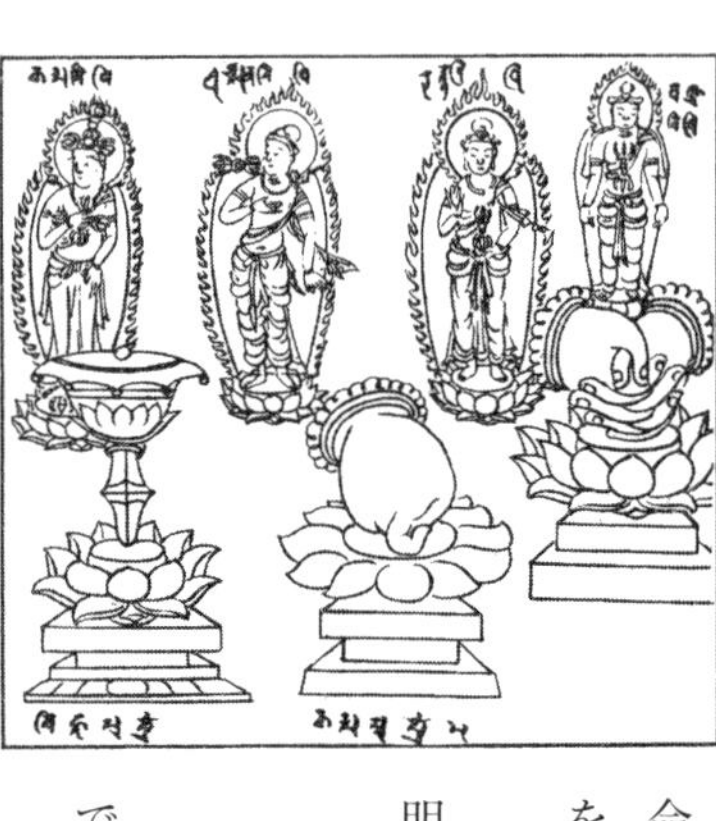

出生悉地の観想――上の四体（『五部心観』法明院本）

結果的に身につけることがある超人的な力をさす。初期の仏教から、五神通（何でも見える、何でも聞える、他人の心を知る、自らの運命を知る、超人的に足が速い）などが知られており、日本でも富山県を流れる川の名前として生き残っている。

『金剛頂経』の考えをもう少し詳しく知るために、以下、各項の説明をたどってみよう。

◆財宝を得る出生（義利）悉地

まず、冒頭の部分のみ『三巻本教王経』の原文をあげ、以下は難解であるので、現代訳で紹介しておきたい。

「すなわち、義利悉地成弁の印智を教うべし。

①金剛（杵）形の蔵に住せるを、まさに心中において観ずべし。

観じ已って地に住せば、すなわちまさに伏蔵を見るべし」

以下、現代訳。

「そこで、財宝を得るための智恵（具体的には修法）を教えるべきである。

①地中にある金剛杵の形を、自らの心臓（の中）に観想しなさい。

その観想によって、彼は地中のもろもろの宝を見ることができる。

②金剛杵の形を空中に観想しなさい。
それが落ちるところの場所を見れば、そこに地中の宝が示されるだろう。
③智恵のある人は、金剛杵の形を（自らの）舌の上に観想しなさい。
その舌は、自然に「ここ（地中）に宝がある」と語るだろう。
④（次に）自分自身が金剛杵の形そのものであると観想しなさい。
その観想が完成した後、（その金剛杵が）落ちた所（地中）に宝があるだろう」

このあと、次の四種の財宝（とくに伏蔵）の心呪が順に説かれているが、言葉の前半に置かれる金剛・宝・法・羯磨の四種の用語は、すでに述べてきたように『金剛頂経』のキーワードである。

(1)バザラニジ（金剛財宝）
(2)アラタンノウニジ（宝財宝）
(3)タラマニジ（法財宝）
(4)キャラマニジ（羯磨財宝）

ジャンバラ（オリッサ出土）

なお、日本の悉曇（梵字）学で「ニジ」（サンスクリット語発音ではニディ）は、財宝・財産をさすが、とくに地中に伏蔵されている財宝を意味することがある。インドやチベットで幅広い人気を集めた財宝をつかさどるほとけのジャンバラ（日本では宝蔵神）やクベーラ（毘沙門天の起源）が足

神通悉地の観想――上の四体（『五部心観』法明院本）

の下に踏んでいる瓶が、これをさすと思われる。

また、『金剛頂経』の別系統の資料として重要な意味を持つ『五部心観』は、金剛界・大マンダラなどの「金剛界品」の六種マンダラの諸尊の図像を列挙するのみならず、成就悉地智などの観想の内容も図示している。園城寺に伝えられる円珍が唐から請来した原本は国宝に指定されているが、本書に掲げる図は、園城寺の塔頭の法明院に所蔵される写本によるものである。

◆古い伝統を引く神通（金剛）悉地

次に、第二の超自然的な能力（神通）の結果功徳を、四つの偈頌（句）を用いて説く。津田真一氏の『和訳　金剛頂経』（東京美術、一九九五年）を参考に、少し要約して列挙しておこう。

「①本尊と瑜伽（金剛入）した者が、水を金剛杵の形と観想したならば、（その人は）水の上を歩くことができるだろう。

②同様にした者は、自身の姿を生起せしめて、それが仏の姿であると観じたならば、その人は仏の姿となる。

③同様に、「私は虚空なり」と観想する者は、他人に見られなくなるであろう。

④同様に、「私は金剛（杵）なり」と観想する者は、空中を歩行することができるだろう」

前項と同じく、すべて「観想」という前提条件がつくのは、いかにも密教的であるが、悉地として説かれる四種の神通の内容は、

(1)水上歩行
(2)隠身（おんじん）（人に見られない）
(3)空中歩行

といわれるものであり、いずれもインドでは歴史の古い神通（超能力）である。少し脱線するが、日本の忍者、忍術も、こうした神通を人為的に取り入れたのではないかと思うこともある。

『金剛頂経』の悉地（結果功徳）のランキングでいえば、ある意味ではポピュラーであり、密教以前に古く遡る神通の功徳は、最も素朴な財宝（義利）よりは上級ということになるのだろうか。

◆密教的な持明悉地

第三番目は、『三巻本教王経』では、「金剛持明悉地」となっているが、定型句の「金剛」を省けば、「持明悉地」となる。

実は、「持明（ヴィディヤーダラ）」という言葉は、『大日経』や『不空羂索神変真言経（ふくうけんじゃくじんぺんしんごんきょう）』などの先行する密教経典にはよく見られるが、『金剛頂経』では、ここ以外にあまり登場しない。漢文の「持明」は、正しくは「明（みょう）を持（じ）す」と読むべきである。「持」は「持つ」という動詞なので、当然重要なのは、「明」と

持明悉地の観想——下の四体（『五部心観』法明院本）

いう名詞である。

かつて、『『大日経』入門』でも説明したように、私たちに親しい不動明王などの「明王」とは、「持明者の王者」なのだ。古代インドより、「明」は「知る」という動詞から派生した言葉であり、よく知られているヴェーダ（聖典）も兄弟語である。

発想的には、「知」「知識」は、音声として表現されれば「言葉」となり、インドでは言語は実在のエネルギーを有するとの考えから、真言と結びついた。結果的には、知・真言・力を有する者が「持明者」となり、しばしば空中を飛翔する飛天として仏教の美術に表現されている。

この持明悉地も、四つの偈頌からなるので、前項と同様に現代訳を示しておく。

「①月の形を描いて空中にとどめ、そこに金剛宝を観想しなさい。そこで、自らの手に金剛杵を観想するならば、彼は金剛持明者となるだろう。

②月の形を空中に描いて、そこに金剛宝を観想しなさい。（この観想によって）自らの心を清らかにすれば、空中に浮かび、とどまることができる。

③月の形を空中に観想して、そこに登り、自らの手に持つ蓮華を金剛眼と観想するならば、（その人は）持明者の位を得るだろう。

④月の形を空中に観想して、（自らの手に）羯磨金剛（十字金剛杵）を観想しなさい。それによって、
彼は速かに一切持明者となるであろう」

詳細な解説は省くが、各句に「空中に浮かび」とか、「（空中に）昇り」などの言葉があることから、呪力を持つ持明者の特技の一つとして、空中飛行があったことは肯けるだろう。

飛天や天人は、中国や日本などの東アジアでは、極楽浄土などの諸仏の仏国土やマンダラ（尊勝マンダラ・宝楼閣マンダラ）で虚空中に左右一対、もしくは数対として表現されることが多く、そこでは須陀会天とも呼ばれる。民話・謡曲の「羽衣」のように絶世の美女もあるかもしれないが、元来は男性の方が圧倒的に多かった。

須陀会天の見られる尊勝マンダラ（『覚禅鈔』）

『金剛頂経』の四種悉地では、第三にこの持明悉地を掲げている。仏教の発達史と重ね合わせれば、「仏」「菩薩」「明王」「天」の四種の尊格の分類のうちで、「明王」のみが密教のほとけであることと同じく、「持明」は「神通」よりも密教的であり、レベルが上といってよいだろう。

◆すべてを完成する最勝悉地

いよいよ最後で、最高の結果功徳にたどりついたようである。

経文では、

最勝悉地の観想――上左一体、下三体（『五部心観』法明院本）

「次に、すなわち一切如来の最勝悉地成弁の印智を教うべし」と最初に宣言する。何度もくり返してきたように、『金剛頂経』で「一切如来」という場合は、「あらゆる如来」という表面的な意味ではなく、大日如来、ことにマンダラの全体を象徴する大大日（摩訶毘盧遮那）をさすことが多い。したがって、最後の四番目に説く「最勝悉地」こそが、『金剛頂経』が最も重視する「悉地」、つまり結果功徳であったことがわかる。

例によって原文を現代訳して掲げると、興味深い事実が判明する。

「①空中において、すべてが金剛であると観想すれば、空中に浮かび、とどまることができる。

②同様に、すべてが清らかであると観想すれば、五種の超能力（五神通）を得ることができる。

③すべての虚空に金剛薩埵（密教の菩薩）が満ちあふれていると観想する者は、自身が金剛薩埵となるだろう。

④虚空全体が仏の姿からなると信じる者は、仏の性格を完成した者となるだろう」

この最後の悉地は、よく内容を検討すると、先の三つの悉地のように、各段階で一つの統一をつけているのではなく、むしろ密教の最高の結果功徳であるがゆえに、先の三段階を集成し、しかもそこに『金剛頂経』の要素を付加したものであることがわかる。

すなわち、①は、「空中に浮かび、とどまることができる」とあるように、第三の持明悉地をさしている。②は、文中に「五神通」とあることから、第二の神通悉地を要約している。そして、③では、自身が金剛薩埵、つまり密教の代表的な菩薩となり、④では、ついに仏・如来を完成した者となるのである。

以上に述べてきた密教の功徳としての悉地の中には、一見したところ、以前に、世間の物議をかもした「空中浮揚」などを連想させるようなものもある。近年、臨死体験などにおける浮揚感が指摘されたりしており、広義の超能力的なものについては、さらなる検討が必要であろう。ただし、『金剛頂経』の四種悉地についていえば、これらは従来の各段階の仏教が長い歴史の中で説いてきた功徳（悉地）を取り入れた結果であり、しかも『金剛頂経』自身としては、自らが密教の仏・菩薩となったと観じることが究極の功徳であったのである。

哲学書であれば、概念や構想でなるほどと知的に満足すればよいが、宗教書であれば、読む人の生き方にいかなる影響（力）を与えるかが重要だ。ここで紹介している「金剛界品」の金剛界・大マンダラをはじめとする『初会金剛頂経』の各マンダラに、「悉地を成就する智恵」として、それぞれの功徳（効き目）が説かれるのもそのためであり、これは「聖なるもの」の顕現体としての経典の特徴ということができる。

「秘密法」の世界
後期密教への出発点

◆『金剛頂経』における「秘密」

さて、ごく一部にしか登場しないわりには、のちに「性」「両性」と関連して大問題を引き起したのが、今から取り上げる「秘密法」である。「秘密」という言葉と概念は、すでに大乗経典にもしばしば登場していたが、『大日経』では、身・口・意の三密と結びついて、世間的な理解でははかり知り難い仏の体験の境地などを説明する際に用いられている。

『金剛頂経』では、「金剛界・大マンダラ」（成身会）に続いて説かれる第二のマンダラが「金剛秘密マンダラ」と原典では呼ばれている。一般に流布している九会の現図・金剛界マンダラでは、第二の「三昧耶会」にあたり、金剛杵や宝塔などの象徴物（三昧耶形）で各々のほとけを表すが、そのような一種奥の深い象徴操作を「秘密」と称したのだろう。

さて、『三巻本教王経』の本文にかえって、「秘密法」という部分を眺めてみると、三つの部分からなっており、最初の「誓誡」（誓いの心真言）は次のようである。

「次に、まさに弟子をして、秘密堪忍の法を持せしむべし。

はじめにしばらく、誓いの心真言を誦していわく、

オン・バザラサトバ・ソバエン・テイジャキリダエイ・サンマバシチタ・ニリビジヤ・タキシヤナン・ヤヤジヤ・ジボロヤジダン・ノウエン

（オーン。金剛薩埵は、今や汝の心（臓）におのずから安住している。汝がもしこの真実を他に語

ったなら、〔その金剛薩埵は〕直ちに汝の心を破って出て行ってしまうだろう）」

先に、金剛界・大マンダラの灌頂を授けられ、四種類の結果功徳（四種悉地智）を得ることができたが、このマンダラについては、特別の秘密の教えが用意されている。「秘密堪忍の法を持せしむべし」とは、平易にいえば「秘密を保つことができる者ならば」という意味だ。

そのときに唱える真言は、先にいよいよ金剛界・大マンダラの灌頂に入る際に誓いの水（金剛誓水）を飲んだが、そのとき唱えた真言と、冒頭と末尾を除くとほとんど同一である。真言の意味内容は現代訳のとおりであるが、深い宗教的段階では充分な能力がないと、次に秘伝として与える教えは、むしろその者を誤またせる恐れのあることを強調している。

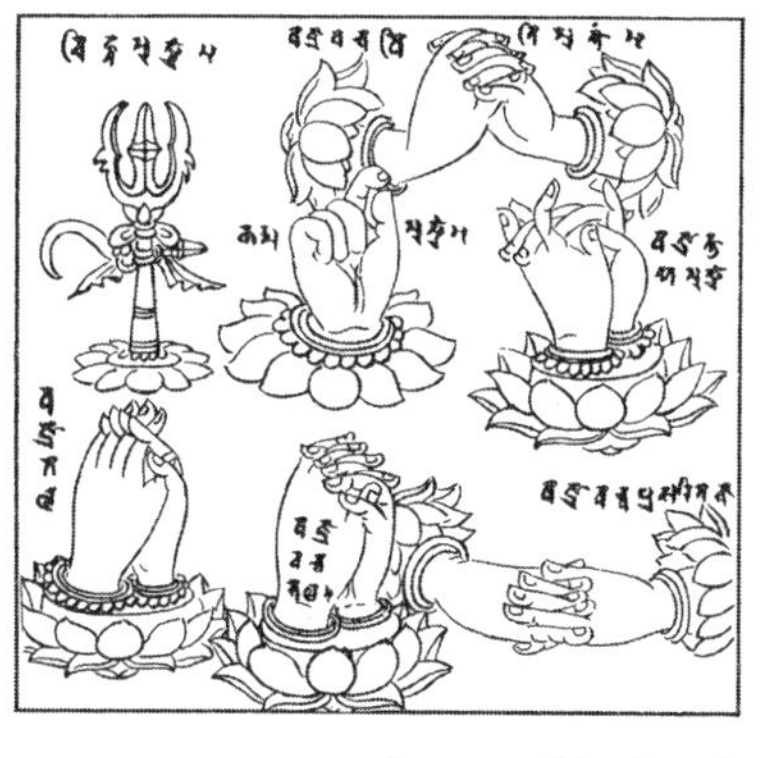
秘密印智の印相――右上の一つと下の三（『五部心観』法明院本）

続いて、四種の微妙なる印相（手のサイン）を授け、合せてその威力を掲げている。最初の二つの秘密の印相を現代訳で紹介しておこう。

「次に、秘密の印契の智恵を教えよう。

自身を（密教の菩薩）金剛薩埵であると観想した汝（行者）は、

金剛合掌をしたその手のひらを、かすかに打ちつけるべきである。

そうすれば、山をも意に従わせることができるであろう。

金剛拍印の作法は、次のごとくである。

同じように、金剛薩埵の観想のもと、金剛縛（両手をきつく組み合せる）にした手のひらを、（左右から）きつく圧し合せるべきである。

（それを）かすかに打ちつけるなら、山ですら押しつぶすことができるであろう」

前ページの図は、『五部心観』の一部であるが、金剛界・大マンダラの三十七尊中の金剛鉤菩薩の図の最下段の個所で、四種の印相が、金剛鉤菩薩の三昧耶形と印相とともに描かれているのは興味深い。

◆象徴的表現の意図するもの

「秘密法」の最後は、のちに大問題となる一偈（五字四句）と、四種の短い心真言からなる。漢訳では、わずか数行で収まる個所であり、少なくとも『初会金剛頂経』では主要なテーマではなかったが、密教史の上ではインドですぐに勢力を拡大する後期密教、つまり無上瑜伽密教の出発点に配当される句であるので、ここに『三巻本教王経』からそのまま掲げておきたい。

「次に、まさに秘密成就を説くべし。

婆伽に身を入れ、女人あるいは丈夫（男子）、一切が入り已ると想し、彼の身をして遍ねく舒ばしむ」

大問題の中でもとくに問題となるのは、「婆伽（bhaga）」という言葉であり、梵文は具格（〜によって）であるのに対し、漢文は対格（〜を、〜に）となっている。

ちなみに、津田真一氏は、梵文に少し言葉を加えて次のように訳している。

「愛欲の心をもって女人の、あるいは男の身に入るべし。

意で完全に入った（と想像するなら、現実に）相手の身体に等しく遍満することになるであろう」

「bhaga」という語は、梵文の後に所有を意味する接尾辞「vat」がついて、しかも主格にあたる「bhagavan（婆伽梵）」となる場合、「世尊」、つまり「尊敬に値する者」という意味になることはよく知られている。

それと同時に、「bhaga」には「女陰」の意味があることも経典では常識になっており、この『金剛頂経』の秘密成就法の偈（とくに前半部）は、すでに日本の円仁（慈覚大師）の『金剛頂大教王経疏』では、広本の『金剛頂経』の萌芽的記述を示す『金剛頂瑜伽経十八会指帰』の中でも、後期密教のルーツとなる内容が見られる第十五会「秘密集会瑜伽」との関連を指摘している。

拍掌の四心呪の観想——上の二体と下の六体（『五部心観』法明院本）

ただ、梵文が具格であって、直接目的語を示す対格で読む漢訳は、「女人あるいは丈夫（男子）」の修飾の仕方も奇妙であり、納得がいかない。したがって、刺激的な言葉に引っ張られて男女二人が合体するという解釈にいきなり入るのではなく、津田氏のいうように、相手を愛し、思いのままにするという、いわゆる「敬愛法」にも通じるような密教の心の瞑想法として、この時点では「秘密成就法」が考えられたと見ることもできる。

いずれにしても、『金剛頂経』のマンダラ中の諸尊にも、すでに「金剛愛」「金剛嬉」という愛情系のほとけが次第に顕在化していたことは明白であり、『金剛頂経』（父）と『般若経』（母）が劇的に結合した『理趣経』では、「妙適清浄句、これ菩薩の位なり」（音読みのルビは漢音読み）などの十七清浄句が、「般若の空」と「金剛頂の有」を止揚して、独特の「煩悩即菩提」の世界を築き上げていくのである。

なお、前ページの図は、『五部心観』の四摂菩薩の第二の金剛索菩薩の最下段に描かれた、秘密成就法の偈頌の後に説く拍掌（手のひらを打ち合せる）の四心呪を観想化したものであるが、やや理解に苦慮するところがある。

四印と四曼

ほとけを表す四種の方法

◆四種の象徴体系

『初会金剛頂経』（『真実摂経』）と呼ばれる狭義の『金剛頂経』の第一章「金剛界品」の金剛界・大マンダラを説く個所も、重要な項目としては残すところ「四種印智」（四種の象徴体系）と「諸儀則類」（必要な実践儀礼）の二項目となった。

ここでは、いささか観念的であり、しかも類似の概念である「四曼」（四種のマンダラ）と混同されやすい「四印」について取り上げてみよう。もっとも、四印と四曼がのちに関係づけられることも事実であるが。

さて、『金剛頂経』は、ここで新しい項目に入り、次のように、奥深い四印（四種の表現法の体系）の

説明に入る。すなわち、『三巻本教王経』では、

「まさに、心真言（秘密法の最後に説かれる四つの心呪）を授与し已りて、自らの本尊の四智印を教うべし」

と最初に宣言したのち、以下、現在のテーマとなっている金剛界・大マンダラをまだ見ていない（縁を結んでいない）者には、この秘密の奥深い、つまり象徴的な印の体系を教えると、かえって誤解や慢心を生じるので、たとえ（四つのうちの）一つの印（しぐさ）すら（結び方を）教えてはならないことを強調している。

ところで、直前でも触れたが、日本のマンダラ教学では、従来大きな「誤解」がある。それは、『金剛頂経』の「金剛界品」をはじめとする諸章における各マンダラ（「金剛界品」の場合は六つ）にそれぞれ説かれる大・三（三昧耶）・法・羯（羯磨）の四印（四種の印）を、弘法大師空海の著作である『即身成仏義』に説かれる大・三・法・羯の四曼（四種のマンダラ）と無条件に同置してしまったことである。つまり、頭から四印と四曼は同じと決めてかかったのである。

少し仏教学的に難しい話になるが、『金剛頂経』に説かれる各マンダラは、原則として経典中にそのマンダラの本名が記されている。

一方、わが国の金剛界マンダラの中心となる九会（九つのブロックを持つ）金剛界マンダラでは、各会に会名（正式なマンダラ名ではなく、種類名にあたる）がつけられている。

『金剛頂経』の「金剛界品」に登場する六種のマンダラのマンダラ名と、九会マンダラにおける会名を

対比すると、次のようである。

マンダラ名	会名
(1)金剛界・大マンダラ	成身会
(2)金剛秘密マンダラ	三昧耶会
(3)金剛智・法マンダラ	微細会
(4)金剛事業・羯磨マンダラ	供養会
(5)金剛悉地（成就）マンダラ	四印会
(6)金剛薩埵・大マンダラ	一印会

日本では、下段の会名が九会マンダラと不可分の要素として流行した結果、元来のマンダラ名で呼ぶ習慣はない。

ところで、これから個別に解説するように、四種の印（しるし、しぐさ）の体系である四種印智は、各マンダラにそれぞれ四種ずつ存在しており、最初の四つのマンダラ（金剛界・大マンダラから金剛事業・羯磨マンダラまで）を順に、大・三・法・羯の四印にあてる解釈は、経典や注釈書はもちろん、インドや中国の密教には認められない。

古来、マンダラについて深い考察を行って定評のある『秘蔵記』（撰者、ならびに成立地は不明）でも、第三条の「金剛頂経の四会」で成身会・羯磨会・三昧耶会・供養会の四会を説き、第五条の「四種曼荼羅」で、大曼荼羅・三昧耶曼荼羅・法曼荼羅・羯磨曼荼羅という有名な四曼を説くが、いずれにおいても、大印・

三昧耶印・法印・羯磨印の四印と対応させてはいない。

ただし、第十条の「四智印および五智の義」で説かれる大智印・三昧耶智印・法智印・羯磨智印の四（智）印の内容が、一つ（法智印）を除いて、大曼荼羅・三昧耶曼荼羅・法曼荼羅・羯磨曼荼羅の四曼と非常に類似することから、四印と四曼が接近し、融合する余地は十分にあったわけである。

同様の類似性は、第二の「金剛秘密マンダラ」を除く他の三つのマンダラ名にも認められる。

そして、両者の一致をはっきりと明言したのが、空海の思想書である『即身成仏義』であったわけである。したがって「誤解」という言葉を使うと、空海の独創性に気がつかない浅い見方と叱られるかもしれないが、四印が四曼より先に成立したことは明記しておきたい。

空海と『金剛頂経』については、本書の第七章で改めて取り上げたいので、詳しくはそれに譲るとして、ここでは経典としての『金剛頂経』に説かれる四種のしるし（象徴）の智恵を順に検討してみよう。

◈大印の智恵

最初の大印（偉大なるしるし）の智恵とは、一言でいえば「ほとけとなる智恵」をさす。この場合、大印とは「ほとけの全体的なしるし」といえようか。

同経では、およそ三種の方法によって、自身を金剛界のほとけと実感する方法を説いている。読者の理解を助けるために、津田真一氏の和訳を参考にしながら、現代文で紹介しておきたい。

最初に、一切如来薩埵成就法、つまり自らを大日如来と実感することによって得られる大印（さとりのしるし）が、次のように教えられる。

「心を知ることから始めて、金剛日（大日如来か）を観想すべきである。

自らを仏の姿と観じて、それを金剛界（のほとけ）として完成しなさい」

続いて、一段私たちに近い金剛薩埵を観想するための大印を説いている。

「（自らを金剛薩埵であると）確信して、手に持った金剛杵を空中に投げ上げ、それを受け、（自信を示す）金剛慢のしぐさ（印）をするならば、身・口・意のすべてにわたって（その人は）自ら金剛薩埵そのものとなるだろう。

（中略）

身・口・意のすべてをもって、画に（描かれているのに）随って（修習するなら、それらの）標幟（シンボル）や印契に対応したもろもろの大薩埵（すぐれたほとけ）を成就することができるだろう」

以上のように、まず根源的な宇宙仏としての大日如来を自らに感じて、ほとけの聖性を体得したのち、その大日如来の因位的（見習い的）存在である金剛薩埵に対して、身と口と心で同一化し、さらにマンダラ仏画に描かれている個別の尊格について、さとりのしるしとなるのが「大印」（偉大なるしるし）なのである。

したがって、続いて具体的な大印成就法（広大儀軌）を次のように説いている。

「（聖なるほとけとの合一である）金剛入を体験し、儀軌に従って大印（個別のほとけのしるし）を結んで、自らの面前において、それぞれの聖なる諸尊を出現せしめるべきである」

そして、四波羅蜜菩薩をはじめとする金剛界の三十二尊のそれぞれについて、印の根本となる大印とその功徳を次のように説いている。ここでは各グループの先頭のほとけの大印を、原文で紹介しておこう。

a．四波羅蜜（菩薩）の大印と功徳

①薩埵金剛（女の印）を成じて、諸仏の主宰（統括者）となる。

b．十六大菩薩の大印と功徳

⑤金剛薩埵を成ずるは、薩埵の印（金剛杵を持つ）を結ぶに由る。

c．内の四供養菩薩の大印と功徳

㉑金剛嬉戯（喜びと戯れ）をもって大金剛悦（非常な悦び）を獲。

d．外の四供養菩薩の大印と功徳

㉕皆一切（一切世間）を悦沢するは（悦ばしめることは）、金剛焼香に由る。

e．四摂菩薩の大印と功徳

㉙金剛鉤召によって、能く諸の勝業（すぐれた仕事）を作す。

以上のように、四種の象徴体系である四印の冒頭の大印は、直接的には聖なる各ほとけの姿を象徴的に表現する言葉で説かれており、後述する三昧耶印・法印・羯磨印ほど具体的ではない。

もっとも、現実的には、実際の全体的印相や持物でもって各ほとけの働きと意味を表現しようとする羯磨印とほぼ同じ印相として表されることが多いのも、歴然たる事実である。その証拠として、教学的には、大印は、身・口・意の三密（三種の行為形態）では、身体表現にあたる身密に配当されている。

三昧耶印の基本となる金剛縛——右端
(『五部心観』法明院本)

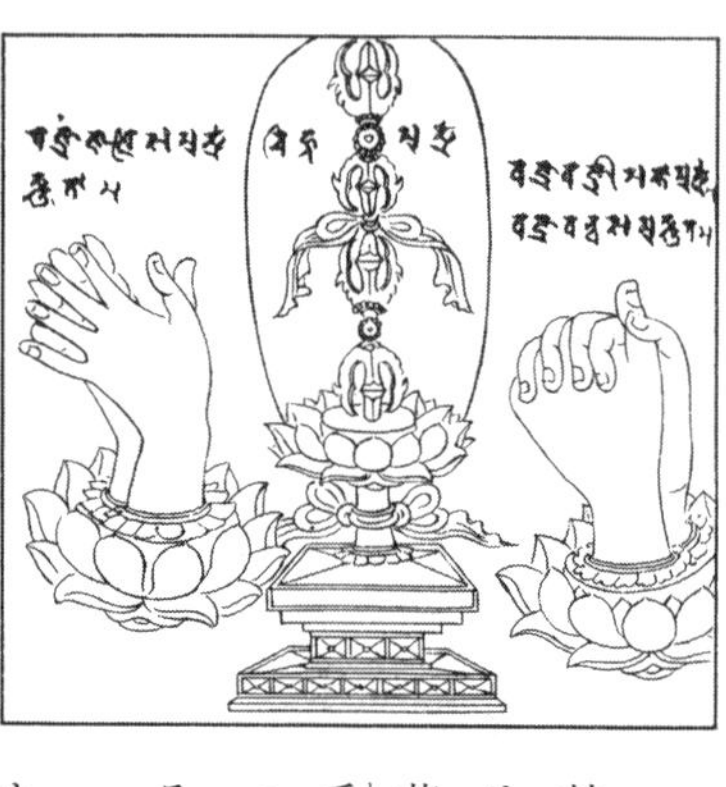

◆両手の秘密——三昧耶印

四種の象徴体系である四印の第二は、三昧耶印（さんまやいん）である。三昧耶とは、梵語のサマヤ（samaya）の音写であることは、よく知られている。サマヤには、「約束」「契約」などの意味もあるが、三昧耶印の場合、仏・菩薩などのほとけの誓い（働きの宣言）を端的に示すことができる手印（しゅいん）（手のしぐさ）であり、四印の最後の羯磨印（業印（ごういん））とは異なって、主に両手の指だけを組み合わせて表現するところに特色がある。

とくに、その基本となるのが、両手の五指ずつを相互に組み合わせた金剛合掌（こんごうがっしょう）と、五指ずつを曲げて結び合せた金剛縛（ばく）である。

経典でも、「三昧耶印智（いんち）」の冒頭に、次のように明確に述べている。

「両手を堅く合せて、すべての指を（伸ばしたまま相互に）交叉させたものが、金剛合掌といわれる。
（それらの指を）完全に（曲げて）結び合せると、それが金剛縛である。
すべての三昧耶印は、（印の母胎である）金剛縛から生じたものである。
私は、それらのもろもろの三昧耶印を結ぶ（仕方）を説くであろう」（現代訳）

続いて、金剛界マンダラの中心尊である三十七尊それぞれの三昧耶印を説くが、大変煩雑になるので、冒頭の大日如来をはじめとする五仏の部分のみを、現代訳で掲げておきたい。

「両手を堅く組み合わせて、（両の）中指を合して芽のごとく立て合せる〔大日〕。

（次にそれらの伸ばした両の）中指を内側に少し縮めて（剣のようにすれば）、それは第二の阿閦仏（の印である）と称される〔阿閦〕。

（両の）中指と大指（親指）を宝形にすれば、（それは第三の仏の印であり）〔宝生〕、

（両の中指を）曲げて蓮（の葉）の形にすれば、（それが第四の仏の印である）〔阿弥陀〕。

同様に、（両の）頭指を（内に向けて非常に）縮めるならば、それは第五の仏の印である〔不空成就〕」

以上、両手の十指を用いて金剛界三十七尊すべてのほとけを象徴的に表現するが、この三昧耶印は、印相のみに焦点をしぼることから、日本の密教でも、四度加行と呼ばれる行法の中の「金剛界念誦次第」において、四仏加持などの印相として用いられている。

また、仏教美術的には未だ定説化されるに至らないが、山梨県櫛形町の宝珠寺に伝来する金剛界五仏像は、中尊の大日如来が後述の羯磨印（具体的な動作・作用を示す印）を表す智拳印を結ぶのに対し、周囲を取り囲む阿閦・宝生・阿弥陀・不空成就の金剛界四仏は、外縛（金剛縛）した上で、両の中指などで剣・宝珠・

不動佛　真言一返

オン、バザラサトバ、マラビシンジャマン、バン。

寶生尊　真言一返

オン、バザラアラタンノウ、マラビシンジャマン、バン。

無量壽　真言一返

オン、バザラハンドマ、マラビシンジャマン、バン。

「金剛界念誦次第」の三昧耶印

蓮華の葉などの形を示す三昧耶印の姿をとって表現される、非常に貴重な例である。

◆音・言葉で表される法印

四印のうち第三の「法印」は、漢字から受ける印象では「法律」「憲法」などの規律的・規則的な堅苦しいイメージが脳裏に浮かぶが、仏教的にいえば、聖なる言葉、または威力ある言葉を意味する陀羅尼と密接不可分の関係にある。

すなわち、原語であるインドの梵語に遡ってみれば、「法」の原語ダルマ（dharma）は、「保つ」という意味の動詞ドフリ（√dhṛ）から派生した名詞であり、「聖なるものを保った真理」をさしている。他方の陀羅尼とは「真理を保つ聖なる言葉」にあたり、大乗仏教から密教にかけては、聖なるほとけや経典から流れ出る力を私たちに伝える主導力となった。

『金剛頂経』に説く四種の象徴体系でも、陀羅尼、もしくは真言にあたる法印は、大印を言葉によって表現したもの、あるいは印相を直接的に強調した三昧耶印に対応する真言として、次のように説かれている。金剛界諸尊の冒頭の五仏と、金剛薩埵の個所を取り上げておこう。

「次に、法印（言葉のしるし）が説かれる。

バザラジノウヤ

（金剛智よ）

（という真言）は、諸仏の金剛界を堅固ならしめる〔五仏〕。

私は、儀軌に従って（諸尊の）法印を説くであろう。

サンマヤサトバン

（汝は三昧耶である）

と（いう真言を）発音すれば、その人は、すべての印契諸尊の主宰者となるだろう〔金剛薩埵〕」

要するに、法印では、金剛界・大マンダラのほとけたちを、短いが意味のある梵語で発音し、その音に秘められた力（しぐさと象徴）で聖なる世界を表現しようとするものである。

なお、先述の『秘蔵記』や空海の『即身成仏義』では、四種のマンダラ（四曼）の第三の「法曼」を、「本尊の種子真言」、もしくは「種子の字を各本位に書く」とする。これを結果的、あるいは静止的に読めば、表現された梵字の種子（種字とも書く。母音が一つだけの梵字）がポイントとなるが、哲学的に見れば、各ほとけを聖なる言葉で表したのが法印であり、その言葉を一音節（母音が一つ）の梵字に集約した法マンダラと区別することができる。

◆仏像・仏画に表現される羯磨印

マンダラを形成する聖なるほとけを、全体的（抽象的）姿、両手の印相、そして言葉という三種の方法で表現しようとして、四印の象徴体系が『金剛頂経』において説かれた。漢訳やチベット訳に残る注釈書では、上記の三種の「印」を順に身密・心（意）密・口密に配当している。

ところが、仏教美術の面や、より深い哲学的解釈のレベルからいえば、上記の三種の象徴体系を実際の

「金剛界念誦次第」の羯磨印

金剛因 両拳うつぶせ並べ、進力申べ合わせ、右に転ずること三度せよ。

オン、バザラ、ケイト、マン。

一、二手金剛拳にして、二頭指の上節を合わせ伏せて、臍にあて、印を三転する。

金剛語 先きの咲の印相の如し、ただし禅智より散ぜよ。

オン、バザラ、ハシャラン。

一、前の咲印のように、金剛拳を合わせそばめ、印を仰のけて口へ向けてこんどは大指から開き散じる。

以上西方四菩薩

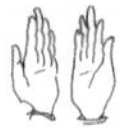

金剛業 二手掌を開き、三たび旋舞して、金掌にして頂におけ。

オン、バザラ、キャラマ、ケン。

一、二手拳を心に当て、掌を開いて左右左と三たび舞い、金剛合掌を頂におく。

現実世界に適応させ、私たち凡人にもわかるように表現しなければならない。そこで、上記の三印が実際に仏像などの可視的な姿をとって表現される場合の具体的な姿・形が必要となる。それが「行為」「行動」を意味する「羯磨」（karman）を冠した「羯磨印」である。そして、現実としては「図像」と呼ばれるほとけたちの姿・形は、この羯磨印に基づいて表されるのである。

例によって、金剛界・大マンダラに登場する三十七尊の冒頭の諸尊の羯磨印、すなわち実際の仏像・仏画に表される印相を紹介しておきたい。

「次に、羯磨印を結ぶ（儀軌）がある。

左右両手をそれぞれ金剛拳（じゃんけんのグー）にして、それらを適宜に組み合わせて、（諸尊の）印が成り立つ。

左の金剛指（人さし指）が立てられ、（それが）右の金剛拳によって握られる。

覚勝（最上菩提）印という名前のこの印は、（それを結ぶ者に）仏の菩提をもたらす〔大日〕。

阿閦（如来）の印は触地印である〔阿閦〕、同様に宝（生如来）に対しては与願印がある〔宝生〕。

無量寿（如来）には定印〔阿弥陀〕、不空（成就如来）の印は施無畏である〔不空成就〕」

これらの言葉によって知られるように、通常、五智如来と呼ばれる大日如来を筆頭とする金剛界五仏の姿は、『金剛頂経』の四印のうち、大印ではなくて羯磨印に依拠しているのである。

ここで、四印を経典に戻って考察するにあたって、一般に広まっている四曼（四種マンダラ）との安易な混同に注意を喚起したが、『即身成仏義』などに説かれる有名な四種マンダラは、おおむね次のように理解されている。

四曼	内容
大曼荼羅	形像、彩画
三昧耶曼荼羅	持物、印相
法曼荼羅	種子、真言、経文
羯磨曼荼羅	諸仏・菩薩の働き、仏像（立体仏）

個々のマンダラにおける四印と四曼の類似点と相違点については、すでに言及したが、『金剛頂経』に説かれる多くのマンダラに対して四種の象徴体系を説く四印説が先にあり、のちに空海前後の頃にマンダラ表現の種類を論じる四曼説が考えられたのではなかろうか。

さまざまな実践儀礼
百字真言と四智梵語

◆『金剛頂経』の実践作法

内容構成が比較的単純で、解釈がしやすい『大日経』とは異なり、発達度の進んだ『金剛頂経』では構造が複雑になって、思想・教義の部分と実践・行法の部分が必ずしも明確に区別されていない。したがって、本書では、伝統的な講伝で用いる不空訳の『三巻本教王経』をテキストとして、『初会金剛頂経』の「金剛界品」における金剛界・大マンダラを説く個所を順に解説してきたが、その末尾に「諸儀則類」(必要な実践儀礼)という項目がある。

そこでは、細分すれば、以下の実践儀礼が列挙されている。その原文名と意味を掲げておこう。

(1)一切印に共通の結印儀則

(すべての印の出発点となる三種の印と真言)

(2)諸成就法の通則

(すべての成就法に共通の印と真言)

(3)四種悉地儀則

(四種の悉地の真言)

(4)一切印に共通の儀則

(金剛薩埵百字真言)

(5)一切印に共通の解印の儀則

(すべての印を解く作法)

(6)四種秘密供養

（四智梵語）

(7)一切如来成就金剛禁戒

（金剛薩埵の堅固な戒）

(8)奉送の印・真言

（諸尊を送り返す印と真言）

『金剛頂経』の実践儀礼のうち、成仏観想法の五相成身観と、ある行法・修法への入門や完了を示す灌頂についてはすでに紹介したので、ここでは残り、つまり具体的には金剛界法（金剛界念誦次第）の重要部分を構成するいくつかの要素を抽出して、順に説明してゆきたい。

◈行法の始めに必要な三種の印

諸儀則類の最初に説かれる「一切印に共通の結印儀則」とは、『金剛頂経』に依拠した密教行法である金剛界法の初めの部分で用いられる三種の印・真言である。

経文の言葉を紹介しておくと、次のようである。

「まず、まさに金剛縛にして、自らの心を摧拍して（胸のところで金剛縛の指を摧く）、心真言（根本となる真言）を誦していわく。

バザラマンダ・タラタ

（金剛縛よ。トラット）

すなわち、一切の印縛は、自らの身・口・心金剛において自在を得」

日本密教の伝統的行法では、この個所を「開心」（心を開く）と呼び、両手の指を交叉させて、しっかりと外縛し（金剛縛）、胸のところで結んだそれを左右に引き開くしぐさを行うとしている。そうすれば、以後結ぶすべての印が、身体と言葉と心のすべてにおいても自由自在に機能するのである。

次に、いう。

「すなわち金剛遍入の三昧耶印を結んで、この心真言を誦すべし。

アク

（アハ）

すなわち、遍く阿尾捨を成ずれば、親友のごとくに加持す」

「遍入」という言葉は、現在の世間的常識でいえば、「編入」（別のルートから入ってくること）と誤解されがちだが、密教では、ある聖なるもの（一般に尊格）と瑜伽（合一）することをいう。

伝統的には、「入智」といい、開心の次に用いることが多い。

第三の部分は、「憶念」といわれるが、原文は以下のとおりである。

「すなわち、三昧耶の印にして、大薩埵を想念し、この心金剛の真言を誦すべし。

マカサンマヤサトボウ・カン

（私は大三昧耶薩埵〈聖なる象徴的存在〉である）

この真言によって、一切の印、皆な成就することを得」

すなわち、この真言によって、この行法の印、つまり身体的行動はすべて効力のあるものとなるのである。

なお、注釈書等によれば、以上の開心・入智・憶念の三種の作法は、先に述べた四種印智（四種の象徴体系）の中では、第一の大印（全体的象徴）の成就法に対応するという。

◆四種悉地の儀則

さて、『金剛頂経』には「四」という数字が非常によく登場することにお気づきかも知れない。先に紹介した四印（四種の象徴体系）や四曼（四種のマンダラ）もその好例である。

以前に『金剛頂経』の思想・教義を信じて実践・修行した場合、結果的に得られる功徳や威力に関して、四種の悉地（しつじ）を得ることができると述べたが、『三巻本教王経』の末尾の諸儀則類の個所でも、改めて四種の悉地（成就（じょうじゅ））の真言を以下のように列挙している。

(1) 義利（ぎり）成就（隠れた財宝を知る）

アラタシッジ

（義利成就〔悉地〕よ）

(2) 金剛成就（神通力を得る）

バザラシッジ

（金剛成就よ）

(3) 持明（じみょう）成就（空中に浮かぶ）

バザラビジヤダラ
（金剛持明者よ）

(4)最勝成就（最高のさとりを得る）

最後で、最高の最勝悉地とは、以前に触れたように、諸仏や金剛薩埵のさとりの境地を得ることであるが、この項だけは特別な真言を説かないで、

「自らの印の真言をもって、まさに成就を求むべし」

としている。

◆金剛薩埵の百字真言

次に、伝統教学では「一切印に共通の儀則」と呼ばれる長文の真言が説かれるが、その字数（母音一つが一字）がちょうど百字（百音節）であることから、別に「金剛薩埵の百字真言」とも呼ばれている。また、『金剛頂経』にかかる形容詞として有名な「大乗現証」（大乗仏教を明らかにさとる）という言葉を使用した、「大乗現証の真言」と呼ぶこともある。

その内容を、日本の真言の慣用読みに従って提示すると、次のようである。

「オン・バザラサトバ・サンマヤマドハラヤ・バザラサトバ・チベイトハ・チシュタ・チリトウ・メイハンバ・ソトシュ・メイハンバ・アドラキト・メイハンバ・ソホシュ・メイハンバ・サラバシッチンシャ・メイハラヤシャ・サラバキャラマ・ソシヤメイ・シッタシリヤク・クロウン・カカカカ・コク・

バギャバン・サラバタタギャタ・バザラマメイモンシャ・バザリハンバ・マカサンマヤサトバ・アク」

この百字（百音節）からなる真言は、他の『金剛頂経』の真言と同様、サンスクリット語の文法に従っており、ほとんど翻訳可能である。参考のために、意味（訳）を付しておくが、例によって、動詞は二人称の命令形、名詞は大部分は呼びかけ（呼格）である。

「オーン。金剛薩埵よ。（私をして）誓いを守らしめよ。金剛薩埵としてとどまりたまえ。私にとって堅固であれ。私にとって喜ばしきものであれ。私にとってよく愛されたものであれ。私にとってよく増進されるものであれ。そして、一切の成就を私に与えよ。そして一切の仕事において、私に心の幸福をもたらせよ。

フーン・ハ・ハ・ハ・ハ・ホー

世尊よ。一切如来金剛よ。私を棄てることなかれ。（私にとって）金剛堅固であれ。大いなる本誓の存在よ。アーハ」

このうち、「ハ・ハ・ハ・ハ」とあるのは、別に地蔵菩薩の真言として有名な「オン・カカカ・ビサンマエイ・ソワカ」という真言中の「カカカ」（漢文音写では「訶訶訶」）の原語にあたり、笑い、とくに歓喜の高笑いを示している。

すなわち、自らの身と口と意を金剛（ダイヤモンド）のように堅固にしたならば、世尊・摩訶毘盧遮那と等質の金剛薩埵が、まさに修行者を加持し、守護することになり、経文にもあるように、この生涯においてあらゆる悉地（完成）を成就することが可能となるのである。

石板に刻まれた百字真言（サールナート考古博物館）

なお、この通称「百字真言」は、その内容から判断して非常に重要な意味を持つことは疑いない。その証拠に日本の「金剛界念誦次第」の中で、中心となる本尊加持の個所で、羯磨会（成身会）の大日如来の印（智拳印）・明（真言。オン・バザラダド・バン）に続いて、「金剛部百字の明」として、この百字真言を唱えているのである。

さらに、不思議なご縁で、昭和五十七年夏に、朝日新聞社から「インド現存の密教遺跡・遺品の研究」で身に余る朝日学術奨励賞をいただいたあとのインド調査旅行の際、インドの中北部のサールナート考古博物館で、砂岩に浅く浮き彫りされたチベット文字の百字真言の石板を発見することができた。これまで公表するのを控えていたが、幸いに『金剛頂経』のテキストに基づいた入門講座も、やっとそこまで到ったので、写真を掲げておきたい。

ともあれ、『金剛頂経』という聖俗合一を標榜する瑜伽密教の一つの到達点というべき真言であり、日本の密教では、本尊・大日如来の「オン・バザラダト・バン」と並列され、『三巻本教王経』でも、このあとはもはや印を解く終了段階に向かうのである。

◆金剛界・大マンダラの儀礼の最終幕

最初から集中して読んでも大変構造が難解な『金剛頂経』の金剛界・大マンダラの念誦法（成就法）も、マンダラの各尊の出生が終り、かつ各種の功徳が強調され、要約ともいうべき百字真言が説かれると、次には、この瑜伽密教の中で、真言と並んで絶対的役割を果していた印（手印）を解いていく作法が始まる。

その総論として、「一切印共通の解印の儀則」が説かれるが、最初に、

「バザラ・ボク

（金剛よ。ムフ）」

という短い真言（心真言）を唱える。「ボク（muḥ）」とは、「解脱（mukti）」の最初の字を示している。

そのあとに、

「バザラトシャ・コク

（金剛歓喜よ。ホーホ）」

という歓喜・満足の真言を唱えるが、日本の密教では、この真言に「オン」をつけて唱えながら、金剛鈴を前後に引き進めて音を出している。

最終段階で最も重要で、かつ現実的に大きく取り上げられているのは、『三巻本教王経』で「四種の秘密の供養」と説かれる次の梵讃（サンスクリット語の偈頌）である。

「オン・バザラサトバ・ソウギャラカ、バザラアラタンノウ・マドタラン

バザラタラマ・キャヤタイ、バザラキャラマ・キャロハンバ

（オーン。金剛薩埵が摂受するので、無上なる金剛宝がある。

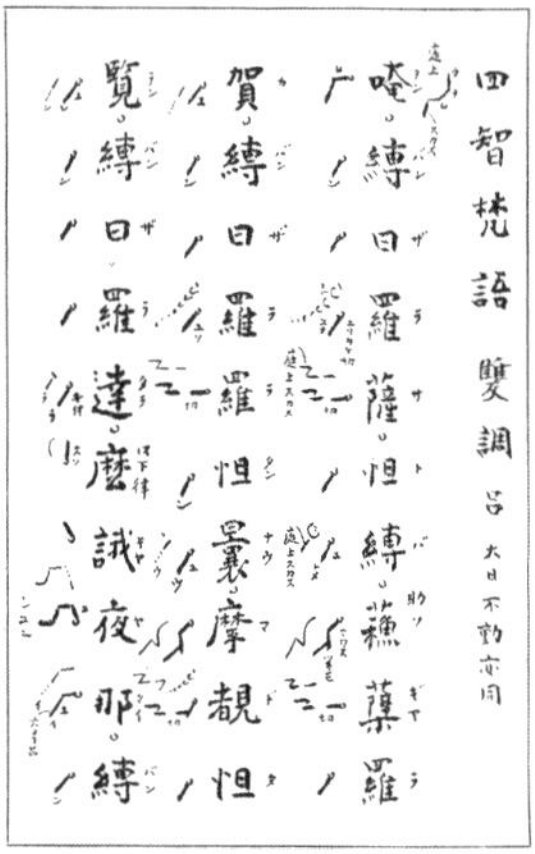

もろもろの金剛法の歌詠によって、〔汝は〕金剛の業をなすものであれ）」

経文では、この偈頌（定型詩）を、さらに「金剛歌詠」の真言とも称しているが、これに節をつけて唱えるのが、有名な「四智梵語」である。日本密教の声明つき法要では、前讃、もしくは奠供として、主に浅臈（若年）の僧によって発音されることはよく知られている。ただし、経文の記述と内容に関しては、どうしても説明をしておかねばならないだろう。

四智梵語の声明譜

まず、声明の教科書には一切言及のない「秘密の供養」に対しては、経文では、梵語の歌詠真言のあとに、以下のように述べている。

「内の曼荼羅の中において、この金剛讃詠をもって、しかも歌い、金剛舞をもって、二手の掌および供養の花をもって供養を作すべし。

外の曼荼羅において、金剛香等を供養し已って、本処（それぞれの場所）におくべし」

つまり、金剛歌や金剛舞などの内の供養、金剛香などの外の供養によって、金剛界大日如来や金剛薩埵をはじめとする金剛界・大マンダラのほとけたちを荘厳し、供養する讃歌ということになる。

それでは、この金剛歌詠の真言がなぜ四智梵語と呼ばれ、特別視されるのだろうか。それは、むしろ先に現代訳を示した偈文の内容に明示されている。少なくとも原文から見る限り、登場しているのは金剛界十六大菩薩のうちの次の四菩薩である。

四菩薩	対応する四仏	四　智
金剛薩埵	阿閦	大円鏡智
金剛宝	宝生	平等性智
金剛法	阿弥陀	妙観察智
金剛業	不空成就	成所作智

しかしながら、上段の四菩薩は、それぞれ中段の金剛界四仏を四方から取り囲む世にいう四親近菩薩の、各筆頭の重要な菩薩である。『金剛頂経』研究の大家であった故堀内寛仁氏や乾仁志氏は、「四転輪菩薩」と呼んでいる。そして、これらの四尊を中心にマンダラ化したのが、いわゆる四印会であることは周知の事実である。

また、阿閦などの四仏に瑜伽行唯識派の思想が生み出した大円鏡智などの四智、さらには中尊・大日如来に第五智の法界体性智を配当することを明確化したのは、漢訳密教では不空三蔵の弟子たちの頃と考えられるが、ともあれ内と外の供養菩薩と金剛薩埵を代表とする四転輪菩薩を二重に読み込んだ四智梵語が、荘重な密教声明として東アジアに大流行したのは意義あることであろう。

◆最後の禁戒と撥遣

経文には、しばらく阿闍梨（師）への言及はなかったが、『三巻本教王経』に説かれる密教行法の最終段階において、弟子（行者）がすでにマンダラに入っている諸尊に対して、滋味（好物）や飲食などの供養を捧げたのち、阿闍梨は、諸仏にかわって一切如来の成就の金剛の禁戒を次のように与える。

「これはこれ、一切仏の体性にして、金剛薩埵の手に住せるものなり。

汝、今まさに常に、金剛薩埵の堅固の禁（戒）を受持すべし」

ここに、阿闍梨は弟子に対して、密教の秘奥の誓い（自らが仏であること）を軽々しく他に口外しないことを誓わせるのである。

そして、最後にもう一度、金剛波羅蜜の印を結んで、「バザラサトバ・ボク（金剛薩埵よ。ムフ）」で終る撥遣の真言を唱えて、マンダラの諸尊を本来の無限定にして広大無辺なる法界に還帰していただくのである。

金剛界・大マンダラの壮大な密教宇宙のドラマは、ここに完結する。

金剛事業・羯磨マンダラの女尊たち（『五部心観』法明院本）

第四章……金剛界マンダラの展開

第二番目のマンダラ

三昧耶会・金剛秘密マンダラ

◆『金剛頂経』の新段階へ

日本の真言密教で伝統的な『金剛頂経』のテキストとされていた不空訳の『金剛頂一切如来真実摂大乗現証大教王経』三巻（別称『三巻本教王経』）は、これまでも述べてきたように、狭義の『金剛頂経』である『初会金剛頂経』の第一章にあたる「金剛界品」の冒頭部までしか説かれていない。具体的にいえば、「金剛界品」に説かれる六種のマンダラのうち、最初の金剛界・大マンダラのみである。

わが国の「現図マンダラ」と称される金剛界の九会マンダラにあてはめると、『三巻本教王経』に説かれるのは、最初の成身会（根本会）のみで、残りの八会のうち、「金剛界品」に説かれる「三昧耶会」「微細会」「供養会」「四印会」「一印会」の五会と、第二章の「降三世品」に典拠のある「降三世会」と「降三世三昧耶会」の二会の計七会が説かれるのは、十世紀の末に北宋の施護によって訳出された『仏説一切如来真実摂大乗現証三昧大教王経』三十巻（別称『三十巻本教王経』）、および梵本、ならびにチベット訳である。文献学的には、これらの経典は『初会金剛頂経』の完成形態と考えられている。

そこで、以後は『三十巻本教王経』を主な資料としながら、『金剛頂経』の入門的解説を続けていきたい。ただし、学術書ではないので、あまり専門的な個所は省略して、要点だけを取り上げて紹介することとしたい。

◆金剛秘密マンダラの概要

経典の中で重複する部分が皆無というべき『大日経』に対して、複合経典の一種である『金剛頂経』では、マンダラ出生を中心としてほぼ同一の構成をとる記述がくり返されることは、すでに指摘してきたとおりである。

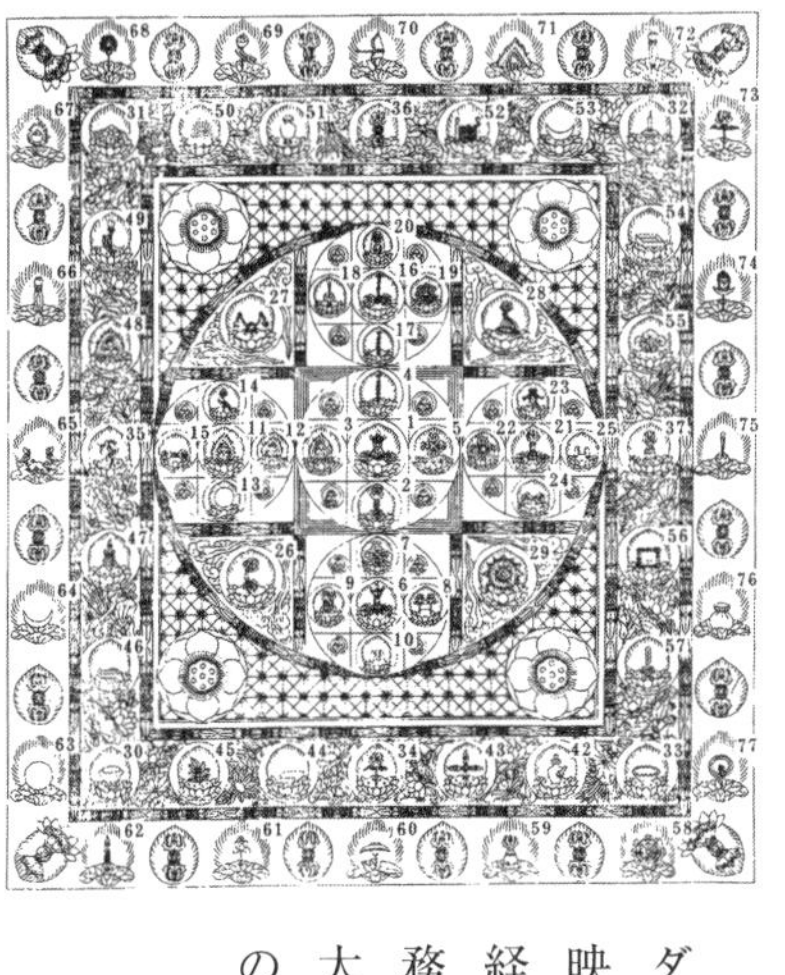

三昧耶会

両経の根本的構造の相違は、それぞれに説かれる胎蔵マンダラと金剛界マンダラの構成上の大きな違いにも顕著に反映されているが、それはさておき、遠藤祐純氏の『続金剛頂経入門一「初会金剛頂経」金剛界品解説』（真言宗智山派宗務庁、二〇〇一年）を重要な手がかりとしながら、金剛界・大マンダラに続く第二のマンダラである金剛秘密マンダラの構成をまず提示しておきたい。

(1)最勝マンダラ王の三摩地（金剛秘密マンダラの出生）
(2)阿闍梨の所作
(3)入壇作法（マンダラに入る作法）
(4)悉地智

⑸金剛秘密大印縛
⑹諸儀則類

『金剛頂経』の第二番目に説かれるマンダラは、経典の文章では、「金剛秘密マンダラ」、もしくは「陀羅尼マンダラ」と呼ばれるが、私たちに親しいマンダラ教学では、九会マンダラのうち、下段の中央の「三昧耶会」にあたる。漢訳では、『三十巻本教王経』の第六巻の途中の「金剛秘密曼荼羅広大儀軌分」から始まっている。

最初に、すぐれた『金剛頂経』の第二のマンダラの概要を説くが、第一の金剛界・大マンダラの個所で詳しく説かれた通序（本尊・大日如来の集会）、別序（法身・摩訶毘盧遮那の意義）、ならびに本文（正宗分）のはじめに説かれる五段階の成仏法（五相成身）などはまったく省略されている。その他の部分も、先の金剛界・大マンダラと比較すると、かなり簡略な説明となっている。

この巻頭の部分は非常に抽象的で、理解が容易ではないが、結果的には九会金剛界マンダラの第二会である三昧耶会（金剛秘密マンダラ）の主旨を説いているので、原文の一部を掲げておこう。

「（前略）
大執金剛（大日と同じ）は、殊妙の色相（すぐれた姿・形）および普遍熾盛蔵の金剛三昧印（光明あふれた絶対的象徴）を成じ、諸賢聖衆（すぐれた仏たち）となりて出現し已り、
（中略）
一切如来の智印（智の象徴）の影像を現じ、一切如来の金剛界大曼拏羅法用を安立す」

これだけではとても把握しがたいが、結論を仮りに要約すると、聖なる大存在（摩訶毘盧遮那）が姿・形をとるとともに、いくつかの智的な象徴（シンボル）として各尊が個別的に表現され、さらに聖なる仏たちの世界を示すマンダラとして有効な作用を果すのである。

そして具体的に述べると、この第二のマンダラ（金剛秘密マンダラ、すなわち三昧耶会）に説かれ、かつ登場する諸尊（ほとけ）の数と内容は、以下のとおりである。

(1) 五　仏　大日・阿閦・宝生・阿弥陀・不空成就

(2) 十六大菩薩

東方輪　金剛薩埵・金剛鉤（王）・金剛愛・金剛喜

南方輪　金剛宝・金剛光・金剛幢・金剛笑

西方輪　金剛法・金剛利・金剛因・金剛語

北方輪　金剛業・金剛護・金剛牙・金剛拳

(3) 四波羅蜜　金剛波羅蜜・宝波羅蜜・法波羅蜜・羯磨（業）波羅蜜

(4) 八供養

内の四供養　金剛嬉・金剛鬘・金剛歌・金剛舞

外の四供養　金剛香・金剛華・金剛燈・金剛塗

(5) 四　摂　金剛鉤・金剛索・金剛鎖・金剛鈴

これらの五種のほとけを総計すると、三十七尊となり、第一のマンダラである金剛界・大マンダラに登場する有名な「金剛界三十七尊」とまったく同内容である。さらに、いうなればマンダラそのものの構造、諸尊の場所（尊位）まで異ならない。

つまり、『金剛頂経』、とくに狭義の『金剛頂経』にあたる『初会金剛頂経』では、すでに最初に出生した金剛界・大マンダラが確固とした基盤となっており、あとはそれをどのように変化・展開させるかが問われていたといえよう。

◆金剛秘密マンダラの特徴

第二のマンダラにあたる金剛秘密マンダラでは、ほとけ（尊格）の数は同一でありながら、各尊の出生を説く経典の記述は非常に簡単になっている。

先頭の大日（毘盧遮那）如来の個所を代表として掲げておくが、漢訳ではわずか三行で、次のように説かれている。

「この時、世尊・大毘盧遮那如来は、また一切如来の智印三昧（耶）金剛加持の三摩地に入り、この最上の自心明（根本真言）を説いていわく、

オン・バザラダトソバリ・ウン・バジリニ

（オーン。金剛界自在女よ。フーン。金剛女よ）」

この金剛秘密マンダラの本尊も、金剛界・大マンダラ（成身会）と同様、金剛界大日如来であるが、根本真言を見ると、金剛界・大マンダラの、

「オン・バザラダト・バン
（オーン。金剛界よ。ヴァン）」

に比べて、女尊を示す別の語句が入って少し長くなっている。

むしろ、大切なポイントは「智印三昧耶」（漢訳では「智印三昧」とあるが、「智印三昧耶」が適切）という言葉と意味である。この「智印三昧耶」という言葉は、語の配列が少し違った「三昧耶智」「三昧耶印」「三昧耶印智」とほとんど同義である。

念のため、もう一度復習すると、「三昧耶」とは梵語サマヤ（samaya）の音写であり、「（ほとけの）誓い、約束」をさし、さらにはそれらの内容を表すシンボル（象徴物）をさす。観音菩薩のハスの花（蓮華）、不動明王の剣と羂索（なわ）はその代表だ。

『金剛頂経』の教理によると、この諸尊・諸仏の三昧耶は、おおむね三種の形をとって展開する。第一は、真言（心明）であって、先の場合には「オン」で始まって、原則として「ウン」で終る少し長い目の真言である。

第二は、印、つまり手のしぐさで表す三昧耶印であり、「金剛界・大マンダラ」で説かれた四印（四種のしるし）のうちの三昧耶印にあたる。たとえば、五仏（五智如来）の一つである阿閦如来であれば、両手をかたく握り合わせて（金剛縛）、二中指を針のように立て合わせる。仏像に表現される羯磨印（業印）ではないが、実際の行法（金剛界法）では必ず用いられる。

第三が、各尊を象徴する持物（持ち物）で表現する三昧耶形であり、現実の九会金剛界マンダラの三味耶会では、これを使用する。ただし、経文中では非常に簡単に触れられるにすぎない。

三昧耶会の大日輪——大日如来と四波羅蜜菩薩（御室版）

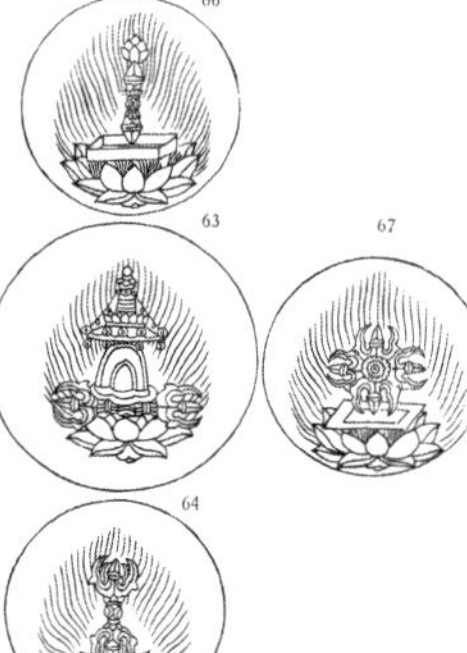

◆三昧耶会のマンダラ

さて、漢訳の『三十巻本教王経』の第七巻は、第六巻に引き続いて「金剛秘密曼拏羅広大儀軌分」から始まる。伝統的な科文（シノプシス）では、「阿闍梨の所作」（師の作法）を説く個所であるが、詩文で簡略であり、しかも難解なので、少し言葉を補って現代訳をしておきたい。


「金剛界・大マンダラを基本として、他のマンダラも描きなさい。

ここでは規則にしたがって、諸仏のしるしを描きなさい。

まず中央に、蓮華の台座を、その上に五鈷（切っ先が五つ）金剛杵を置き、その上に仏塔を描きなさい。

これが、金剛界の主宰者である大日如来の象徴形である。

次に、蓮華の台座の上に五鈷杵が横に描かれ、その上に五鈷杵を立てる。これが阿閦如来の象徴形である。（後略）」


経文では、金剛界五仏と、大日を除く四仏を四方からそれぞれ取り囲む十六大菩薩だけは三昧耶形について簡略に触れているが、残りの四波羅蜜、八供養、四摂の副次的なほとけについては、「本印および標幟（三昧耶形）を画き、金剛戯（金剛嬉）等を壇中（マンダラ）に画く」として、具体的に言及していない。

インドやチベットでは、おそらく注釈書の『コーサラ荘厳』（シャーキャミトラ著）や『真実灯明』（アーナンダガルバ著）などを参照しながらマンダラを描いたのであろうが、とくに後者の図像的記述が詳細なために西チベットや東南アジアなどでも流行したようだ。

中国から伝わった日本の現図九会マンダラが、歴史的にいかなる文献、図像から描き起こされたかは、興味あるところである。

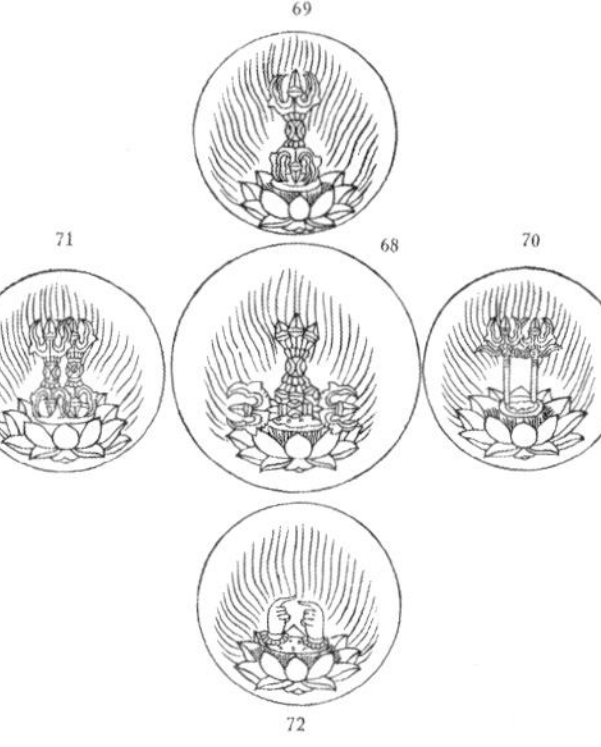

三昧耶会の阿閦輪――阿閦如来と四親近菩薩（御室版）

◈外院の特徴

先ほど中心となる金剛界三十七尊は同じであると述べたが、尊格内容は同一であっても、もちろん表現としては具体的な姿・形で表す成身会から、象徴物（シンボル）で表現する三昧耶会に変化していることはご理解いただけたと思う。

ところが、マンダラの外側の正方形（外院）は、少し金剛界・大マンダラと相違している。それは漢訳にも明瞭に現れている。

「外の壇中（外院）においては、儀軌の如く、ことごとく本部（所属の部族）の自標幟（各自の三昧耶形）を画く。

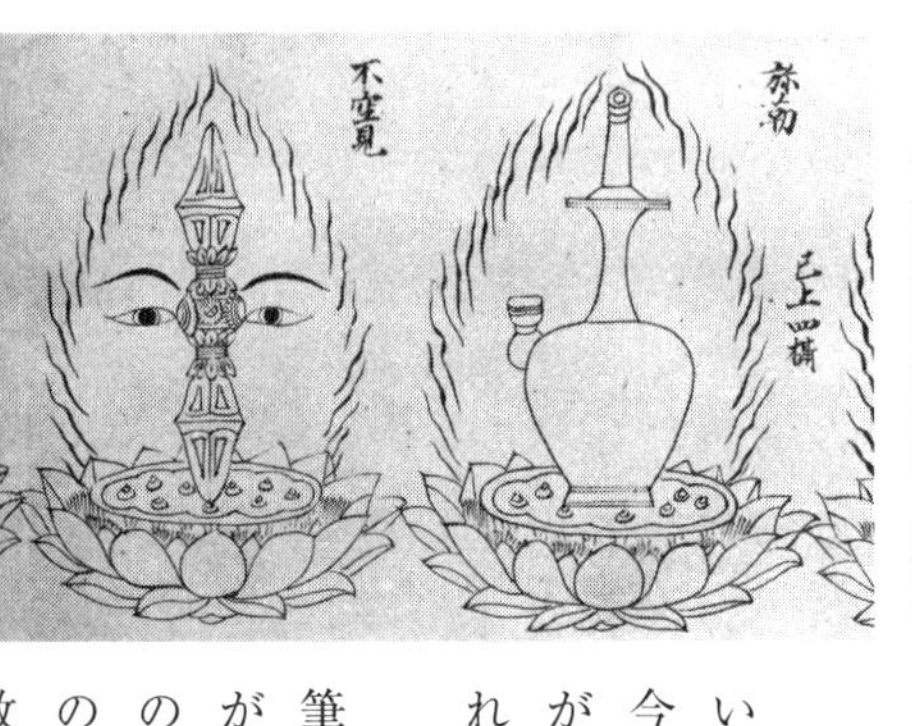

賢劫十六尊の三昧耶形
（『三昧耶形法輪院本』醍醐寺）

慈氏（弥勒）菩薩等もまた然り。その楽う所に随ってことごとく画くべし」

図像学的に厳密にいえば、不空訳の『三巻本教王経』には説かれていない賢劫の千仏が、日本の九会金剛界マンダラの成身会には登場している。今もわが国の金剛界マンダラの根本として絶対視されている成身会の図像が、いかに新しい要素を次々と導入したものであるかは、本書でも折に触れて紹介していきたい。

それに対し、三昧耶会は比較的経典に忠実であり、外院には弥勒菩薩を筆頭とする賢劫の十六尊が、いわゆる賢劫の千仏にかわって登場することが明記されている。ただ、先述のように、本経だけでは描くことが困難なので、アーナンダガルバの『真実灯明』を参照することとなるが、わが国の現図九会マンダラの三昧耶会と比較しても一、二尊を除いてほとんど一致する。

新規の図像情報を可能な限り盛り込んで、意図的に成立した成身会に比して、三昧耶会は想像以上に正統的なマンダラといえるかもしれない。

◆実践と功徳

経典では、続いて金剛秘密マンダラに入る入壇作法、結果として得られる悉地智が説かれる。このうち、金剛秘密マンダラに入る作法に関しては、

「金剛界大曼拏羅の法用（やり方）によって、次第のごとく入らしむ」

とあるように、おおむね金剛界・大マンダラの作法に従っている。

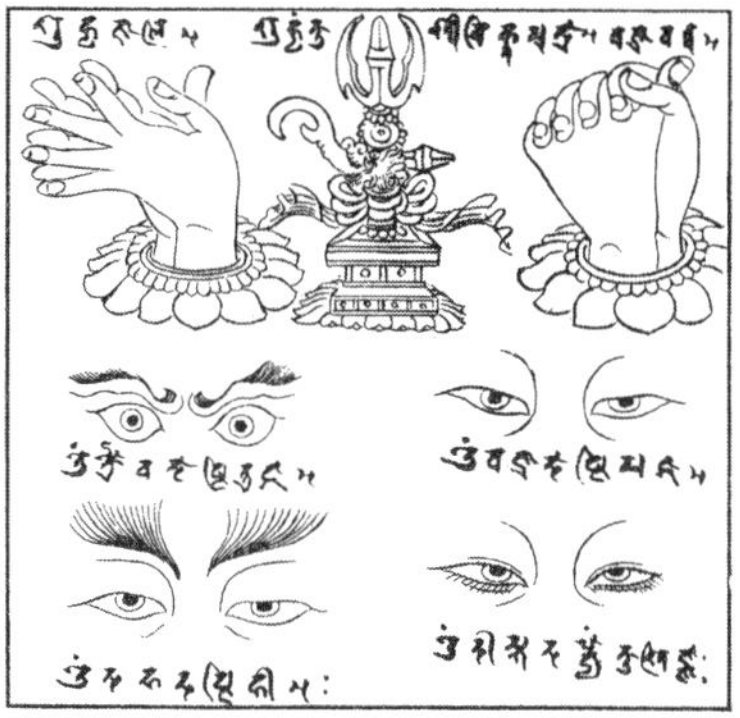

四視の図――
中段右・金剛視、下段・光明視、
中段左・忿怒視、下段・慈眼視
（『五部心観』法明院本）

しかし、次の金剛秘密マンダラの三昧耶と灌頂を得た者が、願うところに応じて得るであろう結果功徳については、「秘密」という新しいキーワードが加わったこともあって、以下のように内容がより充実している。

(1)金剛秘密身印智
(2)金剛秘密観視智
(3)金剛秘密語印智
(4)金剛秘密心印智
(5)金剛秘密印智

詳しくは紹介できないが、身体と言葉と心という三種の行為形態を中心として、「秘密」、すなわち常人には直ちに覚知しにくい象徴的操作によって得られる具体的な功徳を説く。

とくに密教的に関心を引くのは、(2)の観視智、いうならば「まなざしの功徳」であり、見る対象とその見方によって効果的な結果を生み

出すという。

その内容を整理すると、次のようである。

四視	対象	効果
金剛視	女性	愛情
光明視	社会	宣伝
忿怒視	悪人	調伏
慈眼視	病人など	救済

状況の設定と積極的な対応、そして効果的な成果を生み出すのは密教の得意とするところであるが、聖なる世界を諸尊・諸仏で表現するマンダラの記述に大部分のエネルギーを注いだ『金剛頂経』であっても、悉地（結果功徳）については人間に対する深いまなざしを忘れてはいないのである。

第三・第四のマンダラ

微細会と供養会

◆第三のマンダラ

『初会金剛頂経』（『真実摂経』）の最初の章品である「金剛界品」に説かれる六つのマンダラのうち、先には第二の「金剛秘密マンダラ」を紹介した。私たちに親しい金剛界の九会マンダラでいえば、第二

（下段中央）の三昧耶会にあたり、各ほとけの持物や印相などが象徴的に表現されている。

ところで、何度も触れているが、『金剛頂経』は単独経典ともいうべき『大日経』とは異なって、複数のマンダラを説く複合経典であるが、一つのマンダラを説くにあたって、マンダラの出生、入壇作法、阿闍梨の所作、悉地智などが必ず説かれる。マンダラごとに、一つのストーリーが完結するわけである。

この第三の「金剛智・法マンダラ」も同様であり、以下のような項目を掲げている。

(1)最勝マンダラ王の三摩地
(2)阿闍梨の作法
(3)入壇作法
(4)悉地智
(5)四印（智）

これらのうち、やはり特徴的意味を持つのは、『金剛頂経』においてマンダラを説くセクションの普通名詞である「最勝マンダラ王の三摩地」（すぐれたマンダラの出生）に説かれる「金剛智マンダラ」、もしくは「法マンダラ」という独特のマンダラである。以下、その内容を紹介していきたい。

この部分の漢訳テキストである『三十巻本教王経』では、第七巻の「金剛智法曼拏羅広大儀軌分」において、金剛界五仏の筆頭の大日（毘盧遮那）如来について、次のように説いている。

「その時、具徳（徳のある）金剛手菩薩摩訶薩は、また、一切如来の微妙金剛智印の三昧耶曼拏羅加持の三摩地に入り、この最上の自心の明を説いていわく、

オン・ソキシマバザラ・ジニャナサマヤ・ウン
(オーン。微妙(微細)金剛智の三昧耶(本誓)よ。フーン)」

このままの文章では、専門家でも難解なので、以下にやや詳しく説明しておこう。

まず、主語の「金剛手菩薩摩訶薩」は、『金剛頂経』では単なる金剛手菩薩ではなく、世尊・大日如来のことをいう。現に、この個所の梵本とチベット訳はいずれも「世尊」となっている。

また、「微妙金剛」の「微妙」とは「微細」(非常に細かい)のことをいい、「金剛」は密教法具の代表・金剛杵である。

次に「自心の明」とは、そのほとけ(自)の根本真言(心明)をさす。密教経典では不可欠の要素であり、原則としてマンダラを説く個所には必ず説かれている。

したがって、現代訳をかねて先の文章を解釈すると、威力ある金剛界大日如来は、「この世界に遍在する一切如来の微細な金剛杵のしるしの中に存在するマンダラ」という精神集中の境地に入り、その内実を象徴する「オン・ソキシマ・バザラ云々」という根本真言を唱えた、となる。

以下、「微妙智印」「微妙智」「微細智」という語の入った五仏、十六大菩薩の記述が続くが、経文(漢訳・梵本とも)では、それ以外の四波羅蜜、八供養、四摂の各菩薩たちへの言及はない。

また、金剛智・法マンダラの具体的な図絵としての描きかたを説く個所に、

「大曼拏羅の法と相応し、教のごとくに大薩埵を安立せよ。金剛の壇中に仏相を画け。仏の曼拏羅もこのごとく立す。

壇の中にあまねく大薩埵を画く（後略）」

とあり、このマンダラも基本は金剛界・大マンダラと同じであることがわかる。また、漢訳ではやや不明瞭だが、「金剛の壇中に云々」とは五仏をそれぞれ金剛杵の中央に描くということで、さらに十六大菩薩も同様との意味である。この金剛杵は微細なる金剛智を象徴している。

◆微細会のマンダラ

微細会

わが国で現在用いられている九会からなる現図（げんず）の金剛界マンダラでは、下段左端のマンダラが、この第三の金剛界マンダラである金剛智・法マンダラにあたる。この第三会が「微細会」と呼ばれているのは周知のとおりであるが、「微細」（非常に小さなこと）とは、漢訳の「微妙」、梵本のスークシュマ（sūkṣma）にあたることはいうまでもない。

そこで、もう少し現行の微細会を眺めてみたいが、まず本尊の金剛界大日如来をはじめ三十七の主要尊は、すべて縦に表現された三鈷杵（さんこしょ）の前に表現されている。いわば光背としてあるように見えるが、金剛杵の中に表現することによって、非常に微細なほとけたちの智恵の働きを強調したものと思

微細会の大日輪――大日如来と四波羅蜜菩薩（御室版）

われる。

なお、現図マンダラの代表的図像となっている御室版（明治元年〔一八六八〕完成）の微細会の諸尊の図像を成身会のそれと比較してみると、大日如来をはじめとする金剛界五仏については、装身具や衣体などの細かな表現を除いてほとんど差異はないが、四波羅蜜菩薩や十六大菩薩など約三分の一はほとけの持物や姿勢が相違している。とくに、金剛波羅蜜、宝波羅蜜、法波羅蜜、羯磨（業）波羅蜜のいわゆる四波羅蜜菩薩は、四尊とも成身会のものと持物や手の姿が明確に異なっている。

もっとも、第三の金剛智・法マンダラに関しては、個別のほとけの図像に言及しないので、現図マンダラの微細会の姿も時代の変遷の中で展開してきたものと思われる。

最後に、マンダラの名称であるが、漢訳では「金剛智法曼拏羅」とあるものの、梵本を校訂した堀内師は、サンスクリット語の経文から、「金剛微妙」、つまり「すぐれて微細な智」というのがマンダラの固有名であり、「法マンダラ」というのは「一切如来の三摩地智」、すなわちそういう三昧（この場合は三昧耶〔本誓〕とも同じ）の境地を表したものであるから、「法マンダラ」というのであり、それはマンダラの種類を示したものとしている。

いずれにしても、マンダラの伝統教学でいわれている次の説と一応、符合することになる。

成身会　大マンダラ
三昧耶会　三昧耶マンダラ
微細会　法マンダラ
供養会　羯磨マンダラ

最後の供養会については、のちに説明しよう。

◆珍しい月輪観

26

27

30

31

微細会の供養菩薩（御室版）

『金剛頂経』では、どのマンダラに関しても、それぞれの実践と功徳が説かれているが、くり返しが多いだけに後に行くほど簡略に表現されている。

『初会金剛頂経』では、最初の金剛界・大マンダラに説かれる五段階の成仏観想法、すなわち五相成身観があまりにも有名であったので、『金剛頂経』を代表する実践法といわれても不思議ではない。

この第三のマンダラである「金剛智・法マンダラ」でも、簡略ではあるが、自身を清らかな満月輪の中に観想する行法が以下のように説かれている。

「自身を月影像の中に現じ、浄菩提心を応に観想すべし。
また、浄妙（清らかで美しい）の月輪中において、応に自身を観想すべきがごとし。
自身すなわち、これ金剛像なり。薩埵金剛（金剛杵）の想に無異なり（異ならない）。
微妙金剛（微細な金剛杵）の法に相応すること、応に自身を観想すべきがごとし。
（中略）
自身はすなわち、これ仏の影像なり。諸仏の菩提を応に観想すべし」

校訂された経文では、この月輪観（満月を観想する方法）を説く個所に節題を設けていないが、五相成身観ほど段階的に詳しく解説しないものの、白色の清らかな月輪の中に菩提心（さとりの心）を起し、自らと月輪自体が不二一体となることを説く。

そして、最終的には堅固な金剛杵をその中に想起し、自らと同一視することにより、自己の成仏が実感されるのである。

◆第四の金剛事業・羯磨マンダラ

『初会金剛頂経』の第一章にあたる「金剛界品」に説かれる六種のマンダラのうち、第四のマンダラを漢訳では「金剛事業曼拏羅」という。しかし、梵本を検討した堀内氏は、正式名称を「金剛事業・羯磨マンダラ」というべきとする。

また、マンダラの種類名としては、行為・行動を示すシンボルである羯磨印が主となる羯磨マンダラであることは、多言を要しない。

さて、この第四のマンダラを説く部分は、『三十巻本教王経』では第八巻の「金剛事業曼拏羅広大儀軌分」にあたるが、その項目内容を並べると次のようになる。

(1)最勝マンダラ王の三摩地

(2)阿闍梨の所作

(3)入壇作法

(4)悉地智

(5)四印（智）

一見して明らかなように、第三の金剛智・法マンダラの場合とほとんど同じ構造になっている。まず、このマンダラの出生について、具体的には、金剛界の三十七尊のうち大日をはじめとする五仏と、金剛薩埵を筆頭とする十六大菩薩を集中的に取り上げる。この点も、第三の微細会のマンダラと異ならない。

金剛事業マンダラの中心となる、大日如来の出生を説く部分を掲げておこう。

「その時、具徳（徳のある）金剛手菩薩摩訶薩（世尊・大日）は、また一切如来の無上供養の広大儀軌により、舒遍せる（あまねく広がる）羯磨三昧耶金剛の加持と名づくる三摩地に入り、この最上の自心の明（自らの根本真言）を説いていわく、

オン・サラバタタギャタ・バザラダトアノクタラホジャ・ソハラナ・キャラマサンマエイ・ウン（オーン。一切如来・金剛界の最高の供養を広く満たす羯磨〔働き〕の三昧耶よ。フーン）」

文章の構造は、第三の微細会の場合と類似するが、第四会の供養会（九会マンダラの中段の左端）では、引用文中の「無上の供養」がキーワードとなっており、「金剛事業」とは現実には、マンダラ諸尊のすべてに「聖なるものに捧げる」供養の働き（事業・羯磨）を強調することなのである。

さらにいえば、五仏の各真言中に共通して認められる「アノクタラホジャ・ソハラナ」（最高の供養を広く満たすこと）が、このマンダラのほとけたちの共通した働きである。

金剛事業・羯磨マンダラの諸尊を出生する上で中心的役割を果すのが、専門用語で「十六供養天女」とも呼ばれる十六大菩薩の供養尊（女尊）化である。

すなわち、第一の金剛界・大マンダラでは、金剛薩埵から金剛拳に至る十六大菩薩は、各四尊ずつが一つのグループ（四親近菩薩）となって阿閦・宝生・阿弥陀・不空成就の金剛界四仏の働きを分掌し、かつ補佐するものであった。ところが、供養会にあたるこの金剛事業・羯磨マンダラでは、元来男尊であった十六大菩薩がすべて供養の女尊とされ、各グループがまとまって以下の四種の供養を扱うことになる。

(1)大供養　阿閦如来の四親近菩薩
(2)灌頂供養　宝生如来の四親近菩薩
(3)法供養　阿弥陀如来の四親近菩薩
(4)羯磨供養　不空成就如来の四親近菩薩

◆供養会のマンダラ

経軌・文献だけでは実感が乏しいので、実際に表現されたマンダラのうちの、第四会（中段左端）の供養会を取り上げてみよう。

他のマンダラと同様、御室版の資料を例にとると、現図の供養会では、外側を取り囲む方形の外院に弥勒（慈尊）菩薩以下の賢劫（現在の世界）の十六尊を配しているが、微細会の場合と同様、原文にはまったく登場しない。おそらく、中国密教でつけ加えられたものであろうか。

供養会の大日輪――大日如来と四波羅蜜菩薩（御室版）

現図・九会金剛界マンダラの供養会を見ると、なぜか中央の大日輪の中尊の大日如来の印相が左手の人さし指を右のひらで覆う智拳印ではなく、右手を金剛拳（ジャンケンのグー）にして胸前に置き、左手は同じく金剛拳にして腹前に配するという印相を結んでいる。この図像について経文に言及はなく、典拠は不明である。

次に、十六大菩薩を見ると、経文では十六供養天女として女尊となっており、『五部心観』でもまさしくその通りになっているが（本章扉の図版参照）、御室版ではどう見ても女尊には見えない。東寺の西院本（いわゆる伝真言院本）、元禄本、高野山のいわゆる血曼荼羅として著名な両界マンダラ図の供養会を見ても、どうやら十六供養天女としては表現しなかったようだ。現図系の図像では、やはり中国を通過する際に、女尊表現が控えられたのかもしれない。

供養会の賢劫十六尊（御室版）

女尊形の四摂菩薩（妙法院版）

なお、チベット訳のみが残る『初会金剛頂経』の注釈書である『コーサラ荘厳』では、

「およそ供養者たちは、天女の姿で画くべきである。同じく諸門衛（四摂菩薩）も女形で画くべきである」

とあるが、日本では女尊形の四摂菩薩は、わずかに現図とは別系統の『五部心観』の一部や、同じく妙法院版の金剛界八十一尊マンダラに見られる程度である。

ところで、そのかわりにといえば語弊があるが、現図・九会マンダラの供養会の十六大菩薩は、直接手で持物を持たずに、両手で握った蓮茎の先端の蓮華の上に標幟となるシンボルを置いている。

また、八供養、四摂の菩薩たちも、なぜか金剛鬘だけが左手で蓮茎を持つが、他の十一尊は両手で蓮茎を握り、先端の蓮華の上に標幟を置いている。

さらに、最外院には、三昧耶会・微細会と同様、外金剛部の二十天を描くが、これも直接の文献根拠は確認できない。おそらく、新たに創出した成身会に倣ったものであろう。

◆秘密の供養

経文に説く「金剛事業・羯磨マンダラ」が、現実には供養の働きを表現したものであることはすでに明白であるが、テキストを紹介していて最後になるほどと思ったのは、四種の供養で終るべきあとに、第五の「秘密供養」が簡単に説かれていることである。

その一部を掲げておくと、

「金剛杵と蓮華、相い合し、相応（合一）せる妙楽は一切に通ず。

これをもって奉献し、供養をなさば、金剛業（重要な働き）と異なること無きを得」


とある。

金剛界・大マンダラの末尾にも、短いが、やはり性的なたとえを用いた成就法（秘密法）が説かれていた。

金剛事業・羯磨マンダラでも、非常に簡単であるが、金剛杵が男性を、蓮華が女性をさすことはすでに知られている。もちろん、供養を重視した一種のアナロジー（たとえ）でもあるが、さらに発展した『金剛頂経』である『理趣経』を思い起すとき、当然生じるべき一つの流れであることは否定できない。

第五・第六のマンダラ

四印会と一印会

◈「金剛界品」のマンダラ構成と四印

『初会金剛頂経』の第一章である「金剛界品」に説かれる六種のマンダラの紹介も、残すところあと二つとなった。ここでは、一般に流布(るふ)している九会金剛界マンダラの「四印会」と「一印会」にあたる、その二つのマンダラを順に紹介しよう。

まず、九会金剛界マンダラの上段左部に位置する「四印会」の正式マンダラ名は、経典(漢訳・梵本)には、「金剛悉地(こんごうしっじ)(もしくは金剛成就(じょうじゅ))マンダラ」とある。復習のために、これまでに取り上げた四種の正式マンダラ名と、わが国で流布している九会マンダラの会名(えめい)とを対照すると、次のようになる。

会名	マンダラ名(正式名)
成身会	金剛界・大マンダラ
三昧耶会	金剛秘密マンダラ
微細会	金剛智・法マンダラ
供養会	金剛事業・羯磨マンダラ

このような一種の「文献解釈」は、各マンダラ名のうち、「金剛」の字の下に続く「大」「秘密」「智」

「事業」、そして四印会では「悉地（成就）」というキーワードが、それぞれのマンダラの働きと意味を端的に表現しているという点で、まさに文献研究の醍醐味を味わせてくれる。

しかし、マンダラ教学の現場で用いられるのは、こうした「正式名」ではなく、堀内寛仁氏の言葉を借りれば「種類名」である。

会　名	マンダラ名（種類名）
成身会	大マンダラ
三昧耶会	三昧耶マンダラ
微細会	法マンダラ
供養会	羯磨マンダラ

この両表の関係は、すでに第三章で「四印と四曼」について論じたときに触れたように、本来は『金剛頂経』に説かれる各マンダラにそれぞれそなわっていた四種の象徴（表現）体系である四印説（大印・三昧耶印・法印・羯磨印）を、『金剛頂経』の第一章「金剛界品」に説かれる各マンダラ、とくに最初の四つのマンダラに順に配当したものである。少し難しくいえば、「四印」は、結果的には「四曼」（四種のマンダラ）に相当するということである。

そして、ここで取り上げる四印会、すなわち「四印マンダラ」を一言で要約すれば、すでに紹介した金剛界の四つのマンダラを「摂する」（統合する）マンダラと理解することができるだろう。

◈四印マンダラの出生

『三十巻本教王経』で、いわゆる四印会を説く部分は、これまでの四種のマンダラに比べて簡略である。いま、この「四印マンダラ」の構成を要約すると、次のようである。

⑴最勝マンダラ王の三摩地
⑵阿闍梨の所作
⑶入壇作法
⑷悉地智

このうち、はじめの「最勝マンダラ王の三摩地」は、実際にはマンダラの内容を説明しているが、経文では九会マンダラにおける四印会の十三尊のうち、最初の五尊の部分しか説かない。そのうち、冒頭の毘盧遮那（大日）如来の個所だけ原文を掲げておく。

「その時、世尊・大毘盧遮那如来は、一切如来の加持力（加護の力）をもっての故に、一切如来部所生の一切如来族の大儀軌を宣説したまい、広大法用に（自由自在に）一切の成就事を摂す。

　オン・サラバタタギャタ・ボシチ・バン

（オーン。一切如来拳よ。ヴァン）」

以下、阿閦・宝生・阿弥陀・不空成就の金剛界四仏が、それぞれ真言を説くが、その真言の中に金剛薩埵以下のいわゆる「四転輪菩薩」、つまり金剛界・大マンダラにおける各四仏輪の四親近菩薩の代表となる菩薩の名が説かれる。そこで、四仏にかわってこれらの四菩薩が、四印会のマンダラに描かれるのである。

◆現図マンダラの四印会

さて、すぐあとに取り上げるように、実際に図像を通して表現されるマンダラでは、解釈し、かつ表現する阿闍梨の理解と、また個人的感性（意楽）によって、必ずしも典拠となる経文そのままではないことが多い。

四印会

そこで、日本密教の主流派を形成する九会金剛界マンダラ（現図マンダラ）を例にとって、そこに見られる尊格配置を検討してみよう。

まず、経文にもあるように、「金剛界・大マンダラと同様の形をした」大円輪の中央には、やはり成身会の中尊・毘盧遮那（大日）と同じく左手の人さし指を右手のひらで覆う智拳印をとる金剛界大日如来が位置している。

そして、大日を中心輪とした四方の小円輪に実際に配されるのは、次の四転輪菩薩である。

方位	菩薩名
東方	金剛薩埵

南方　金剛宝
西方　金剛法
北方　金剛業

それぞれの菩薩が、順に阿閦・宝生・阿弥陀・不空成就の金剛界四仏を兼ねていることは明白である。

次に、現図マンダラの四印会では、結果的に井桁（いげた）状に九分した大円輪の四隅の部分に、次のように金剛波羅蜜（正式には薩埵金剛女（さったこんごうにょ））をはじめとする四波羅蜜菩薩を三昧耶形で表現している。

方位　四波羅蜜菩薩
東南　金剛波羅蜜
南西　宝波羅蜜
西北　法波羅蜜
北東　羯磨（業）波羅蜜

これらのほとけたちを配置して、表現するのは、経文中の「阿闍梨の所作」に見られる、

「浄妙月輪（じょうみょうがちりん）（清くて美しい満月輪（まんがちりん））において、金剛印（こんごういん）等を法に依（よ）って（規則どおりに）図（えが）け」

という記述に従ったものと思われる。

そして、最後に大円輪の外側の四隅に、いわゆる内（ない）の四供養菩薩を、次のように三昧耶形で表現している。

方位　四供養菩薩
東南　金剛嬉

南西	金剛鬘
西北	金剛歌
北東	金剛舞

これは、経文中の「一切印羯磨法」の個所で、

「また次に一切印羯磨法（すべての印の作用の教え）を説かん。
もしは歌、もしは舞、もしは飲食（中略）の諸の楽法、これをもって、仏および聖賢（菩薩）に献ずれば、（後略）」

とある部分をマンダラ化したものだろう。

なお、この四印マンダラの最大の難問は、「四印」が何をさすのかという問題である。どうも漢訳・梵本・注釈書でも多少の開きがあるようで、実際のマンダラの尊格配置から考えて、

金剛薩埵	大印・大マンダラ
金剛宝	三昧耶印・陀羅尼（三昧耶）マンダラ
金剛法	法印・法マンダラ
金剛業	羯磨印・羯磨マンダラ

の四種の印と割り切る解釈もある。

もっとも、少していねいに経文を読むと、各マンダラは必ず四種の印（表現象徴体系）を具備しているので、最初からこの表のように、金剛薩埵に大印のみを配当するには慎重を期さねばならない。しかし、

『五部心観』の四印マンダラ（法明院本）

結果的に、四尊にそれぞれ特徴があることも事実ではなかろうか。いずれにしても、四印会は、四印・四曼を摂したマンダラであることは疑いない。

ところで、現図系の九会金剛界マンダラとは別に、系統的には少し異なる六会の金剛界マンダラである『五部心観』がわが国に伝わり、その図像が興味深い相違を示すことは、これまでも幾度か紹介してきたとおりである。この『五部心観』の系統と歴史的位置は第七章で改めて取り上げたいが、四印マンダラについていえば、円珍請来原本をはじめとして、中尊を定印を結ぶ如来とする。これを胎蔵大日如来とすると、東インドのオリッサ州ウダヤギリ遺跡の仏塔が、その四方に金剛界四仏の内、不空成就を胎蔵大日に変えた四尊を配置していることとの関係が気になるが、ともあれ『五部心観』の注釈書にあたる『六種曼荼羅略釈』では、この定印を結ぶ如来を阿弥陀如来としている。

◆一印会・一印マンダラ

九会の金剛界マンダラでいえば、中央の成身会の上方に位置する、智拳印を結ぶ大日如来一尊のマンダラである。通常の人が何の予備知識もなしに九会の金剛界マンダラを見れば、最初に強い印象を与える部分（会）である。

私は、九会をわかりやすく説明するとき、最初の成身会を開幕のオールキャスト（総出演）の場面、第五番目の四印会を代表者が集まる役員会、そして大日一尊の一印会を社長室にたとえているが、教学的には、成身会をはじめとするすべての教えは、この大日一尊の悟りの世界（法界）に収め尽されるという。

このマンダラは、経文からたどり得る正式名称は「金剛薩埵・大マンダラ」であるが、通称、つまり種類名としては「一印マンダラ」と呼ばれている。「一印」という言葉は、漢訳の経文にはまったく見られないが、『五部心観』『十八会指帰』、ならびにチベット訳に残るインドの密教学匠の注釈書では、「一印マンダラ」と称されている。九会金剛界マンダラの「一印会」も、そこから展開したのだろう。

◆一印マンダラの出生

梵本でも、漢訳でも、「一印マンダラ」は独立した章になっていない。しかし、「四印マンダラ」よりもさらに簡略ではあるが、構成的には以下の項目からなっている。

⑴最勝マンダラ王の三摩地
⑵阿闍梨の所作
⑶入壇作法
⑷悉地智

このうち、結果功徳を「智」として表現した悉地智では、自身を金剛薩埵と観想することを説く最上

一印会

悉地印智、「貪りを離れることは罪である」という、いわゆる煩悩即菩提的な密教のいましめを説く秘密三昧印智、仏画などの制作とその利益を説く金剛薩埵四大印など興味深い実践情報が盛り込まれている。しかし、やはりマンダラとして重要なのは、冒頭の「最勝マンダラ王の三摩地」の個所なので、次に原文を紹介しておきたい。

「その時、世尊・大毘盧遮那如来は、また一切如来の最上成就の三昧耶金剛三摩地（最高の完成を象徴する金剛のごとき堅固な瞑想の境地）に入り、この三摩地中において、一切如来心をもって、自心より出て、この一切如来大乗現証三昧の大明（偉大な真言）を説いていわく、

バザラサトバ

（金剛薩埵よ）」

まさに、これだけの短い文章であるが、その後半に見られる「一切如来大乗現証三昧」、すなわち「一切如来の大乗仏教の真理を明らかにさとる瞑想」は、この『初会金剛頂経』の中心テーマであるとともに、いわばその代名詞にもなっている。

また、その文章の主語は「世尊・大毘盧遮那（如来）」というように、法身大日如来となっているが、『金剛頂経』の構成の常として、それが三摩地（三昧）に入ったあと、自心から出生して唱えられる真言の内容を示す尊格が、新たに主役となるのである。ということは、この「一印マンダラ」こと、一印会のほとけは、経典からは金剛薩埵が説かれているという理解に到達する。

◆現図の一印会と『五部心観』

先に触れたように、現図の九会金剛界マンダラの上段中央に描かれているのは、中段中央の成身会や上段左側の四印会と同じく、智拳印を結んでいる金剛界大日如来である。ただし、印相は同一の智拳印ではあるが、上記の三会の中尊・大日如来を、後の光背や細かな装身具などの微妙な相違から区別することは不可能ではない。

『五部心観』の一印マンダラ（法明院本）

ところで、現図の九会金剛界マンダラの一印会で、金剛薩埵ではなく大日如来の一尊、換言すれば一印で集約させたのは、経文中に、

「これ皆、金剛界大曼拏羅広大儀軌のごとし」

とあることと、やはり金剛界マンダラ全体を一尊に集約するには、本尊ともいうべき大日如来によって代表させるのが最適と判断したためだろう。いかにも中国で成立した現図マンダラらしい考えである。

それに対し、同じ金剛界マンダラではありながら、インド色が強く保持されている円珍請来の『五部心観』では、右手に三鈷金剛杵を持って、胸前に横抱きにする金剛薩埵が描かれている。

このように、一印会では、同マンダラを示す形容詞である「最上成就」（最高の完成）と密接な関係を持つ金剛薩埵を描くことは、次の言葉からも確認される。

「（金剛界）大曼拏羅の法用（やり方）に依って、

（中略）

まさに浄妙月輪中において、金剛薩埵の相を安布すべし」

以上、『初会金剛頂経』の第一章である「金剛界品」の六つのマンダラのうち、最後の二つのマンダラを取り上げたが、現在、わが国に流布している現図マンダラが経文を一応の参考とはしながら、いかに新しい解釈を導入しているかに正直いって驚いた次第である。

インドの降三世明王（オリッサ州立博物館）

第五章……………

明王と菩薩のマンダラ

降三世品の密教

降伏のほとけ・降三世明王

◆「金剛界品」から「降三世品」へ

『金剛頂経』を従来の日本の伝統的な講伝風に解説する場合は、基本テキストとなっている『三巻本教王経』に説かれる金剛界・大マンダラ（現図・九会マンダラでは中央の成身会）を順に説明することが多いが、それはすでに第二～三章で完了した。

続いて、第四章では、これまで専門家以外にはあまり使われなかった『三十巻本教王経』と梵本（サンスクリット本）を使って、『初会金剛頂経』（『真実摂経』）の第一章の「金剛界品」に説かれる残りの五つのマンダラを説明し終えた。日本で標準的に用いられている九会の金剛界マンダラでいえば、順に三昧耶会・微細会・供養会・四印会・一印会にあたる。

経典に戻れば、そこに説かれる第七のマンダラからは「降三世品」という新セクションとなり、同じ『金剛頂経』とはいいながら思想的にも大きく異なってくる。また、マンダラの数でいえば、「金剛界品」と共通する六種のマンダラに加えて、「教勅のマンダラ」が四種付加されるため、一章の中に十種のマンダラが説かれることになる。

しかし、日本では定番となっている現図・九会金剛界マンダラでは、わずかに最初の二つのマンダラ

（降三世会、降三世三昧耶会）が現れるのみで、残りの八種のマンダラはわが国ではまったく用いられることはなかった。

私も、日本の密教をインドやチベット流に変えなければならないとは思っていないので、「降三世品」の十種のマンダラについて詳しく個別にページを割く必要を認めない。ただし、「降三世品」をはじめとする他の三章の意義は、『初会金剛頂経』の全体の中で正しく押さえておく必要があると考えるので、以下、本章では、引き続き『三十巻本教王経』と梵本にもとづきながら、各品の内容とマンダラの概要はきちんと紹介しておくこととしたい。

◆「降三世品」の概要

『初会金剛頂経』の第二章にあたる「降三世品」は、漢訳の『三十巻本教王経』では以下の部分にあたる。

「降三世曼拏羅広大儀軌分」第六
「忿怒秘密印曼拏羅広大儀軌分」第七
「金剛部法智三昧曼拏羅広大儀軌分」第八
「金剛部羯磨曼拏羅広大儀軌分」第九
「大金剛部広大儀軌分」第十
「三世輪大曼拏羅広大儀軌分」第十一
「一切金剛部金剛曼拏羅広大儀軌分」第十二

「一切金剛部法三昧曼拏羅広大儀軌分」第十三
「一切金剛部羯磨曼拏羅広大儀軌分」第十四

また、伝統教学でいう「広本の金剛頂経」の原初的形態を説く『金剛頂瑜伽経十八会指帰』（略称『十八会指帰』）では、「降三世品」について次のように概要を述べる。

「次に降三世大品を説くに、六曼荼羅あり。如来は等正覚を成じ已って、須弥盧頂（須弥山の頂き）において、金剛界輪を転じ已り、諸の菩薩のために名号を受職し已る。摩醯首羅（大自在天）等は、剛強難化にして、寂静法（おとなしいやり方）をもって受化すべからず。

（中略）

時に、金剛手菩薩は、一切如来の請いを受け已って、即ち忿怒金剛三摩地に入り、大威徳身を現じ、種々の方便をもって調伏し、乃至命終せしむ。

摩醯首羅は死に已って、自ら下方を見るに、

（中略）

執金剛（金剛手）菩薩、脚をもって之を按じ（押えつけ）、金剛寿命の真言を誦すれば、また、蘇（再生）を得」

この内容は、『三十巻本教王経』第九巻の「降三世曼拏羅広大儀軌分」の内容、さらには梵本の記述とよく一致するので、『十八会指帰』の解説をかねて、「降三世品」の大意を述べておこう。

『金剛頂経』の第一章にあたる「金剛界品」では、まず釈尊をイメージにおいた一切義成就菩薩が五段階の成仏法である五相成身によって、金剛界大日如来に成仏し、その後、三十七尊の主要なほとけたちからなる金剛界・大マンダラが説かれた。これを含めてマンダラの種類は全部で六種あり、その意義と表現の仕方がそれぞれ異なっている。

第二章の「降三世品」でも、最初に同じく六種のマンダラが説かれるが、金剛界三十七尊、あるいはその代表尊が中心となる「金剛界品」とは相違して、金剛手菩薩（金剛薩埵）が恐ろしい形相をとった降三世明王が実質的な本尊となるのである。その因縁話は、「降三世品」の冒頭に説かれている。

このような大忿怒の降三世が突然登場するのには、次のような内的（仏教的）、かつ外的（インド的）背景があったものと思われる。

シヴァとウマー（エローラ石窟）

まず、仏教的にいえば、「降三世品」において救われるべき衆生は、煩悩や欲望が非常に強く、優しい言葉や穏やかな教化ではすぐにはいうことを聞かない者を対象としている。その代表が、摩醯首羅（マヘーシュヴァラ／大自在天）、すなわち当時のインドの宗教でも最大の力を誇っていたヒンドゥー教のシヴァ神であり、全世界を意味する三世（三界）の主宰者といわれる有力神であった。なお、「三界主」という場合は、天・空・地の三つの世界に住む諸天（神々）の首領をさす。

降三世・大マンダラ（ペンコルチューデ寺）

その部下であるヒンドゥー教の多くの諸天も、親分である摩醯首羅が反抗的なので、それに見習ってすぐに仏教のほとけの教えに従わない。

そこで、密教のほとけの中でも武闘派の中心となる金剛手菩薩が大日如来の威力を受けて、相手の摩醯首羅とその妃・烏摩（ウマー）よりも恐ろしい降三世明王の姿をとり、両尊を足下に踏み従えるが、摩醯首羅はそれでもいうことを聞かず、絶命してしまう。死してのち下方世界で仏の教化を受けた摩醯首羅は、降三世明王の唱える金剛寿命（永遠なる寿命）の真言の功徳により、この世に蘇生し、仏教の教えに従うことを誓う善神となるのである。

大乗経典でも、素直な人びとを穏やかに導く摂受と、なかなかいうことを聞かない人びとを無理やり引き入れる折伏の二種の教化法があるが、「降三世品」は、一筋縄ではいうことを聞かない衆生を無理やり調伏しても結果的に相手のためになるという一種ダイナミックなやり方であり、そのために降三世、つまり「三世の主人」たるシヴァ神を降す強力な明王が生み出されたのであろう。

なお、この『金剛頂経』の「降三世品」が出来上った頃は、かつてバラモン教といわれたインドの古代宗教が、有力なシヴァ神やヴィシュヌ神をともなったヒンドゥー教として再編成された時代にあたり、あたかも仏教の民俗化した密教と競合する時代であった。

このような歴史背景の中で、密教では降三世（対・大自在天）や大威徳（対・閻摩天）などのように、特定のヒンドゥー教の神々を調伏する強力な明王たちがマンダラに登場することになるのである。

◆「降三世品」のマンダラ

「降三世品」には、すでに触れたように合計十種のマンダラが説かれているが、日本では最初の二種のみ実用化されている。

それに対し、チベットでは第三の都市ギャンツェの西郊にあるペンコルチューデ寺院のタシゴマン（吉祥多門）仏塔の内部壁面に、「降三世品」所説の十種マンダラを含む『初会金剛頂経』の四大品に説く合計二十八種のマンダラが描かれている。この非常に貴重な作例についてはすでに田中公明、奥山直司、正木晃などの各氏によって報告がなされている。

降三世・三昧耶マンダラ（同寺）

ところで、十種すべてのマンダラを詳しく紹介する必要はないが、通常使われるマンダラの種類名と、現図・九会マンダラにおける対応する会名を、まず列挙しておこう。

マンダラ名（通称）	会名
(1)降三世（三界最勝）・大マンダラ	降三世会
(2)降三世・三昧耶マンダラ	降三世三昧耶会

降三世・四印マンダラ（ペンコルチューデ寺）

(3)降三世・法マンダラ
(4)降三世・羯磨マンダラ
(5)降三世・四印マンダラ
(6)降三世・一印マンダラ
(7)降三世外金剛部・大マンダラ
(8)降三世外金剛部・三昧耶マンダラ
(9)降三世外金剛部・法マンダラ
(10)降三世外金剛部・羯磨マンダラ

これらの名称は、マンダラの表現上の区別に基づく種類名をベースにしたいわば通称名であって、梵本や漢訳に説かれる正式なマンダラ名称ではないことを断っておかねばならない。

その点に関心のある方は、梵本から該当個所を抽出されることを勧めるが、マンダラ研究の場合は、経典に説かれる原理的な名称よりも、実際に表現され、かつ使用される種類名の方に重要な意義があることを強調しておきたい。

上記の「降三世品」所説の十種のマンダラを概観しておくと、「金剛界品」と同様に、大・三・法・羯の四印（四種の象徴体系）を順に対応させた大・三・法・羯の四種マンダラと、四印を総合した四印マンダラ、ならびに一尊一印に象徴化した一印マンダラを説く。ただし、降三世明王が重要な役割を果すため、

降三世外金剛部・大マンダラ（右）
と同・羯磨マンダラ（左、同寺）

当然、登場する尊格とその構成などが「金剛界品」の六種マンダラと異なっている。

また、「降三世品」だけは、忿怒変現の降三世明王による三界諸天の降伏がテーマとなるので、いわゆる外金剛部といわれる誐拏主（聖天）、拏多（使者）などの下級精霊たちを対象としたマンダラが四種説かれている。これらを「教勅のマンダラ」と呼んでいるが、「教勅」とは、上から下に命令することで、自性輪身（如来）・正法輪身（菩薩）・教令輪身（明王）という内容と性格の違った三身論を説く場合の「教令」と同じ原語（アージュニャー／ājñā）であり、やはり相手を調伏してもいうことを聞かせる明王の働きと合致する。

ここでは、正木晃氏の写真を拝借して、ペンコルチューデ寺院の仏塔の壁画の中から、「降三世品」のマンダラの基本となる降三世・大マンダラと、中尊・大日如来以外は三昧耶形で表現した同・三昧耶マンダラ、降三世明王を中尊とする同・四印マンダラ、および教勅マンダラの中から、珍しい円形をした降三世外金剛部・大マンダラと、大自在天と烏摩妃を中心に描いた

日本の一面二臂の降三世明王
（『八大明王図像』醍醐寺）

同・羯磨マンダラを紹介しておこう。

なお、十種のマンダラのいずれもが独立したマンダラであり、原則として、

(1)最勝マンダラ王の三摩地
(2)阿闍梨の所作と入壇作法
(3)悉地智（功徳・利益）
(4)四種印智（四種の象徴体系）

を具備していることは、「金剛界品」の各種のマンダラとも共通しており、筆者がたびたび指摘してきた『金剛頂経』の独立マンダラ並列説を証明している。

◆降三世明王とは

「降三世品」の中心尊格である降三世明王は、確かに『金剛頂経』の「降三世品」において、金剛部の重要尊・金剛手の忿怒形として登場しているが、やや先行する密教経典である『大日経』にもすでに現れており、何と不動明王と一対としての役割を果している。

それゆえ、いずれが古いかを断定することは容易ではないが、力を象徴する金剛部と関連の深い明王であり、その名称（降三世・勝三界）やシヴァ神・ウマー妃の二神を足下に踏み敷く独特の図像より判断して、シヴァ派と密教の勢力争いの中で発生してきた明王であることは疑いない。明王の成立については、拙稿「明王の成立」（松長有慶編『インド密教の形成と展開』法藏館、一九九八年、所収）など一連の研究を参考にしていただければ幸いである。

さらに、降三世に限っていえば、「ヴァジュラフーンカラ（金剛吽迦羅）」、「スンバ（孫婆）」、「忿怒月黶」などの異名を持っており、成立の具体的流れにもいくつかのルートがあったものと思われる。図像的にいえば、シヴァ神の原イメージもあって、三面八臂、もしくは四面八臂の像が圧倒的に多いが、一面二臂・一面四臂の姿も日本の図像資料に見出すことができる。

また、インドでは、八臂像以外に一面二臂で、左脚を大きく伸ばす展左のポーズをとるブロンズ像（本章扉の図版）が東インドのオリッサ州から出土して注目を集めている。

なお、『初会金剛頂経』の段階では、降三世を中心とする忿怒尊が四尊とか五尊のグループを構成することはなかったが、さらに展開した『悪趣清浄タントラ』（チベット旧訳）や金剛界八十一尊マンダラの頃になると、降三世を含んだ四大明王が成立してくる。この問題は、第六章で詳しく取り上げたい。

◈降三世会のマンダラ

くり返し述べてきたように、『三巻本教王経』に言及がないので、「降三世品」のマンダラは、「金剛界品」の諸マンダラほどは注目されなかった。しかし、『十八会指帰』に簡単な言及があり、また不空訳の

『金剛頂瑜伽降三世成就極深密門』などの傍系資料があったことから、中国成立の九会金剛界マンダラには、「降三世品」のうち第一（降三世会）と第二（降三世三昧耶会）の二つのマンダラが採用されている。

まず、九会金剛界マンダラの第八会（中段右側）の降三世会を見てみると、日本密教の規準となっている現図マンダラでは、七十七尊が配されている。その内容は、原則として、

(1)五仏
(2)十六大菩薩
(3)四波羅蜜菩薩
(4)八供養菩薩
(5)四摂菩薩
(6)賢劫十六尊
(7)二十天
(8)四妃

となるが、梵本などでは、まず弥勒などの賢劫十六尊は認められない。

さらに、毘盧遮那（大日）などの五仏のうち、四方に位置する四仏は、次のように尊名が変っている（括弧内は「金剛界品」の尊名）。

(1)東方　　金剛吽迦羅（阿閦）

⑵南方　金剛灌頂（宝生）
⑶西方　金剛軍（阿弥陀）
⑷北方　金剛遍入（不空成就）

すなわち、基本となる金剛界四仏がより具体化した名前と姿をとることとなるが、とくに重要なのは、力をつかさどるとされる金剛部の主尊である阿閦如来が、金剛吽迦羅、すなわち降三世となっていることである。なお、金剛吽迦羅とはインドのサンスクリット語の「ヴァジュラフーンカラ」、すなわち金剛杵を持った右手と、金剛鈴を持った左手を胸の前で交差させて、相手を威嚇する「フーン（吽）」という真言を唱えることで、降三世の代表的なポーズとなっている。もっとも、日本密教で中心的に用いられるいわゆる降三世印とは、少し異なることに留意しておく必要はあろう。

ところで、日本の現図・九会金剛界マンダラの降三世会では、阿閦如来の前方に位置する十六大菩薩筆頭の金剛薩埵が降三世明王に変化している。

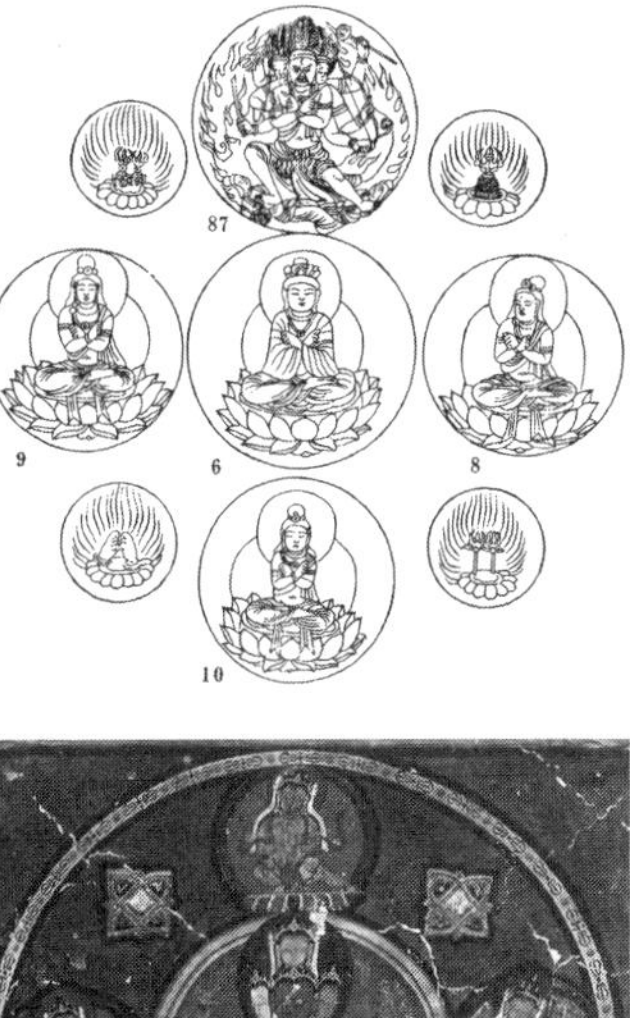

降三世会の降三世明王（上、御室版）

チベット系の降三世・大マンダラの降三世明王（中央、ラダック・アルチ寺）

これに対し、北西インドのラダック地方のアルチ寺院大日堂の壁画に残る降三世・大マンダラは、阿閦如来が四面八臂で左脚を伸ばす（展左勢）降三世に変化している。こういう点からも、チベット系のマンダラが、異なる理解の図像を伝えているという点は首肯できる。

なお、日本の現図・九会金剛界マンダラの降三世会では、降三世明王のとる印相を意識して、中尊の大日如来を除く他の金剛尊はいずれも忿怒拳（ジャンケンのグーの印を胸の前で交差させる）をとっている点に、調伏の威力を示すマンダラであることがわかる。

◆外金剛部の二十天

すでに第二章の最後で触れたが、現図・九会マンダラの成身会では、最も外側の外金剛部と呼ばれるフレーム状の個所に、「五類諸天」と呼ばれる五種類の天部たちを四方に配している。そこでは、とくに象頭の誐拏主（聖天）が傘などを持って表現されているのが目立っている。

しかし、成身会のマンダラが非常に人為的に資料操作して出来上ったマンダラであることを詳しく論証したように、『初会金剛頂経』として捉えると、外金剛部二十天ともいわれる五類諸天は、「金剛界品」ではなくて「降三世品」に説かれるほとけたちである。なぜならば、三界主（明王）、飛行天（金剛忿怒）、虚空天（誐拏主）、地居天（拏多）、地下天（際吒迦）からなる五類諸天とそれらの首領である大自在天を調伏し、密教のマンダラに引き入れて世にいう護法善神にするのが、金剛手を明王化した降三世の本来の意義であるからである。

しかし、密教経典成立史、および密教尊格史の立場から再検討すると、九会金剛界マンダラの考案者(恵果、または不空)は、単に成身会と降三世会の外金剛部を入れかえたという人為的操作で満足したのではない。というのは、現図・九会金剛界マンダラの降三世会と降三世三昧耶会は、いずれも外金剛部の二十天を保持したままでいるからである。

そうではなくて、一会の金剛界マンダラで、しかも外金剛部に二十天(五類諸天)を配した『金剛頂経』の異本テキストが別に伝承されていたのである。その代表が広義の『金剛頂経』の第三会にあたるとされる『金剛頂タントラ』であるが、私は『初会金剛頂経』系のマンダラを「本経系」と呼び、『金剛頂タントラ』などの異系統の『金剛頂経』を「非本経系」と呼んで区別している。この問題については、将来、専著を用意しているが、中国密教も、空海その人も、日本の密教図像集も、金剛界マンダラが単純に一種類、一系統でないことを十分に理解していたことは疑いない。

最後に、九会金剛界マンダラの第九番目(下段右側)の降三世三昧耶会は、直前の降三世会のマンダラを三昧耶形(持物などの象徴)で表現したものである。経典、つまり本経では、「金剛三昧耶秘密」、もしくは「忿怒秘密」を正式のマンダラ名とするが、「金剛界品」のマンダラでも触れたように、「秘密」は三昧耶マンダラを表すキーワードである。

故堀内寛仁氏の言葉を借りれば、「金剛三昧耶」とは、仏が大自在天などを降伏しようとする本誓(根源的な誓い)、すなわち三昧耶の、心秘密ということであり、その三昧耶の秘密を象徴したマンダラであるから、三昧耶マンダラということになる。いささか経典特有のトートロジー(語義反復)の感もあるが、ともあれ「降三世」の働きを表すのが「降三世品」の目的でもあり、結果でもある。

遍調伏品の意義
＝密教的観音のマンダラ

◆「遍調伏品」とは

『初会金剛頂経』に四大品と呼ばれる四章があることは、これまでに取り上げてきたが、改めて整理すると、「金剛界品」以下の四大品は、『金剛頂経』で重要な意味を持つ仏部（ぶつぶ）をはじめとする以下の部族（ぶぞく）（サンスクリット語で「クラ」）とそれぞれ対応している。

金剛界品　仏部
降三世品　金剛部
遍調伏品（へんちょうぶく）　蓮華部（れんげぶ）
一切義成就品（いっさいぎじょうじゅほん）　摩尼（まに）（宝（ほう））部

ちなみに、部族とは仏教、とくに密教の多数のほとけたちを統合・分類するための概念であり、各尊格（ほとけ）の起源や特徴をカテゴリーとして、いくつかのグループに整理したものである。人間の場合は、むしろ種族と呼んでグループ分けするが、ほとけたちは漢訳では「〇〇部」と呼ばれることが多いので、専門的には「部族」という用語が定着している。

本格的密教経典（中期密教）のスタートとされる『大日経』やそれに先行するといわれる『蘇悉地経』では、中尊の如来と、左右の金剛手・蓮華手の二脇侍菩薩から発達したとされる仏部・金剛部・蓮華部の三部が基本であったが、『初会金剛頂経』では、財宝をつかさどるとされる摩尼（宝）部が登場し、第四の部族として新たな働きを発揮する。

そして、先のように、金剛界品以下の四大品が順にそれぞれの部族の働きを特化して強調することになるが、各品における代表的なほとけとその働きは、次のようである。

金剛界品	大日如来	ほとけたちの存在
降三世品	金剛手菩薩（金剛薩埵＝降三世明王）	威力、とくに降伏の力
遍調伏品	観音菩薩	救済の活動
一切義成就品	虚空蔵菩薩	財宝性、生産力

したがって、ここで紹介する「遍調伏品」でも、教主としての毘盧遮那（大日）如来は依然として存在しているものの、実際には観音とその関連尊が中心的役割を果している。

◆「遍調伏品」の構成

第三章にあたる「遍調伏品」は、『初会金剛頂経』では最も短い品で、漢訳の『三十巻本教王経』では、次の部分が「遍調伏品」にあたる。

「調伏一切世間大曼拏羅広大儀軌分」第十五

「蓮華秘密印曼拏羅広大儀軌分」第十六
「智曼拏羅広大儀軌分」第十七
「大曼拏羅広大儀軌分」第十八

ところで、これまた何度も指摘してきたように、『大日経』は全体でただ一つのマンダラを説くのに対し、複合経典の『金剛頂経』は合計二十八種のマンダラを説き、各マンダラについて、

(1)最勝マンダラ王の三摩地
(2)阿闍梨の所作と入壇作法
(3)悉地智
(4)四種印智

を順に説いている。

こういう構成のあり方は、各項目の内容が非常に複雑で、かつ体系的であった「金剛界品」の金剛界・大マンダラ（現図・九会マンダラでは成身会）から始まり、第二章の「降三世品」、第三章の「遍調伏品」とそのまま引き継がれていく。

そして、後述のように、各品によって主にマンダラの部分に品別の特徴が表れるが、あちこちで「金剛界・大マンダラのごとし」という言葉が見られるように、先頭の金剛界・大マンダラ（成身会）の構造と諸尊が、『金剛頂経』のマンダラの根底となっていることは記憶にとどめておこう。

要するに、マンダラの内容（故堀内寛仁氏の言葉で「図絵マンダラ」）が、章品を問わず『金剛頂経』

の決め手となるので、先に「遍調伏品」に説かれる六種のマンダラの名前を列挙しておきたい。

(1)遍調伏（一切世間調伏）・大マンダラ
(2)蓮華秘密・印マンダラ
(3)法智・智マンダラ
(4)蓮華羯磨・羯磨マンダラ
(5)四印マンダラ
(6)一印マンダラ

各マンダラの名称のうち、上段がその正式名称で、下段が種類名であるが、第五、第六のマンダラについては正式名称があげられていない。

「印マンダラ」とは、いわゆる三昧耶マンダラのことである。また、「金剛界品」と「降三世品」では「法マンダラ」の言葉が用いられているが、「遍調伏品」と、それに続く「一切義成就品」では、むしろ「智マンダラ」が使用されている。しかし、金剛杵によって象徴される微細な智の働きが「法」（保持するもの）であるので、内容は異ならない。

これら六種のマンダラが、すでに詳しく紹介した「金剛界品」の以下の六種マンダラの「遍調伏品」版であることは、すぐに気がつくだろう。

(1)金剛界・大マンダラ（成身会）
(2)金剛秘密マンダラ（三昧耶会）

(3)金剛智・法マンダラ（微細会）
(4)金剛事業・羯磨マンダラ（供養会）
(5)金剛悉地（成就）マンダラ（四印会）
(6)金剛薩埵・大マンダラ（一印会）

以上の二品における六種のマンダラは、通常のマンダラ研究で使われる種類名でいうと、それぞれ順に、大・三・法・羯の四種マンダラと、四印・一印のマンダラに相当する。こちらの方がわかりやすいので、原則として正式名称よりもそちらを使用したい。

◆遍調伏・大マンダラの出生

現在の日本の密教では、「遍調伏品」の六種のマンダラを含む『初会金剛頂経』の二十八種のマンダラの作例はおろか、文献資料も存在していない。

しかし、唐代密教の概論書ともいうべき不空三蔵の撰述と考えられる『十八会指帰』では、四大品と二十八種マンダラについて概要を記している。

今、「遍調伏品」の最初の部分を紹介しておこう。

「次に、遍調伏大品を説くに、六種の曼荼羅あり。

第一に大曼荼羅なり。三十七（尊）を具す。皆な、観自在菩薩の変現なり。引入弟子の儀を説く。

この中に十六種の速疾に神通三摩地を成就するの儀を説く。（後略）」

漢訳の『三十巻本教王経』や堀内氏校訂の梵本から復元される内容もまったく同軌であり、「金剛界品」の金剛界三十七尊と同数のほとけたちが登場するが、中尊の毘盧遮那（大日）を除くと、いずれも観音の変現したものとされている。

文中の「十六種の速疾に神通三摩地を成就するの儀」とは、蓮華族、つまり密教化した観音諸尊のもたらす功徳・利益を列挙したものである。

さて、「遍調伏品」の大マンダラを説く章は、冒頭の観音菩薩に対する百八名讃から始まる。有力な神や仏にさまざまな名前を列挙して賞讃することは、古くインドのヴェーダ時代に遡るが、『金剛頂経』でも、「金剛界品」では十六大菩薩への百八名讃、また「降三世品」では金剛薩埵に対する百八名讃が説かれている。百八は、仏教では煩悩の数として知られているが、古代インドでは吉祥な数として重視されている。

遍調伏・大マンダラの中央部（ペンコルチューデ寺）

次に、いよいよ法身・摩訶毘盧遮那が、「遍調伏（一切世間調伏）」という大マンダラを説くわけであるが、「すべての世間を規制する（遍調伏）」という形容詞は、マンダラの名前であるだけにとどまらず、密教化された観音のエピテット（あだ名）の一つである。つまり、このマンダラは、観音とその関係尊から成り立つ蓮華部専用のマンダラであることを忘れてはならない。

そこで、次に注意を払いたいのは、マンダラの基本構造である。これについて、高野山大学の乾仁志氏による梵本からの和訳によって見てみよう（なお、以下本章における同氏訳の引用では、一部字句を改めた）。

「さて、ここで最上の大マンダラを説明しよう。

金剛界（マンダラ）のようであり、世間調伏（遍調伏）と称される。

四角形にして、四門あり、四つのトーラナ（鳥居門）で飾られ、四本の線で結ばれ、繒帛（布帯）と華鬘（花輪）で飾られる。

（中略）

その外輪の内側に、四角形の線をめぐらしなさい。門に向いたその第二の四角形の隅を蓮華の相に調えなさい。

八柱の方法で、八葉の蓮華を描きなさい。（後略）」

文中にあるように、構造的には金剛界・大マンダラを基本としているが、乾仁志氏や森雅秀氏の研究にあるように、外郭内部の構造が独特の形をとっている。

つまり、内庭とも呼ばれる城郭形の内側は、第一の四角形を画いたうえで、さらに第二の四角形を九〇度回転させて重ね、各四隅を蓮弁のようにし、八葉の蓮華の形を表現する。実は、この形が蓮華部、つまりハスの花に象徴される観音たちによって形成される遍調伏マンダラの構造的特徴である。

次に、そこに描かれる諸尊の尊名と図像表現の一部を記しておくと、中尊は毘盧遮那（大日）であり、チベット密教に多い白色・四面で智拳印を結ぶ姿で表現されることが多い。

ところで、『初会金剛頂経』の二十八種のマンダラの遺例は、インド・中国・日本では皆無であり、マンダラの宝庫チベットでも、わずかに一、二の例を伝えるにすぎない。ここでは、「降三世品」に続いて正木晃氏の写真をお借りして、ペンコルチューデ寺院の仏塔の壁画に描かれている「遍調伏品」の貴重なマンダラを紹介したい。

さて、『初会金剛頂経』の「遍調伏品」のテキストとペンコルチューデ仏塔の壁画マンダラを総合しながら、マンダラの内容を紹介すると、中央の大日輪の四方は、現図・金剛界マンダラの成身会のように、女尊特有の羯磨衣を着用した金剛波羅蜜などの四波羅蜜菩薩（四金剛女）ではなく、『初会金剛頂経』で、

「金剛、宝、蓮華、雑色の蓮華を（それぞれの）蓮葉の中に入れよ」

と述べる三昧耶形を用いている。

なお、森氏の研究によれば、ペンコルチューデ仏塔の壁画マンダラは、本経というべき『初会金剛頂経』の経文のままではなく、九世紀頃のインドの密教者であるアーナンダガルバの注釈書である『真実灯明』にむしろ依拠しており、四波羅蜜菩薩の三昧耶形（象徴物）も、以下のように少し複雑になっている。

東方　金剛杵のついた蓮華
南方　蓮華のついた如意宝
西方　十六弁の金剛蓮華
北方　四弁の雑色蓮華

また、金剛界・大マンダラの阿閦如来をはじめとする金剛界四仏、十六大菩薩、八供養菩薩、四摂（門衛）なども、蓮華部のマンダラということで独特の尊名に変化している。すべてを紹介する余裕もないので、代表的な数尊を比較・対照しておきたい。

金剛界・大マンダラ	**遍調伏・大マンダラ**
阿閦（東方輪）	世自在（観音）
宝生（南方輪）	阿弥陀（観音の精神的父）
阿弥陀（西方輪）	摩訶薩
不空成就（北方輪）	四面の蓮華（大観自在）
金剛嬉（内の四供養）	蓮華嬉
金剛香（外の四供養）	蓮華香

このように、金剛界・大マンダラを蓮華部尊化したのが、遍調伏・大マンダラである。

◆三昧耶・法・羯磨の三マンダラ

続いて、「金剛界品」のマンダラの第二・第三・第四にあたる遍調伏マンダラの三種をまとめて取り上げよう。

第二の遍調伏・三昧耶マンダラ（蓮華秘密・印マンダラ）では、表現される尊格数は三十七であるが、三昧耶マンダラの固有の表現である象徴物（三昧耶形、シンボル）が仏たちにかわって描かれている。たとえば、中尊の毘盧遮那について本経では「金剛界自在印」を説くが、アーナンダガルバの注釈では、「先端を西に向けて光輝く仏塔」と説明する。

また、いわゆる十六大菩薩にあたる尊格に関しては、本経では「蓮華の印のついた象徴物」を描けと指示するが、個々の三昧耶形については言及がない。

遍調伏・羯磨マンダラ（ペンコルチューデ寺）

八供養や四摂の菩薩たちには、本経はほとんど触れないが、アーナンダガルバの注釈では、持物や印相などの三昧耶形に蓮華の装飾をつけているという。

第三の遍調伏・法マンダラ（法智・智マンダラ）は、これまでの「金剛界品」と「降三世品」の法マンダラと同様に、すべての尊格は金剛杵の中で禅定に入った状態で描かれる。そのことを、梵本では、

「智金剛の中に如来を描きなさい」

と述べている。智とは、金剛杵に象徴される微細な智恵を意味している。マンダラの形態は、基本的には遍調伏・大マンダラと同様であるので、現図・九会金剛界マンダラの微細会と同じく、小さく表現されている金剛杵が特徴となるはずであるが、この点はペンコルチューデ仏塔の壁画では定かではない。

第四の遍調伏・羯磨マンダラ（蓮華羯磨・羯磨マンダラ）は、経文に

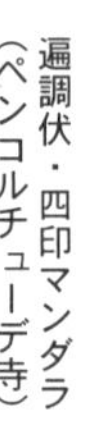
遍調伏・四印マンダラ（ペンコルチューデ寺）

遍調伏・一印マンダラ（同寺）

「蓮華の標幟（シンボル）を持つ」とあるが、現図・九会金剛界マンダラの供養会と同じく、蓮華部の諸尊の活動としての供養を象徴したマンダラである。

配置される尊格は、遍調伏・大マンダラと同じであり、「金剛界品」の金剛薩埵や金剛利などの十六大菩薩に相当する尊格は、十一面、ターラー、不空羂索、馬頭、蓮華舞自在などの蓮華部の変化観音など（それらの多くはヒンドゥー神の姿を持つという）である。

◆遍調伏の四印・一印マンダラ

「金剛界品」と同様、四印と一印のマンダラは、大・三・法・羯の四種マンダラを簡略化したものといえる。

『初会金剛頂経』とアーナンダガルバの注釈『真実灯明』、およびペンコルチューデの壁画マンダラを用いて説明すると、マンダラ全体の形態は、遍調伏・大マンダラとほとんど同様である。ただし、マンダラの周囲に表現されていた千仏（いわゆる賢劫の千仏）は認められない。

マンダラの種類名の「四印マンダラ」は、「金剛界品」のように、中尊（ここでは白色の毘盧遮那）の周囲に四印を配置することに基づいているが、文献では固有名は記されていない。

なお、『初会金剛頂経』を一段と進化させた『真実灯明』では、五種の四印マンダラを説く。ペンコルチューデ塔院内の壁画マンダラもそれに忠実に従っている。そのうち、中心となる毘盧遮那・四印マンダラは、中央に白色の毘盧遮那、周囲（四方）に遍調伏（観自在）などの四尊を配するが、周囲の四尊は、三昧耶形すなわちシンボルで表現されている。

『初会金剛頂経』には直接の言及のない他の四種の四印マンダラでは、遍調伏尊などの四尊をそれぞれ中尊にして、周囲に菩薩を配するが、最初の毘盧遮那・四印マンダラのように、中央に「仏のすがた」を、その四方には「金剛の蓮華など」のシンボルを描いている。

「遍調伏品」の最後となる一印マンダラは、やはり「金剛界品」の一印マンダラのように、中心となる一尊の大印（尊形）を表現するマンダラである。

具体的には、「種々の色（すがた）」とも呼ばれる遍調伏尊、すなわち観自在菩薩の一尊だけを中央に大きく表現している。日本で流行した現図・九会金剛界マンダラの一印会のやり方と同じであるが、「遍調伏品」が蓮華部のマンダラであるので、一尊は当然、観自在菩薩となる。

また、日本のマンダラでは、そこに配置される尊形に重点が置かれるが、チベットに残るマンダラでは全体の構造も忠実に伝えている。

一切義成就品へ ── 虚空蔵菩薩のマンダラ

◆「一切義成就品」とは

本書の第二章から始まった『初会金剛頂経』の「四大品」のマンダラの紹介も、最後の第四章にあたる「一切義成就品」までたどりついた。

梵本と漢訳『三十巻本教王経』では、このあと「外篇・教理分」（注釈書では、「続タントラ」と「続々タントラ」と呼ばれる）という付属部分があるが、思想的にも、実践的にもさほど重要な意味を持たないので、ここではとくに取り上げない。

先にも触れたように、『金剛頂経』には「四大品」と呼ばれる四つの章があり、それぞれの部族（ほとけのグループ）と対応し、かつその部族を代表する特定の尊格が中心的役割を果す。そして、最後に取り上げる「一切義成就品」、つまり「あらゆる目的（とくに生産と財宝）を成しとげる（ほとけの）章」では、他品と同様に、教主としての毘盧遮那（大日）如来は厳然として存在しているものの、実際には摩尼部、もしくは宝部といわれるほとけたちの筆頭菩薩である虚空蔵（顕教名）とその関連尊が中心的役割を持っているのである。

◆「一切義成就品」の構成

「一切義成就品」は、該当する漢訳の『三十巻本教王経』では次の部分に相当する。

「一切義成就大曼拏羅広大儀軌分」第十九
「宝秘密印曼拏羅広大儀軌分」第二十
「智曼拏羅広大儀軌分」第二十一
「羯磨曼拏羅広大儀軌分」第二十二

このように、漢訳の節分（広大儀軌分）が四つあることは、『金剛頂経』が異なる多数のマンダラを集成した複合密教経典であることを示しており、しかも「四」というのは、世にいう「大・三・法・羯」の四種マンダラを示している。

ただし、厳密にいうと、後述のように、「一切義成就品」にも『金剛頂経』の共通要素として、各品に最低六つのマンダラが説かれているので、第五のマンダラ（四印マンダラ）と第六のマンダラ（一印マンダラ）は、第四の羯磨マンダラの末尾に簡単に要約されているにすぎない。

さて、「一切義成就品」の六種マンダラを含む『初会金剛頂経』の二十八種のマンダラについて、現在の日本密教では、唐代の密教の大家・不空三蔵の『十八会指帰』に簡単な説明があるのみである。この重要な密教概論書は、弘法大師空海が初めて中国から持ち帰っており、空海自身が請来した巨大な金剛界九会マンダラ以外にも、より広義の『金剛頂経』のマンダラ思想がわが国に伝わっていたことを示している。

名著『十八会指帰』の「一切義成就品」の最初の部分を紹介しておこう。

「次に、一切義成就大品を説くに、中に六種曼荼羅あり。

第一に、大曼荼羅なり、三十七（尊）を具す。この中に引入弟子儀を説く。この曼荼羅に入るに由って、貧匱業（貧困や欠乏をもたらすこと）を除く。

豊財を求め、仏・菩薩位および世間の栄位を求むることを説く」

すなわち、後述の六種のマンダラを説くとともに、新しい弟子をマンダラに導く阿闍梨の作法を必要とする。

また、この「一切義成就品」のマンダラの意義が、貧困を逃れて、富や幸福、あるいは出世・栄達などの財宝・生産系の願望の成就であったことが理解される。

聖なる仏と瑜伽（合一）して、いわゆる即身成仏をすることが「金剛界品」の目標であったのに対し、「降三世品」では悪の降伏が、「遍調伏品」では観音菩薩に代表される救済が、そして「一切義成就品」では、虚空蔵菩薩に象徴される現世での幸福・幸運が望まれるのも無理からぬことである。

◈具体的な内容

次に、漢訳と梵本によりながら「一切義成就品」の具体的内容を眺めてみると、『十八会指帰』にも言及のあるように次の六種のマンダラが説かれている。

(1)一切義成就・大マンダラ
(2)宝秘密・印マンダラ
(3)宝智・智マンダラ
(4)宝羯磨・羯磨マンダラ
(5)四印マンダラ
(6)大マンダラ（一印マンダラ）

表記のうち、上段が正式・固有のマンダラ名であるが、第五のマンダラは経典テキストには正式名は記されていない。

また、第六のマンダラは、経典に「大マンダラ」という言葉はあるものの、それを採用すれば第一のマンダラと区別できない。

下段は、いわゆる種類名であるが、「遍調伏品」の場合と同様に、「金剛界品」に説かれる六種マンダラの「一切義成就品」版といえる。

各マンダラの実例については、チベットのものを用いて後で順に紹介したいが、くり返し触れてきたように、各マンダラのほとけの出生と、それぞれの真言に加えて、いずれのマンダラでも必ず以下のような実践次第を伴っている。

(1)最勝マンダラ王の三摩地
(2)阿闍梨の所作と入壇作法

⑶悉地智
⑷四種印智

このような構造は他の諸品と同様であるが、後に行くにしたがって次第に簡単になったり、省略されたりしている。

なお、⑵の入壇作法の中心を形成するマンダラの表現（図絵マンダラ）の個所で用いられる諸尊の真言の多くには、「摩尼（マニ）」という言葉が入っている。「マニ」とは、「チンターマニ」（如意宝珠）という語があるように、「思いのものを生み出す不思議な宝石」をさしており、虚空蔵菩薩の持物として、広く知られている。日本では、同じ財宝尊として虚空蔵菩薩と対となる地蔵菩薩の持物の一つとしても、人びとに親しまれている。

◆一切義成就・大マンダラの出生

さて、「一切義成就品」の大マンダラを説く個所は、冒頭の虚空蔵菩薩に対する百八名讃から始まる。すでに見てきたように、「金剛界品」などの前の三章で大マンダラが説かれる場合にも、まずその章で中心となるほとけに対する百八名讃による勧請から始まっていた。

この「一切義成就品」の場合、いわば本尊の虚空蔵菩薩に対する百八の名称が掲げられるが、財宝を恵み、灌頂を与える虚空蔵菩薩の働きと功徳を意識して、「大宝」「金剛宝」「如来大宝」「大灌頂」「一切宝」などの名称が顕著である。

次に、いよいよ大マンダラの基本構造の記述に入るが、前半と後半の二つの部分に分かれる。


「さて、ここで最上の大マンダラを説明しよう。

金剛界（大マンダラ）のようであり、一切（義）成就と称される。

四角形にして、四門あり、四つのトーラナ（鳥居門）で飾られ、四本の線で結ばれ、繒帛（布帯）と華鬘（花輪）で飾られる。

すべてのマンダラの隅（四隅）と門扉のところに金剛宝をちりばめて、外輪を線引きしなさい」（乾仁志氏訳）

以上がマンダラ構造の外輪部で、「金剛界（大マンダラ）のように」という言葉のあるように、基本的には他の諸品のマンダラと同じである。むしろ異なるのは後半部で、その内院（内庭）部については次のように記されている。

一切義成就・大マンダラ
（ペンコルチューデ寺）

「その（外輪）内側に、金剛宝からなる宮殿を作りなさい。八柱の方法で、そこに線を引きなさい。

五つのマンダラ（五輪壇）を荘厳し、種々の宝光によって輝く」（同前）

次に、例によって正木晃氏撮影のペンコルチューデ寺院の塔中の壁画の写真をお借りして、経文の記述と対照してみよう。

一切義成就・法マンダラ（ペンコルチューデ寺）

ただし、同寺院の壁画マンダラのうち、最初に取り上げるべき一切義成就・大マンダラは、マンダラの中心部の前に支柱が補助されており、視界を妨げているが、中央と周囲の四方を構成する五輪壇は、金剛界・大マンダラと同様、それぞれの四菩薩（中央輪のみ四種の三昧耶形）をともなった二十五尊からなっている。

とくに、四方の各円輪の外側のみに三弁型の宝珠表現を用いているのは、経文中の「種々の宝光によって輝く」という記述を具体化したものか。この三弁の独特の意匠が、この「一切義成就品」のマンダラに通じる特徴である。

なお、登場するほとけの尊名でいうと、中央輪の中尊が毘盧遮那（大日）如来であることは、『金剛頂経』の他の諸品とも共通であるが、四方輪の中央の四仏にあたる個所が、以下のような独特の尊格にかわっている。

金剛界・大マンダラ	一切義成就・大マンダラ
阿閦（東方輪）	一切義成就（金剛蔵＝虚空蔵）
宝生（南方輪）	宝鬘
阿弥陀（西方輪）	宝蓮華
不空成就（北方輪）	宝雨

ほとんどすべての尊名に「宝（ほう）」「蔵（ぞう）」という字がつくことから、「一切義成就品」が宝（摩尼）部のマンダラであることは明白である。

◈三昧耶・法・羯磨の三マンダラ

わが国の金剛界マンダラの定番である九会マンダラのうち、第二会（三昧耶会）・第三会（微細会）・第四会（供養会）に対応する「一切義成就品」の三マンダラが、同様に存在している。なお以下のマンダラ紹介では、先に紹介した正式名ではなく、一般によく知られている種類名を主に用いることにする。

まず、大マンダラに続く一切義成就・三昧耶マンダラ（宝秘密・印マンダラ）は、全体の中尊となる中央輪の毘盧遮那（大日）如来のみ、白色の尊形で描かれているが、その他の尊はいずれも刀剣や蓮華などの象徴物で表現されている。その内容は、「金剛界品」の三昧耶マンダラ（三昧耶会）のものと原則として同じであるが、多くの場合、摩尼（宝）の印をつけたものとなっている。

金沢大学の森雅秀氏の報告によれば、『初会金剛頂経』では、大日如来を取り囲む四波羅蜜のシンボル（三昧耶形）と、先に触れた四仏にかわる四尊のシンボルは以下のとおりである。

尊名	三昧耶形
金剛波羅蜜	摩尼
宝波羅蜜	摩尼の輪（りん）
法波羅蜜	蓮華の中の摩尼

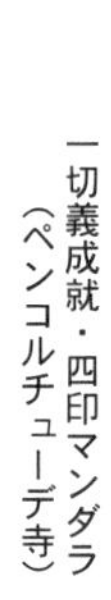
一切義成就・四印マンダラ
（ペンコルチューデ寺）

羯磨波羅蜜　蓮華の摩尼に囲まれた摩尼
一切義成就　大きな宝の摩尼
宝鬘　二つの目をともなった摩尼
宝蓮華　摩尼と蓮華を組み合わせたもの
宝雨　宝のついた摩尼

一切義成就・法マンダラ（宝智・智マンダラ）も、これまでの「金剛界品」「降三世品」「遍調伏品」の法マンダラと同じく、三昧（さんまい）耶形に入り、胸の部分に各自のシンボル（三昧耶形）を置いた姿で描かれる。九世紀頃のインドの密教学僧のアーナンダガルバの注釈書『真実灯明』によれば、「五鈷金剛杵（ごここんごうしょ）の中に結跏趺坐（けっかふざ）ですわり」とあり、金剛界九会マンダラ中の微細会の表現を想起させるが、ペンコルチューデ仏塔の壁画マンダラからは、背後の金剛杵は確認しがたい。

一切義成就・羯磨マンダラ（宝羯磨・羯磨マンダラ）については、『初会金剛頂経』の記述は非常に簡単になっている。しかし、大マンダラのように「仏のすがた」を描いているので、印相や持物の異なるわかりやすい表現となっている。「金剛界品」の羯磨マンダラにあたる九会マンダラ中の第四会の供養会では、十六大菩薩などは、手で持った蓮茎（れんけい）の先の蓮華にシンボルをのせるが、「一切義成就品」のケースでは大マンダラと異ならない。

◆四印と一印のマンダラ

『金剛頂経』のマンダラは、四大品のいずれもが、最後に四印から一印という形で集約していく。このうち、一切義成就・四印マンダラについていえば、『初会金剛頂経』には「四印マンダラの方法でマンダラを考察しなさい」と記すのみで、具体的な言及はない。しかし、アーナンダガルバの注釈書では、中央輪の毘盧遮那（大日）如来を中尊とし、その四方に、

東方　蓮華と月輪にのった金剛宝
南方　金剛摩尼の芽
西方　摩尼の蓮華
北方　摩尼の雨

という三昧耶形を配する四印マンダラのほか、一切義成就尊以下の四尊をそれぞれ中尊とする四種の四印マンダラの、計五種のマンダラを説いている。ペンコルチューデ仏塔のものもこれに従っているので、前ページに毘盧遮那を中尊とするものを紹介しておこう。

最後の一切義成就・一印マンダラは、有名な「金剛界品」の一印会と同じく、マンダラ全体を一尊に集約したものである。現図・九会マンダラでは、一印会は金剛界大日如来が表現されているが、経

一切義成就・一印マンダラ（同寺）

日本の求聞持法の本尊・虚空蔵菩薩（『別尊雑記』）

文を見ると金剛薩埵の方が妥当である。

「一切義成就品」の場合、経文も一切義成就尊を登場させる。ところで、右手を与願印にして、膝上に垂れるその姿は、わが国の求聞持法の本尊・虚空蔵菩薩の図像と類似する。

また、求聞持法の典拠とされる善無畏訳の『虚空蔵菩薩能満諸願最勝心陀羅尼求聞持法』の冒頭、経題と訳者名の間に、

「金剛頂経成就一切義品より出だす」

とある。『宋高僧伝』の善無畏伝はこのことを少し詳しく取り上げる。この記述が事実なら、空海は、金剛界・大マンダラまでしか説かない不空訳の『三巻本教王経』をはるかに越えて、たとえ原初形態であったとしても、「一切義成就品」まで知っていたことになる。

善無畏が伝えた『金剛頂経』の内容については、円珍請来の『五部心観』の問題と合わせて、第七章で検討することにしたい。

八十一尊マンダラ周縁のほとけたち

第六章……………金剛頂経のほとけたち

密教菩薩の代表・金剛薩埵

その意義と図像

◈真言密教の金剛薩埵

日本の真言密教の教義体系のほとんどすべてを作り上げたのは、唐の都・長安で金剛界・胎蔵という両部の密教を師の恵果和尚から授かり、それをわが国に伝えた空海その人である。後に弘法大師として特別の信仰を集めた空海の『金剛頂経』観は、第七章で改めて紹介したいが、中でも特筆すべき密教史観は、密教的実在の当体ともいうべき法身・大日如来から空海その人に至る「法」の悠久の流れである。

空海の歴史観、もう少し言葉を厳密に使えば密教史観を表した『秘密曼荼羅教付法伝』（略称『広付法伝』）によれば、密教の教え、というよりも『金剛頂経』によって象徴される密教そのものは、法身という最高実在としてのあり方である大日（大毘盧遮那）如来から、次のように現実の世界に伝えられてきたという。

第一祖　法身・大日如来
第二祖　金剛薩埵
第三祖　龍猛菩薩
第四祖　龍智菩薩

第五祖　金剛智
第六祖　不空
第七祖　恵果
（第八祖）　空海

空海は、自著には自らのことを「第八祖」と書くことはなかったが、中国密教の大阿闍梨である恵果和尚から金胎両部の密教の灌頂を受け、いわゆる伝法大阿闍梨になったので、自らが第八祖であるとの信念を強く持っていたことは疑いない。

これらの八祖と、別に空海の真作としては近年疑義のある『真言付法伝』（略称『略付法伝』）に追記される『大日経』系の法脈に属する善無畏三蔵と一行禅師の二師の事蹟と意義については、松長有慶博士の労作『密教の相承者』（評論社、一九七三年。のちに『密教――インドから日本への伝承』中公文庫、一九八九年として復刊）に詳しい。そして、ここで大切なことは、法身如来の説法を受け、それを神話的・宗教的世界から歴史的世界への媒体となる伝承の世界を象徴する龍猛、そして龍智へとつなぐ接点として、密教の代表的菩薩である金剛薩埵が非常に重要な役割を果していることである。

金剛薩埵（御室版）

この点に関して、空海の『広付法伝』では、わずか数行だが以下のように述べている。

「第二の祖、縛曰羅薩怛縛（ヴァジュラサットヴァ／金剛薩埵）摩訶薩怛縛（マハーサットヴァ／摩訶薩、大士）、親たり法身如来の海会（集会）に対して灌頂の職位を受く。

（中略）

毘盧遮那（大日）如来のいわく、

汝ら将来に無量の世界において、最上乗者（密教を求める者）のために、現生に世・出世間の悉地（完成）を成就することを得さしめよ。

と」

すなわち、ダイヤモンドのように高貴で、かつさとりの堅固な密教の菩薩である金剛薩埵は、密教の本尊ともいうべき大日如来から灌頂によって教えを受けつぎ、次代の人びとに伝える後継者たるべき第二祖の栄誉を担うほとけなのである。

なお、空海の上述の引用の後半部分は、そのあとに「つぶさには（詳しくは）、『経』に説くがごとし」とあるように、『金剛頂経』系の経典からの引用であることを示している。もっとも、厳密にいえば、この経典は本書で直接のテキストとしている『初会金剛頂経』ではなく、わが国では通称『分別聖位経』と呼ばれている不空三蔵の訳した『略述金剛頂瑜伽分別聖位修証法門』一巻であり、広義の『金剛頂経』を形成する一本である。

ともあれ、空海の理解した『金剛頂経』は、広義の『金剛頂経』をさすことが多く、それらから空海は、法身・大日如来から密教を受けつつ、それを伝承と歴史の世界における祖師へと伝える重要な存在として、密教の代表的菩薩である金剛薩埵を位置づけたのである。

◆金剛手から金剛薩埵へ

わが国では「純密(じゅんみつ)」とも呼ばれて絶対視されている『金剛頂経』の本尊である大日如来の教えを引きつぐ直弟子として、金剛薩埵が特化されたことは、空海の言葉を借りて先に説明したが、なぜ金剛薩埵という独特のほとけが選ばれたかという理由を考えておく必要があろう。

私が専門的に取り組んでいる密教尊格史(ほとけの生いたちの研究)の立場から話をすると少し長くなるが、『金剛頂経』で初めて「金剛薩埵」(高貴で、堅固な存在)という密教名(詳しくは心呪名(しんじゅ))を与えられた菩薩は、古くは仏陀につき従って侍衛(じえい)する金剛手(こんごうしゅ)、もしくは執金剛(しゅこんごう)(ヴァジュラパーニ)という存在のイメージを意識したものであった。

脇侍の一尊としての金剛手(オリッサ)

漢訳の「金剛手」「執金剛」という言葉からうかがえるように、その手に「金剛」、つまり金剛杵(こんごうしょ)(ヴァジュラ)という古代インドの武器(主に金属でできた亜鈴(あれい)状の短棒)を持った一種のガードマンで、仏陀釈尊の伝記(仏伝)によると、精霊神的な存在として仏陀に影のようにつき従い、それを守っ

『大日経』系といわれる金剛手の金銅仏

ていたという。のちに、仏像として表現される際には、ギリシャ、ローマ、イランという西方文明の神像の影響を受け、力を誇る英雄神ヘラクレスの姿を意識して造形化されたこともある。

このヴァジュラパーニこと金剛手が、常に仏陀釈尊につき従うことから、単なるボディガードから次第に説法の聴聞者の役割を得るに至ったのは当然の流れである。その結果、『金剛頂経』にやや先行する中期密教経典の『大日経』では、菩薩の代表者である普賢菩薩と、十九尊を数える執金剛神の代表である金剛手（菩薩）が、本尊・大日如来の説法を聴く代表となり、しかも金剛手は質問を発することのできる栄誉すら受けることになる。

このように金剛手はその力強い性格から、仏陀の教えの中でもとくに深遠な密教の受け手として活躍し、そのような金剛手菩薩の中でも、『金剛頂経』の中で新たに密教名を得た金剛薩埵がナンバー2の位置を得ることになったのは自然の勢いであった。

◆十六大菩薩筆頭の金剛薩埵

いわゆる『初会金剛頂経』の最初の基本的マンダラである金剛界・大マンダラに登場する十六大菩薩の筆頭としての金剛薩埵の出生の場面は、本書の第二章で取り上げたが、その複雑なマンダラ上の出生について要点のみ、復習をしておきたい。

金剛界・大マンダラの中央に出生した世尊・毘盧遮那如来、換言すれば成仏した報身の金剛界如来は、再びマンダラ全体の無限定なる実在である法身・大毘盧遮那と一体化して、普賢大菩薩の象徴（三昧耶）より出現した薩埵加持金剛という名称の三昧（瞑想における精神集中）に入る。

そこで、世尊・毘盧遮那如来の心臓から「一切如来の大乗現証の三昧耶」（大宇宙を表す一切如来のさとりの象徴）という心呪（中心となる短い真言）を生起させる。この心呪が「バザラサトバ（ヴァジュラサットヴァ）」であり、これがほとけとしての金剛薩埵の原語となる。

こののち、非常に壮大で神秘的な宇宙ドラマが展開され、最終的には十六大菩薩の最初の金剛薩埵が、次のように金剛界・大マンダラの中にその姿を現すのである。

「時に普賢大菩提薩埵の身は、世尊の心より下って、一切如来（ここでは阿閦如来）の前の（小）月輪に依って、しかも住す」

要約すれば、『華厳経』などの大乗仏教以来の菩提心（さとりの心）と行願（修行と誓願）を象徴する普賢菩薩は、金剛界・大マンダラでは、密教の菩薩として新しい生命を得、新たな心呪名と灌頂名（金剛名）をいただいた金剛薩埵として準主役のポストを得たのである。

◆金剛薩埵の姿・形

このように初めて正式に密教のマンダラに出生した金剛薩埵であるが、その具体的表現、すなわち図像については、文献資料に関して大きな問題が生じている。

直接の文献根拠というべき不空訳の『三巻本教王経』の金剛界・大マンダラ（現図・九会マンダラでは成身会）の個所では、

「時に金剛手菩薩摩訶薩（金剛薩埵）は、左（手）は慢（金剛拳）にし、右は舞にして、跋折羅（金剛杵）をもてあそび、則ち彼の金剛（杵）を自らの心に安んじ、増進の勢い（投げ上げるしぐさ）に持して、この嗢陀南（感興詩）を説けり」

とあり、具体的には、左手は五指を固く握った金剛拳（ジャンケンのグー）にして、右手で胸の前で五鈷の金剛杵を立てて持ち、それを投げ上げるしぐさをすることが説かれている。

『初会金剛頂経』の思想・教義を忠実に継承したとされる『理趣経』、とくに同じ不空訳の『大楽金剛不空真実三昧耶経』でも、初段（第一章）の末のところで、

「金剛手菩薩摩訶薩（金剛薩埵）は、

（中略）

左手は金剛慢印になし、右手は本初大金剛（すばらしい金剛杵）を抽擲して（投げ上げて）、勇進の勢（勇ましい姿）をなし、（後略）」

と説いているように、右手で金剛杵を立てて持つ（投げ上げる）ことは、『金剛頂経』系の密教の広まった地方や時代には図像的に定着したようである。

次に紹介するインドの各博物館に見られる石造、もしくは鋳造の金剛薩埵像は、ほとんどが右手の上で

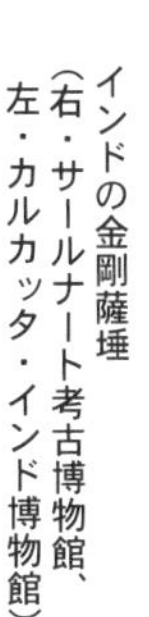

インドの金剛薩埵
（右・サールナート考古博物館、
左・カルカッタ・インド博物館）

金剛杵を立て持っている。

これに対し、御室版などの高雄マンダラ系の図像に依拠するほとんどすべての現図マンダラや図像集の金剛薩埵は、インド・チベット・東南アジアの金剛薩埵像のように、右手のひら（上）で金剛杵を立て持つことはせずに、右手ではっきりと金剛杵を握り込むポーズをとる。

これと似た例に空海（弘法大師）像があり、その場合は、さらに一層深く金剛杵を握り込んでいる。

◆左手の金剛鈴

金剛薩埵の姿・形を論じる場合、最も重要な意味を持つのは、その左手に、一方が金剛杵の切っ先（五鈷が最も多い）を持ち、反対側に音を出せる鈴をそなえた金剛鈴を握るか否かという点である。

結論を先取りすると、日本でも現図の金剛界マンダラに見られるように、ほとんどすべての金剛界マンダラの金剛薩埵は、右手は金剛杵を、左手は膝上で金剛鈴を握っている。も

金剛鈴を持たない金剛薩埵
（『五部心観』法明院本）

っとも、九会マンダラの中央の成身会中の東方・阿閦輪内側の金剛薩埵は、図柄が小さく見にくいので、図柄の大きな四印会や理趣会を参照すると、すべて杵（右）と鈴（左）を持つ金剛薩埵である。

インド・チベットでも、前ページに写真を示したインドのサールナート考古博物館とコルカタ（カルカッタ）のインド博物館の両像のように、右手で金剛杵、左手で金剛鈴を持つものは金剛薩埵と特定できるが、金剛鈴を持たずに、虫を追い払う払子を持ったり、時には一方の手に何も持たない際には、むしろ「金剛手」菩薩としておくことが多い。この場合は、中央の如来像につき随う脇侍として、蓮華を持つ蓮華手、すなわち観音と一対になることが一般的である。

文献資料に遡って検討すると、すでに触れたように、七世紀中頃すぎには成立していたと考えられる『初金剛頂経』では、漢訳の『三巻本教王経』を見ても、右手に金剛杵、左手に金剛鈴を持つ金剛薩埵は、まったく説かれていない。『初会金剛頂経』の完成形態といわれる現存梵本と、宋代（十世紀後半）の施護訳の『三十巻本教王経』にも認められない。

ところが、インドで三点作られた『初会金剛頂経』の注釈書のうち、八世紀から九世紀頃に活躍したと想定されるアーナンダガルバの注釈書である『真実灯明』にのみ、右手に金剛杵、左手に金剛鈴を持つ金剛薩埵が十六大菩薩の一つとして説かれている。

しかし、作例的に見ると、七世紀末から八世紀前半の作と推定されるインドのサールナート考古博物館の白砂岩製の金剛薩埵像は、円筒形の宝冠をかぶった上で、右手で金剛杵を立て持ち、左手は膝の上で金剛鈴を握っている。この像の制作下限を八世紀中頃まで下すとしても、密教図像の大家アーナンダガルバの生存していた時代よりは遡ることは確実である。

『金剛頂タントラ』のマンダラ

そこで思い浮かぶのは、最近とくに注目を集めている『金剛頂タントラ』という密教経典である。この経典は漢訳されなかったといわれ、梵本も伝わっておらず、ただチベット訳のみが残されているにすぎないことから、高野山大学の故酒井真典博士が広義の『金剛頂経』の第三会にあたると発表されるまで、わが国の密教学では取り上げられなかった。

十八会の『金剛頂経』の第三会とされる『金剛頂タントラ』では、初会の『金剛頂経』（『真実摂経』）をさらに発展させて、二種の金剛薩埵が登場する。つまり、十六大菩薩としての金剛薩埵と、阿閦如来の東方輪の左（東南）に新たに設けられた金剛部五秘密輪の中尊としての金剛薩埵である。

五秘密（『理趣経十八会曼荼羅』醍醐寺）

金剛薩埵とその周囲に欲・触・愛・慢という愛欲系の菩薩を配して、世にいう「煩悩即菩提」を説く五秘密の思想と美術は、日本では『理趣経』のものとして流行したが、起源的には第三会の『金剛頂経』である『金剛頂タントラ』にまで遡及する。なぜならば、『理趣経』は、少し下る第六会の『金剛頂経』であるから。

このように、初会の『金剛頂経』では、十六大菩薩筆頭としてのみあった金剛薩埵は、第三会の『金剛頂経』では、新たに五秘密という独特の菩薩グループの中尊ともなり、そこでは右手に金剛杵、左手に金剛鈴をもって表現されている。

後世のインド密教教学では、金剛杵（ヴァジュラ）が方便の慈悲を、金剛鈴（ガンター）が般若の智恵を象徴するとされるが、図像的には、元来あいていた左手に三十七尊の最後の金剛鈴菩薩の持物をあてて、最初の金剛薩埵の中に金剛界マンダラの菩薩を統一したのであろう。

この金剛薩埵に、さとりと迷いを統合した密教菩薩としての重要な意義を与えたことが、有名な『理趣経』につながって行くのである。

マンダラを守護するほとけたち

四大明王と二十天

◆金剛界マンダラの明王

両部・両界マンダラとして金剛界マンダラと一対となる胎蔵マンダラでは、本尊となる胎蔵大日如来と四仏・四菩薩からなる中台八葉院の下（西）側に、通称「持明院」と呼ばれる区画があり、向かって右側から不動・降三世・大威徳・勝三世の四体の忿怒明王像が描かれている。

厳密にいえば、降三世と大威徳の中間に、女尊の般若菩薩が肌を見せない独特の衣服を身につけ、智を象徴する梵経を持つ姿で位置しているが、大日如来などの如来が容易にいうことを聞かない者たちを教化するためには、他の妨害や煩悩などを強力に調伏する忿怒の力のほとけ、すなわち明王が必要なのである。

十二のブロック（院）を持つとはいえ、観音院、地蔵院など特有の働きを持つほとけたちが同時に集合する胎蔵マンダラでは、仏を守り、しかも教化しがたいものたちを調伏する明王たちも一つのグループを構成するのでわかりやすい。しかし、ひとまず完結した『金剛頂経』の各マンダラを並べて再構成した現図・九会金剛界マンダラでは、第八会の降三世会において、東方の阿閦輪の四親近（四方を取り囲む）菩薩の筆頭の金剛薩埵が、三面八臂の降三世明王に変化して表現されるのみである。

なお、金剛手菩薩（金剛薩埵）が忿怒の姿となって、仏教に従わない大自在天（シヴァ神）とその后妃（ウマー妃）を降伏する話が、第二章の「降三世品」のテーマとなっていることは有名であり、既に本書の第五章でも紹介したとおりである。

それゆえ、少なくともわが国で一般に金剛界マンダラとして用いられる現図・九会の金剛界マンダラでは、具体的には三つの顔と八本の手に様々な武器を持つ降三世明王の姿（降三世会）と、その三昧耶形である羯磨杵（降三世三昧耶会）しかうかがうことができないが、異系統の金剛界マンダラである金剛界八十一尊マンダラでは、何と降三世以外にも三体の明王が登場し、四大明王のグループを形成している。

そこで、現図・九会の金剛界マンダラを一度離れて、珍しいと評価されながら、調べてみると案外、日本中にも普及していた金剛界八十一尊マンダラについて取り上げておこう。

◆金剛界八十一尊マンダラとは

近年、新たに関心を集めている金剛界八十一尊マンダラを『密教辞典』（佐和隆研編、法蔵館、一九七五年）でひくと、次のようにその内容を詳しく説明する（一部、字句を修正した）。

「金剛界曼荼羅中の成身会の独立した曼荼羅で、三十七尊・四大神（第一重）、賢劫十六尊（第二重）、外院二十天・四大明王（第三重）を描いて計八十一尊。

空海・円仁の請来で、妙法院版がある。現図の成身会との相違は、四仏が菩薩形で、十六大菩薩・賢劫十六尊と共に宝冠を戴き、四波羅蜜・八供養・四摂の菩薩が女形で天冠を着ける。

賢劫千仏の代りに十六尊、第三重四隅には、降三世羯磨会のような天女形でなく、四天明王、即ち降三世（東南）・軍荼利（西南）・大威徳（西北）・不動（東北）が坐る。

最も特徴的なのは、三十七尊が蓮華座でなく、鳥獣座に乗ることである。（後略）」

今から約四十年前の出版なので、漢字の多い難解な文章であるが、図像学的には現代にも通用する内容である。すなわち、現図・九会金剛界マンダラの中央の成身会（マンダラとしての正式名称は「金剛界・大マンダラ」）とは異なり、賢劫の千仏にかわって弥勒菩薩をはじめとする賢劫の十六尊が配される。そして、中央の大円輪を四隅から救護ネットのように抱き持つ地天・水天・火天・風天の四大神とともに、四角形の外院の四隅には、ここでの中心テーマとなる降三世などの四大明王が配されているのだ。

現図・九会金剛界マンダラの成身会のほとけの総数が、小さな顔だけの賢劫の千仏を含めて千六十一尊であったのに対し、この金剛界マンダラは、まさにほとけの数を基準にして「金剛界八十一尊マンダラ」と呼び習わされている訳である。

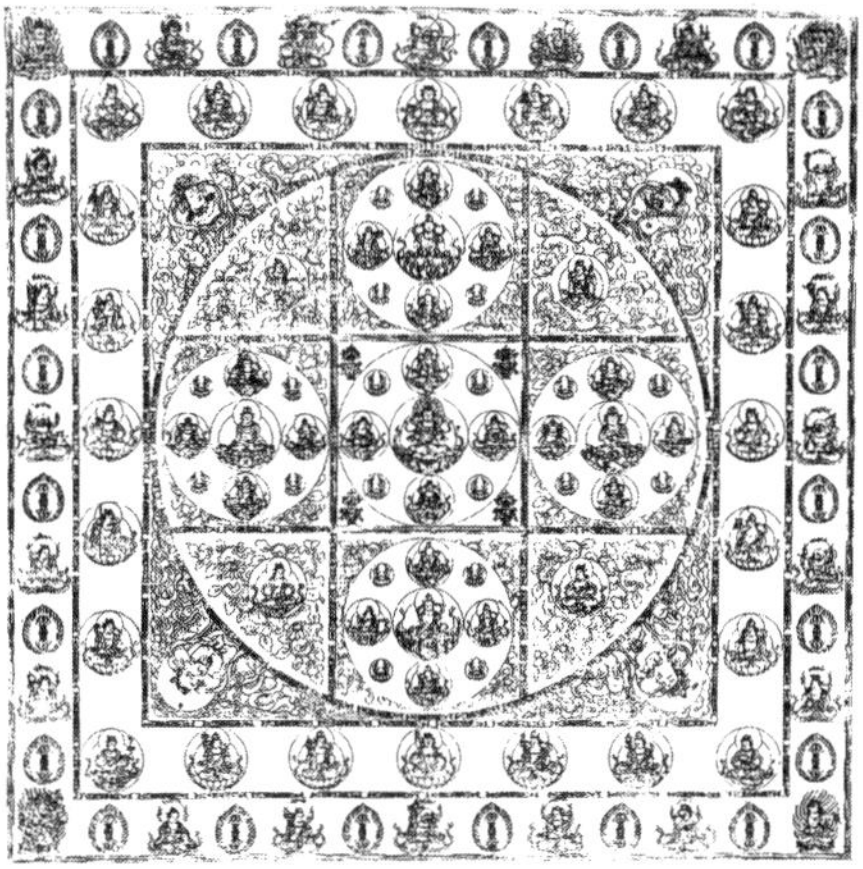

金剛界八十一尊マンダラ（妙法院版）

最初の請来者であったのちの弘法大師こと空海は、帰朝目録ともいうべき『請来目録』では、「仏像等」の条項で、「金剛界九会曼荼羅」とは別に、

「金剛界八十一尊大曼荼羅　一鋪　三幅」

と記しており、約百六十センチほどの小型の「金剛界八十一尊マンダラ」を持ち帰っていたことは明白である。

◆金剛界八十一尊マンダラの図像的特色

『密教辞典』にはっきりと説明されているように、一会であり、登場するほとけの数が八十一尊というほかに、いわゆる五仏をはじめとする金剛界の三十七尊が、次のような特定の鳥獣に乗る点が特徴的である。

鳥獣座	尊格名		
(1)獅子座	大日		
(2)象座	阿閦	金剛薩埵・金剛王・金剛愛・金剛喜	金剛波羅蜜など
(3)馬座	宝生	金剛宝・金剛光・金剛幢・金剛笑	宝波羅蜜など
(4)孔雀座	阿弥陀	金剛法・金剛利・金剛因・金剛語	法波羅蜜など
(5)金翅鳥座	不空成就	金剛業・金剛護・金剛牙・金剛拳	羯磨（業）波羅蜜など

同様の鳥獣座の例としては、円珍請来で、善無畏系の『金剛頂経』・金剛界マンダラといわれる『五部心観』がある。

また、同内容の五種の鳥獣座を説く文献資料としては、早く奈良時代に日本にも伝わった金剛智訳『金剛頂瑜伽中略出念誦経』（略称『略出念誦経』）があるが、もう一つの特徴である外院の四隅を守る降三世などの四大明王は説かれていない。

◆金剛界八十一尊マンダラの遺例

先の『密教辞典』の解説にもあったように、異系統の金剛界マンダラである金剛界八十一尊マンダラは、空海と円仁という二人の入唐僧によって中国から日本に伝えられたため、真言・天台の両宗において、いわば秘仏的な扱いを受けながら、静かに深く広まったようである。仏教美術の分野では、これまで高田修、有賀祥隆、錦織亮介、小久保啓一、武田和昭の各氏、そして私などの研究者が関心を持ち、二十点余りの作例が紹介されている。

彩色された絹本、もしくは紙本のものとしては、次の例が有名である。

(1)奈良国立博物館本（如法寺旧蔵）
(2)根津美術館本（金剛輪寺旧蔵）
(3)兵庫・太山寺本
(4)出光美術館本（鎮国寺旧蔵）
(5)滋賀・延暦寺本
(6)東京・寛永寺本
(7)愛媛・等妙寺本

また、近年、紹介された、

(8)兵庫・寿福寺本

も、図像や系統の上で重要な情報をそなえており、貴重である。

このほか、版本と白描図像には以下のものが知られており、いずれも研究資料として重要である。

(9)石山寺版（『大正大蔵経　図像部』第一巻所収）
(10)妙法院版（同・第二巻所収）

⑾叡山本金剛界大曼荼羅（醍醐寺蔵、同・第二巻所収）

◆金剛界マンダラの四大明王

本書で何度も定義してきた最も狭義の『金剛頂経』（不空訳『三巻本教王経』にあたる）には、恐ろしい姿をとる明王は一尊も登場しない。通常用いられる九会の金剛界マンダラでいえば、中央の成身会である。中義、あるいは基準となる『金剛頂経』（梵本・チベット訳では『真実摂経』、漢訳では施護訳『三十巻本教王経』にあたる）では、「降三世品」で降三世明王が登場し、九会の金剛界マンダラでは第八会でその姿が表現される。そして、金剛界八十一尊マンダラになって、降三世などの四大明王がそろうことになる。

先に触れた金剛界八十一尊マンダラの外院の四隅に配される四大明王は、その内容と配列に二種のパターンがある。

A．妙法院版系

方位	尊　名
東南	降三世
南西	軍荼利
西北	大威徳
北東	不動

B．石山寺版系

方位	尊名
東南	大威徳
南西	馬頭
西北	軍荼利
北東	降三世

四大明王の内容で判断すると、方位の相違を度外視した場合、降三世・軍荼利・大威徳の三明王は共通で、残りの一尊に不動明王が入るタイプと馬頭明王が入るタイプの二類型があると規定できる。

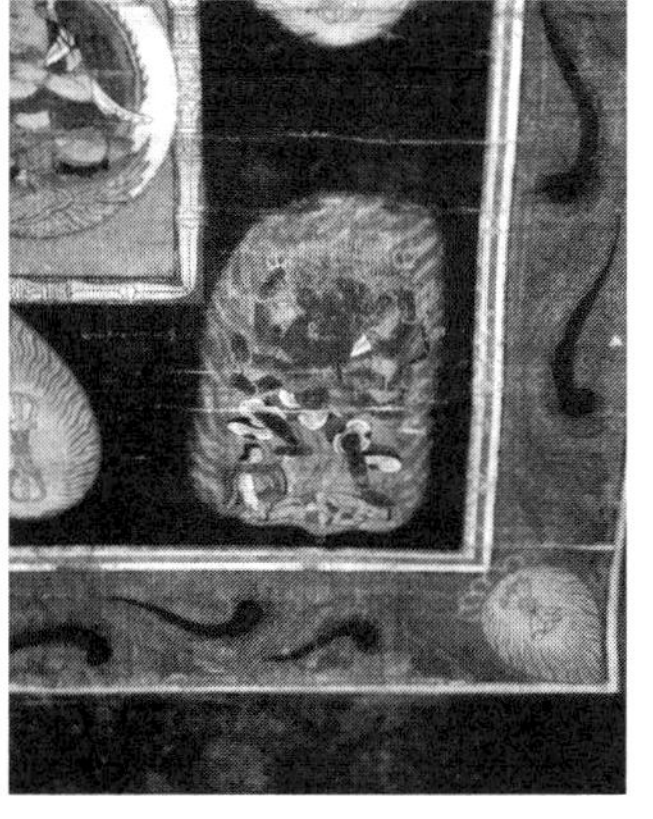
金剛界八十一尊マンダラの明王（上・大威徳明王、下・降三世明王）

作品でいえば、A系の妙法院版系のものは、妙法院のほか九州の金剛千手寺（福岡市）などにその版本彩色の金剛界八十一尊マンダラが伝わる。

数では、奈良国立博物館本や根津美術館本などの優品が含まれるB系の石山寺版系の方が多い。石山寺は、東寺系の別格本山なので石山寺版系を真言系と規定したいところだが、天台宗に多数残っている金剛界八十一尊マンダラの四大明王が少なからず石山寺版の内容と合致することから、A・B両系を直ちに天台系と真言系に分けるのはもう少し検討が必要なようだ。

◈四大明王の成立過程

狭義と中義にあたるいずれの『金剛頂経』にも、四大明王の言及はない。また広義の『金剛頂経』系経軌群にあたる『金剛頂タントラ』（チベット訳のみ現存）にも、後述の外金剛部二十天や地・水・火・風の四大神は説かれているが、残念ながら四大明王の言及はない。

そこで、以前（平成七年）に京都国立博物館で開催された仏教美術研究上野記念財団助成研究会の公開講演会「明王の図像」の際に発表した私の推論は、次のようである。

異系統、あるいは発展形態の金剛界マンダラとされる金剛界八十一尊マンダラの外院の四隅に登場する降三世などの四大明王は、その起源を『初会金剛頂経』（『三十巻本教王経』や梵本・チベット訳）の第二章「降三世品」に説かれる、降三世・大マンダラの外院の四隅に登場する次のほとけたちに求めることができる。

方位	尊格	
東南	ビーマー	（畏怖女、シヴァ神の妃）
南西	シュリー	（吉祥天、ヴィシュヌ神の妃）

西北　サラスヴァティー（弁才天、ブラフマー神の妃）
北東　ドゥルガー（訥誐、シヴァ神の妃）

これらの四尊の図像は、わが国の現図・九会金剛界マンダラの降三世会でも苦労したようで、平安時代から鎌倉時代にかけて描かれた古いマンダラでは、おおむね温和な天女形で表現されているが、数百年ぶりで図像の再検討を実施した江戸期の元禄本両界曼荼羅（東寺に伝存。毎年一月の後七日御修法に使用）では、それぞれ二臂の姿であるが、青色や暗緑色で牙をむいた忿怒の相に表現されている。

また、次に検討を加える外院の二十天も、文献的には「降三世品」で説かれる五類諸天（五種の天部神）を、マンダラの四方四辺に再配列したものである。加えて、私が各論考で指摘しているように、大部分の明王に共通して見られる特徴点は、特定のヒンドゥー教の神（天）に打ち勝つ力を有していることだった。たとえば、降三世明王が大自在天（シヴァ神）とその妃（ウマー妃）を踏み従え、大威徳明王が死の神ヤマ（閻魔、閻摩天）を表す牛に乗っているように。

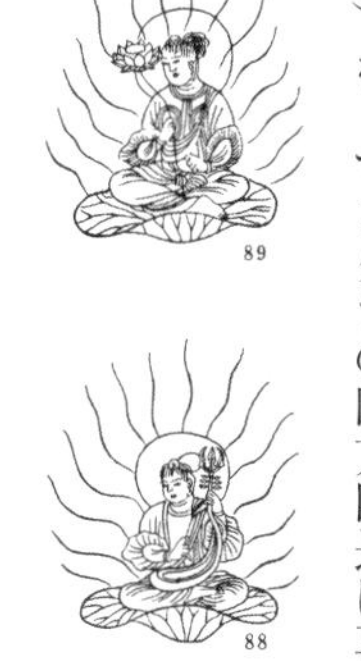

降三世会四隅の女神（御室版）

こうした傾向から、『金剛頂経』系の経軌としてさらに発展した瑜伽タントラの『悪趣清浄タントラ』やその注釈書では、マンダラの外院の四方に降三世・軍荼利・馬頭などの明王を配する傾向が強まってきた。そして、もともとヒンドゥー教の強力な女神たちが配されていた外院の四隅に、それに代わって降三世や軍荼利などの代表的な密教明王が位置するようになったと考えられるのである。

なお、江戸時代の名僧・慈雲（じうん）は、現図・九会金剛界マンダラの降三世会の外院の四隅に配される四尊に注意を払い、しかもその性別や金剛界八十一尊マンダラとの関連にまで注目していた。これは、まさに炯眼（けいがん）であったと評価したい。

外金剛部二十天の神々（御室版）

◆図像が変化したヒンドゥー教の神々

完全に密教化した金剛界三十七尊と、先に取り上げた四大明王という特殊なほとけのほかに、『金剛頂経』と金剛界マンダラの特色あるほとけとして無視できないのは、いわゆる外金剛部の二十天である。

シヴァ神（古くはルドラともいう。仏教では大自在天）を筆頭とする有力なインドの神々は、現図・九会の金剛界マンダラでは、中心となる成身会をはじめ三昧耶会・微細会（みさいえ）・供養会（くようえ）・降三世会・降三世三昧耶会の六会（え）の最外院（さいげいん）（いわゆる外金剛部）にその姿、もしくは三昧耶形を見ることができる。

両部マンダラのもう一方の胎蔵マンダラの場合、最外周にあって四天王（してんのう）や星宿（せいしゅく）のほとけたちに交じって帝釈天・大黒天・大自在天などのヒンドゥー教の神々が特異な姿で外野席、もしくはバリア帯（守護陣）を形成していることで有名であるが、金剛界マンダラでも本当は、この外金剛部がヒンドゥー教との関連を示す点で重要な意味を持っているのである。

ところで、再び経軌・文献に遡ると、以前に触れたように、金剛界マンダラの多くの外院に描かれる大自在天や聖天（シヴァ神の息子。ガネーシャ）などのヒンドゥー教諸神は、成身会にあたる金剛界・大マンダラの文献的記述には登場せず、第二章の「降三世品」の十種のマンダラのうち、最初の降三世・大マンダラになって現れてくる。

しかし、現図・九会金剛界マンダラの創案者（恵果または、その師の不空か）は、「降三世品」の原初的内容はもちろん、師の金剛智三蔵を通じて第三会の『金剛頂経』にあたる『金剛頂タントラ』の要素も知識として知っていたので（金剛智と第三会の『金剛頂経』の関係については、次章で検討する）、狭義の『金剛頂経』には見られない外金剛部の二十天を成身会に導入したのであろう。

これらの二十天（正確には二十一天）は、経典（梵本・チベット訳、漢訳では『三十巻本教王経』）では「五類諸天」（五種類の神々）と呼ばれ、その所在の場所と働きによって、次のように分類されていた。

(1) 一切三界主　ヒンドゥー教の有力神
(2) 飛行諸天主　天界にすむ神々
(3) 虚空行諸天主　空中にすむ神々
(4) 地居諸天主　地上にすむ神々

(5)水居諸天主　　地下・水中にすむ神々

このように、元来は出身のグループごとに集まり、結果的には仏教・密教を守護する働きをになうことになるが、平面を意識した四方位に重点を置くマンダラに配置されるときには、以下のように、東南西北の四方に再配置されたと考えられる。

方位	**二十天**
東方	ルドラ（大自在天）、ヴィシュヌ（那羅延天）、クマーラ（童子天）、ブラフマー（梵天）、インドラ（帝釈天）
南方	太陽、月、土星、火星
西方	マドゥマッタ、マドゥカラ、ジャヤ、ヴィジャヤ、風天、火天、毘沙門天
北方	猪面天、閻摩天、聖天、水天

以上は、経軌から読み解いた私の二十天成立の推論であるが、中国・日本で具体的な図像表現に変えた際、マドゥカラやジャヤのように東アジアでは一般に普及しなかった微弱神の表現に困って、現実的には中国でも唐代に人気を集めた聖天（歓喜天・毘那夜迦天）に傘や弓を持たせて、新しいマンダラを作り上げたのであろう。

宝函に表現された金剛界マンダラ（西安近郊・法門寺出土）

第七章

金剛頂経の広がり

中国の金剛頂経(1)

現在の密教教義と実践の確立

◆日本密教の実践と『金剛頂経』

毎年十二月、私が学長をしている京都の種智院大学では恒例の常楽会法要が行なわれ、数十人にのぼる学生の職衆のもと、荘重な声明（仏教音楽）の朗詠が数時間も披露される。私も立場上、導師として参列し、一応の役割を勤めさせていただいているが、若い頃に宗門大学や本山の学院に行く時間と余裕がなかったので、恥しいながら声明には自信がない。

一方、種智院大学は、平成十一年に改組して仏教学科と仏教福祉学科（平成十七年より社会福祉学科に改称）の二学科とし、しかも入学定員百六十名、収容定員六百四十名とした頃から、とくに真言宗の子弟教育については、東寺・高野山・醍醐寺・仁和寺・大覚寺・西大寺・善通寺などを中心とする古義系のみならず、智山（智積院）・豊山（長谷寺）・根来寺の新義系の学生も広く受け容れた。そこで、六月十五日の弘法大師空海と興教大師覚鑁の両祖降誕会法要や十二月中旬の釈尊の涅槃・入滅を追慕する常楽会では、古義・智山・豊山のおのおの異なった声明が、著名な講師先生の指導や独詠のもと、長時間にわたって本当に荘厳に唱えられ、聴く者の心を打つのである。

ところで、常楽会の導師として登壇する私は、学生諸君の梵讃・和讃など様々な声明が続く間、主に釈迦法という別尊法（個別のほとけを供養する念誦法）を一人で行じることになるが、その実践次第（別行次第）の基本となったのは、わが国平安時代の後半に仁和寺や醍醐寺などの門跡寺院（皇族の入寺する寺）で活躍した寛助（一〇五二〜一一二五）や元杲（九一四〜九九五）などの編纂した『別行抄』や『如意輪次第』などの事相書である。

そして実はそれらの参考となったのが、中国の『金剛頂経』系密教を作り上げた金剛智三蔵（六七一〜七四一）と不空三蔵（七〇五〜七七四）の師弟コンビが翻訳、もしくは撰述した『金剛頂瑜伽中略出念誦経』『金剛頂経観自在王如来修行法』などの『金剛頂経』系の経典・儀軌類であり、密教の広がりと深さの中で同経の役割がいかに重要であったかを十分に証明している。

◆中国での『金剛頂経』の漢訳

インドで成立し、編纂された『金剛頂経』が言語・文化の異なる中国に伝えられたのは、八世紀の前半であったことは疑いない。そして、もとのインドからあった狭義の『金剛頂経』というべき『真実摂経』（いわゆる『初会金剛頂経』）と、それから様々に発展・展開し始めた『降三世大儀軌王』や『理趣経』などの関連する『金剛頂経』系の経軌を総合した広義の『金剛頂経』とを想定する二種の『金剛頂経』説は、中国においてさらに整理・体系化されることになる。

そのことをやはり端的に示すのは、梵本からの『金剛頂経』の漢訳である。この問題については、すでに本書の第一章でも取り上げたが、従来の密教学では、以下の三種の経典が、狭義の『金剛頂経』の翻訳

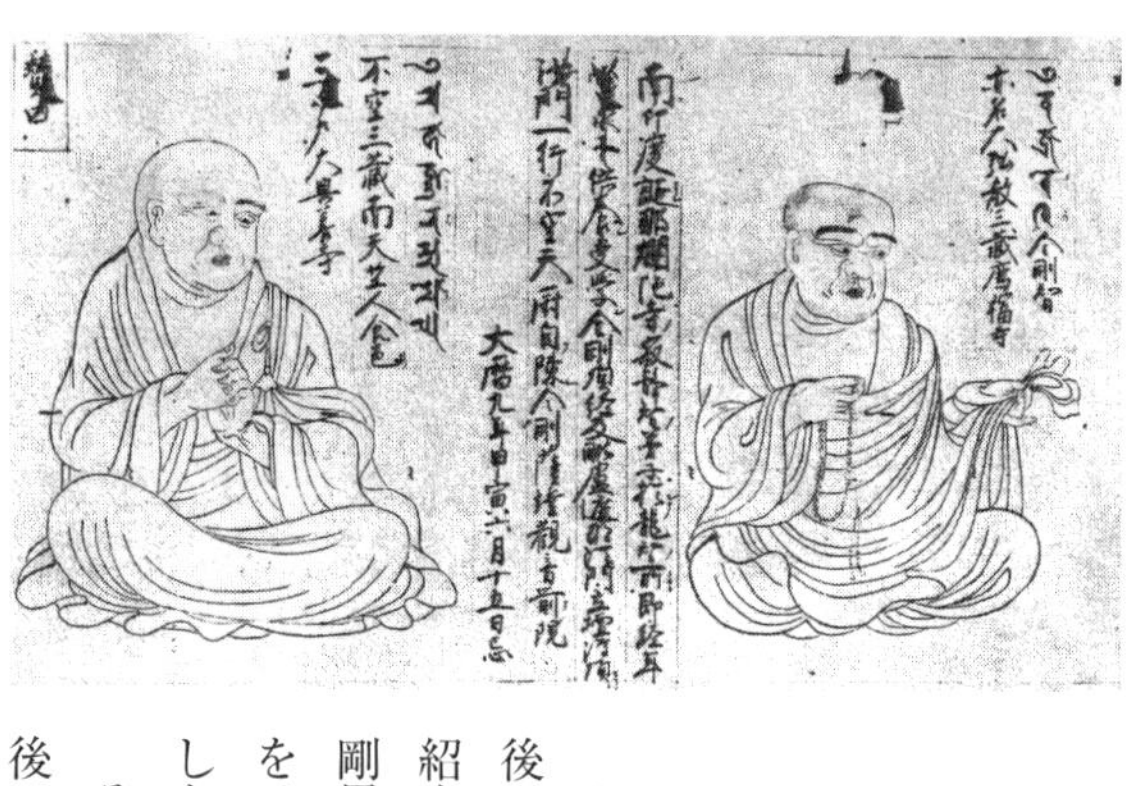
金剛智（右）と不空（左）

と考えられてきた。

⑴金剛智訳『金剛頂瑜伽中略出念誦経』四巻（または六巻。略称『略出念誦経』）

⑵不空訳『金剛頂一切如来真実摂大乗現証大教王経』三巻（略称『三巻本教王経』）

⑶施護訳『仏説一切如来真実摂大乗現証三昧大教王経』三十巻（別称『三十巻本教王経』）

このうち、⑵の不空三蔵訳の『三巻本教王経』と、それから約二百年後の施護三蔵訳の『三十巻本教王経』の違いは、本書でも折に触れて紹介してきたように、『初会金剛頂経』の冒頭部分（「金剛界品」の金剛界・大マンダラを説く部分）のみの『三巻本教王経』と、「金剛界品」をはじめ「降三世品」「遍調伏品」「一切義成就品」の四大品を完備した完成形態としての『三十巻本教王経』に対比することができる。

そして、不空の『金剛頂経』については、余りにも問題が大きいので、後で別に取り上げるとして、問題となるのは、金剛智三蔵の把握していた『金剛頂経』の内容である。

玄宗の開元二十九年（七四一）、唐朝下の中国で遷化したインド僧・金剛智は、『金剛頂経』のキーワードである「金剛」を含むその僧名からも知られるように、インドにおいてすでに『金剛頂経』系密教を身につけていたと考えられる。また、彼が八世紀の初頭に海路通過したであろうジャワ・スマトラ（現在のインドネシア領）にも、その頃から約二百年にわたって『金剛頂経』系密教が流行していたことは、すでに松長恵史・朴亨國・伊藤奈保子など各氏の研究によって明らかにされている。

◆金剛智三蔵の『金剛頂経』

ところで、『大日経』の請来者・翻訳者として高く評価されている善無畏三蔵（六三七〜七三五）と並んで、中国密教の初祖と目される金剛智に関して、『金剛頂経』に関わる経典・儀軌・図像は、以下のものが知られている。

(1)『略出念誦経』（『開元録』）
(2)『金剛頂経曼殊室利菩薩五字心陀羅尼品経』（『開元録』）
(3)『金剛頂瑜伽修習毘盧遮那三摩地法』一巻（略称『毘盧遮那三摩地法』。『故金剛三蔵行記』）
(4)「金剛三蔵手絵金泥曼荼羅」（『八家秘録』）

これらの中で、(1)のいわゆる『略出念誦経』は、三十七尊からなる金剛界・大マンダラと一連の金剛界念誦法の具体的作法、さらに灌頂法と護摩法をとくに詳しく説くことから、従来は狭義の『金剛頂経』の原初形態とされてきたが、果してそうであろうか。

確かに、内容とその語句量からいえば、ある意味では弟子の不空三蔵が訳出した『三巻本教王経』ほど整備されていない。さらに、金剛智との関係が確実視される『毘盧遮那三摩地法』も、『初会金剛頂経』の「金剛界品」（第一章）の冒頭に説かれる五段階の成仏法（五相成身観）や金剛界五仏による灌頂（五仏灌頂）などが説かれる簡単な構造になっているので、弟子の不空よりも師の金剛智の扱っていた『金剛頂経』の方が古くて、原初的だと考えることはあり得べきである。

しかしながら、私は二つの点で、金剛智訳の『略出念誦経』は、不空訳の『三巻本教王経』とは異なった内容と系統に属する『金剛頂経』であると確信している。

その理由は、次のようである。

①『略出念誦経』は、五部（如来部・金剛部・宝部・蓮華部・羯磨部の五部族）の構成を意識して説かれている。

②『略出念誦経』では、前記の五部族を代表する大日如来以下の金剛界五仏に獅子・象・馬・孔雀・金翅鳥の五種の鳥獣の座を設定する。

もう少し説明を補うと、私が「本経」（『真実摂経』）系と呼ぶ不空訳の『三巻本教王経』と宋代（十世紀後半）の施護訳の『三十巻本教王経』（梵本とチベット訳も）では、マンダラには、金剛界大日・阿閦・宝生・阿弥陀・不空成就という金剛界五仏は登場させるものの、第五の部族にあたる羯磨部を重視せず、「金剛界品」以下の四大品と次のように対応させていた。

部族	**四大品**
如来部	金剛界品

金剛部　　降三世品
蓮華部　　遍調伏品
摩尼（宝）部　一切義成就品

しかし、金剛智が持っていた『金剛頂経』のテキストでは、如来部を始めとする五部族に、バン（鑁）字以下の五種の種字（一音節の梵字）を配する。

それのみならず、次の文のように、五部族の主仏である大日（毘盧遮那）以下の五仏に獅子（ライオン）などの五種の鳥獣座を配している。

「また、四面（四つの顔）毘盧遮那仏（大日）を想え。
（中略）
如上所説の（先に述べた）一切如来、獅子の座をもって、而して坐す。
その東方、如上所説の象座において、阿閦鞞仏を想え。
その南方、如上所説の馬座において、宝生仏を想え。
その西方、如上所説の孔雀座において、阿弥陀仏を想え。
その北方、如上所説の迦楼羅（金翅鳥）座において、不空成就仏を想え」

以上の二項を一つの表にまとめてみよう。

部族	**如来**	**種字（日本表記）**	**座**
如来部	大日	バン	獅子

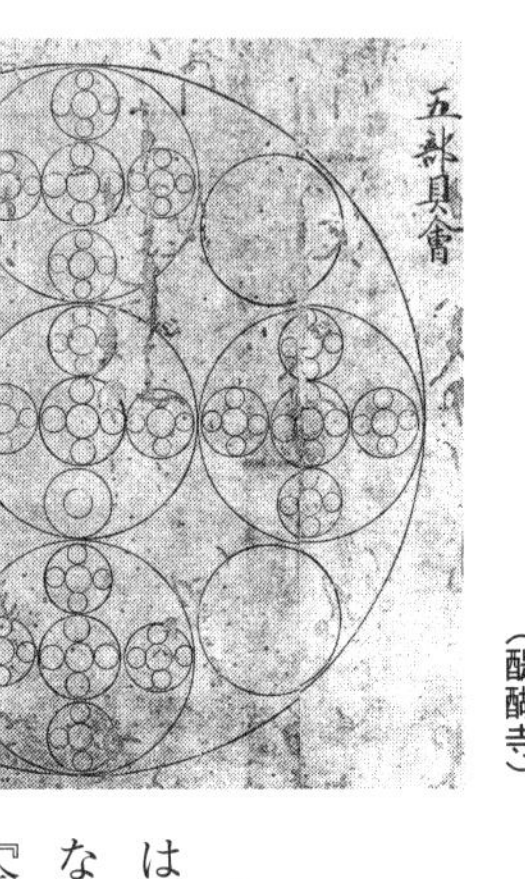

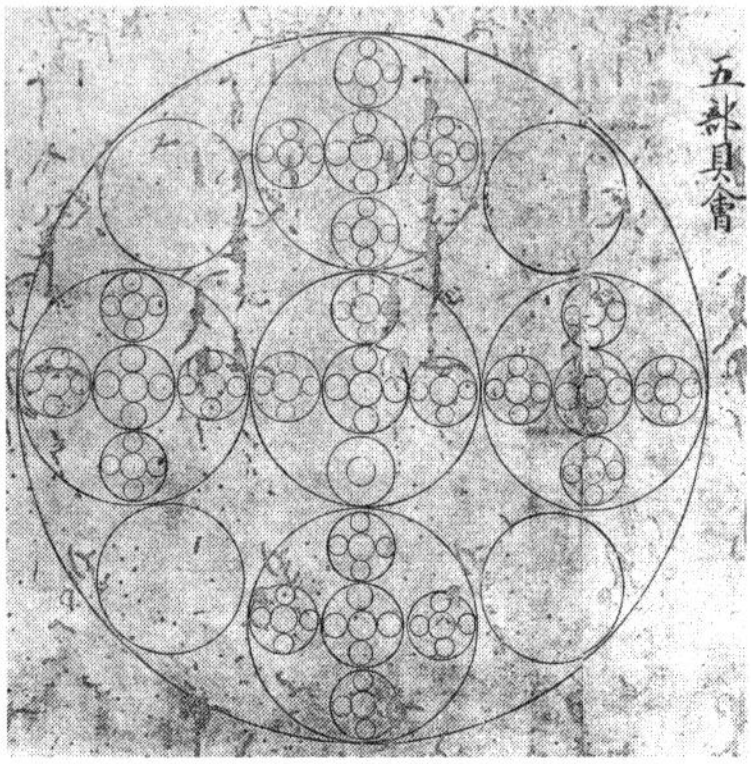

『理趣経十八会曼荼羅』の五部具会マンダラ（醍醐寺）

金剛部　阿閦　ウン　象
宝部　宝生　タラク　馬
蓮華部　阿弥陀　キリク　孔雀
羯磨部　不空成就　アク　金翅鳥

あえて結論から先に述べれば、金剛智の知っていた『金剛頂経』は、不空の重視した世にいう『初会金剛頂経』（『真実摂経』）ではなく、第三会の『金剛頂経』と呼ばれる、前章の終りにも触れた『金剛頂タントラ』系のテキストであったと推測される。

その仮説を補強するのは、天台密教の巨匠であった安然大徳の『八家秘録』（正式名は『諸阿闍梨真言密教部類総録』）などに登場する「金剛三蔵手絵金泥曼荼羅」である。これは先の五部族に対応する五つのマンダラを総合した大規模なマンダラで、四隅に見られる五秘密菩薩（金剛薩埵と四菩薩など）にその特色があり、チベット訳で残る『金剛頂タントラ』のマンダラ（図版は二八五ページに掲載）、およびわが国に伝わる「十八会理趣経曼荼羅」の末尾に付される五部具会のマンダラと構造的に符合する。

このように、金剛智三蔵の『金剛頂経』の特異性が明らかとなったが、獅子などの五獣座に限っていえば、善無畏三蔵系の『金剛頂経』と称される『五部心観』との関係は、のちに改めて取り上げたい。

なお、現在の中国で実見できる鳥獣座をとる金剛界四仏として、山西省応県の仏宮寺の釈迦塔（応県木塔、第三層）の塑像群がある。塔の建立は、中国の北方を制した遼の清寧二年（一〇五六）とされるが、方位と印相と鳥獣座を規定通りにそなえた阿閦如来などの仏像が、四方を向いて安置されている。台座に小さく表現される鳥獣の数は、背面を除く五体である。また、大日如来はこれとは別に、さらに上の第五層に如来形の像が安置されている。

仏宮寺・釈迦塔の四仏（上・左は阿閦如来、下・宝生如来）

◈不空三蔵の『金剛頂経』

中国密教の事実上の大成者である不空三蔵の『金剛頂経』を正確に復元するためには、十本近くの学術論文に相当する紙幅と考察が必要であろうが、とてもそういう余裕がないので、ここでは必要最小限の範囲で、その特徴を指摘しておきたい。

第一に、不空の師の金剛智の滅後（七四一）、ほどなく海路、インド方面に赴いた。唐朝での密教宣布を一時中断して、インドへ旅立った理由は明らかでない。密教の衰退を懸念してとか、新しい密教を求めてとか、極端な説としては唐朝の情報使節（スパイ）としてイスラム（大食）に対抗する共同戦線の可能性を探るためなどの諸説があるが、結果的には南インドやセイロン（スリランカ）で広・狭両義の『金剛頂経』系の多数の経軌を入手したことは疑いない。

第二に、同じ玄宗皇帝の天宝五年（七四六）に一度帰国した不空は、必ずしも皇帝の関心が熟さないうちに起った安史の乱の直前、河西回廊の辺地である武威（現在の甘粛省）で、天宝十二年（七五三）に『三巻本教王経』を訳出した。この狭義の『金剛頂経』をもって、不空の瑜伽密教、すなわち『金剛頂経』系の密教は事実上スタートしたといえる。

以後は、各種の多様な経典をいわば『金剛頂経』化していったのである。その具体的な基本となるものは、身・口・意の三種の行為形態を駆使した即身成仏行、つまり五相成身の体得であり、逆に聖なる仏の側からは金剛界の三十七尊が順次に出生する金剛界・大マンダラの顕現であった。

第三には、「降三世品」「遍調伏品」「一切義成就品」のマンダラを取り上げた際に触れたように、『金剛頂瑜伽経十八会指帰』や『都部陀羅尼目』という『金剛頂経』（後者は『大日経』も含む）の概要書を著したとき、不空は十八会からなる広義の『金剛頂経』の原初形態をある程度理解していたようだ。

そのため、有名な『理趣経』（不空訳は『大楽金剛不空真実三昧耶経』）をはじめ、『金剛頂瑜伽降三世成就極深密門』など、十八の部分を持った広義の『金剛頂経』の各会の発展形態を示す密教経軌が不空によって訳出、もしくは撰述されたことは当然の勢いであったといえる。

なお、漢訳の密教経軌で、冒頭に「金剛頂瑜伽」という言葉があるのは、かつて田中悠文氏が仮説を提出したように広義の『金剛頂経』を意識したものであろう。

それに対して、冒頭に「金剛頂経」とある経典・儀軌は、狭義の『金剛頂経』、つまり『初会金剛頂経』の実践次第（供養の仕方）で、普賢菩薩、文殊菩薩、如意輪観音など各種の個別のほとけたちの供養法を再構築したもので、いわば仏教各尊の『金剛頂経』化の産物といえよう。

◆密教教義の完成

本格的な瑜伽密教経典の『初会金剛頂経（真実摂経）』が、冒頭部分にすぎないとはいえ、不空訳の『三巻本教王経』をもってスタートしたのは、そこに金剛界・大マンダラの出生というほとけの展開と、逆に密教行者の成仏法である五相成身観がともに完備していたからである。

そのうち、金剛界・大マンダラの遺例については、後で法門寺出土の宝函マンダラを紹介するが、ここでは不空三蔵が直接関与する密教教義の体系化に関して、五智説の確立を取り上げておこう。

仏像・仏画などの仏教美術に詳しい方は、密教寺院の本堂や仏塔（多宝塔など）の中に安置される大日如来などの金剛界五仏を「五智如来」と呼ぶことをご存じだろう。

その対応と五智の内容は、次のようである。

五仏	五智	内容
（金剛界）大日	法界体性智	さとりを本質とする智
阿閦	大円鏡智	すべてを明瞭に写し出す智

宝生　平等性智　すべてを平等に知る智
阿弥陀　妙観察智　正しく理解する智
不空成就　成所作智　すべてを成しとげる智

仏教思想史の立場からいえば、これらの五智は、仏のさとりと人間の迷いを「心」という基盤を通して凝視し続けてきた瑜伽行唯識派の僧たちが思索をめぐらした結果、生み出されてきた精緻な思想体系である。

詳しくいえば、唯識派の五智の中でも、大日如来に配当される法界体性智は、当初は「清浄法界」と呼ばれ、段階性もあった四智とは違ったレベルに考えられていた。それが、密教の金剛界五仏が流行を始めた状況の中で、後期唯識派の学僧たちによって、全体を統括する第五の智恵として確立されたのである。

それらの四智・五智説が密教の四仏・五仏と結びつけられたことは、『金剛頂経』の注釈書を著したシャーキャミトラやブッダグヒヤの著作からも明らかである（拙著『密教仏の研究』法蔵館、一九九〇年）。すなわち、大乗仏教の修行の道筋についての高度な理論が、密教のほとけと結びついたのである。

『金剛頂経』系の密教に話を戻すと、「本経」系と呼ばれる『初会金剛頂経』はもちろん、私が本書でしばしば取り上げる第三会の『金剛頂経』とされる『金剛頂タントラ』にも、五智はおろか、大円鏡智以下の四智も登場してこない。

それでは、中国に『金剛頂経』系密教を紹介し、かつ定着させた金剛智と不空の師弟はどうであったかというと、両者とも濃淡の差異はあれ、五智を知っていたことがわかる。

まず、金剛智は『略出念誦経』の中で、以下のように説いている。

「この如き五字（バン字など）、おのおの（五）色中に置き已って、後において五種如来智を思惟せよ。

（中略）

瑜伽をもって如来五種智を思惟せよ」

つまり、『略出念誦経』に多出する「バン・ウン・タラク・キリク・アク」の五仏の種字に、割注（右の引用では省略）にあるように、法界（体）性智などの五智が配当されている。

金剛智ではこの個所のみであったが、インドから多量の『金剛頂経』系経軌を持ち帰った不空は、『三巻本教王経』には出てこない四智・五智を、中国で新たに撰述した（もしくは弟子たちが撰述した）経軌において、巧みに四智・五智説として展開させている。

ところで、不空訳の冠称を持つ『金剛頂経』系密教についての解説書には、次のようなものがある。

(1)『略述金剛頂瑜伽分別聖位修証法門』一巻（略称『分別聖位経』）

(2)『金剛頂瑜伽三十七尊出生義』一巻（略称『出生義』）

(3)『金剛頂瑜伽三十七尊心要』一巻（略称『心要』）

三種の経軌のうち、(1)の『分別聖位経』は、不空自身の自撰目録をはじめ、空海の『請来目録』などの関連する諸資料に必ず名前が上っており、不空が撰述したものであることは否定できない。

そこでは、大円鏡智をはじめとする四智について、次のように説いている。

「毘盧遮那仏は、内心において、自受用（自らさとりを享受する）の四智、大円鏡智・平等性智・妙観察智・成所作智を証得し、外には、十地満足の菩薩をして他受用せしむる（他にさとりを享受させる）がための故に、四智の中より四仏を流出し、各本方の本座に坐し給えり」

つまり、全体尊の（大）毘盧遮那如来が、自らの内心に、如来自受用の智である大円鏡智以下の四智を体得し、そして、それぞれの智から関連のある四仏が出生して、毘盧遮那如来を取り囲む四方の座につくとしている。要するに、四智と四仏の関係を説くにあたって、自受用身の属性としての四智に主眼点を置き、それをマンダラ四方の四仏に見事に配当しているのである。

さらに、不空の晩年、もしくは没後の撰述と考えられる『心要』では、四仏・四部・四智を併置することに引き続いて、

「この大菩提五智円満、すなわち毘盧遮那如来真如法界智なり」

と述べ、大日如来の「真如法界智」、すなわち法界体性智が五智を統括しているとする。ここに至って密教の五智説が金剛界五仏と固く結びついて、中心教義の一つとなったと判断できるのである。

中国の金剛頂経⑵

二つの珍しい金剛界マンダラ

◆巻物状の金剛界マンダラ

唐代における金剛界マンダラの特筆すべき遺品として、金剛界マンダラの異系統といわれながら、未

だに正確な学的位置の定まらない『五部心観』と、前世紀の末に、中国・陝西省扶風県の法門寺の地下宮殿から発見された宝函（仏舎利をいれる宝箱）に浮き彫りされたマンダラが知られている。ここではこの二つの遺品を通じて、わずか百年あまりの栄華を誇った唐代密教の、華麗な密教文化の精華に迫ってみよう。

まず、滋賀県大津市の古刹・園城寺（三井寺）に伝わる国宝の『五部心観』（略称）は、一巻の巻子本（巻物）で、正式の名称を「哩多僧蘖囉五部心観」という。名称の冒頭に付される「哩多僧蘖囉」（もしくは「哩多僧蘖哩」）は、本書でしばしば言及される『初会金剛頂経』の梵名である「タットヴァサングラハ」（『真実摂経』）の前半を他の梵語にあてた上で音写し、後半はそのまま音写したものである。

すなわち、「哩多」と音写された原語は、梵語の「リタ」（ṛta）であり、「法則」「真理」などを意味するが、『初会金剛頂経』である『真実摂経』の「真実」をさす「タットヴァ」（tattva）と同義である。

また、後半の「僧蘖囉」は、「摂する」「集める」を意味する「サングラハ」（saṃgraha）の音写であることは明らかであるので、「哩多僧蘖囉」が、『初会金剛頂経』こと『真実摂経』をさすことは疑いない。

そして、略称ともなっている『五部心観』とは、体系化された『金剛頂経』の重要教義となっている仏部・金剛部・宝部・蓮華部・羯磨部の「五部の心要（エッセンス）を観想するもの」という意味であり、最後の「観想するもの」が大きな意義を持つとともに、結果的には白描図像集なので、一種のマンダラと考えられている。

この『五部心観』の資料としては、天台密教の大家・智証大師円珍（八一四～八九一）が、入唐中の大中九年（八五五）に長安・青龍寺の法全阿闍梨から与えられた請来原本の他に、以下の数点の写本が伝わっている。

(1)園城寺・円満院本（巻頭欠）
(2)高野山・西南院本（巻頭欠）　承安三年（一一七三）写
(3)武藤家本（中間欠）　建久五年（一一九四）写
(4)園城寺・法明院本　江戸末期写
(5)東京国立博物館本　旧醍醐寺本からの模写

これらは、大部分が平安時代後期から鎌倉時代にかけての転写本であり、とくに天台密教において特別視されていたことがうかがわれるが、原本そのものは空海の身内ではありながら意図的に台密（天台密教）に身を投じた円珍が、入唐中に収集した密教図像の貴重な資料である。

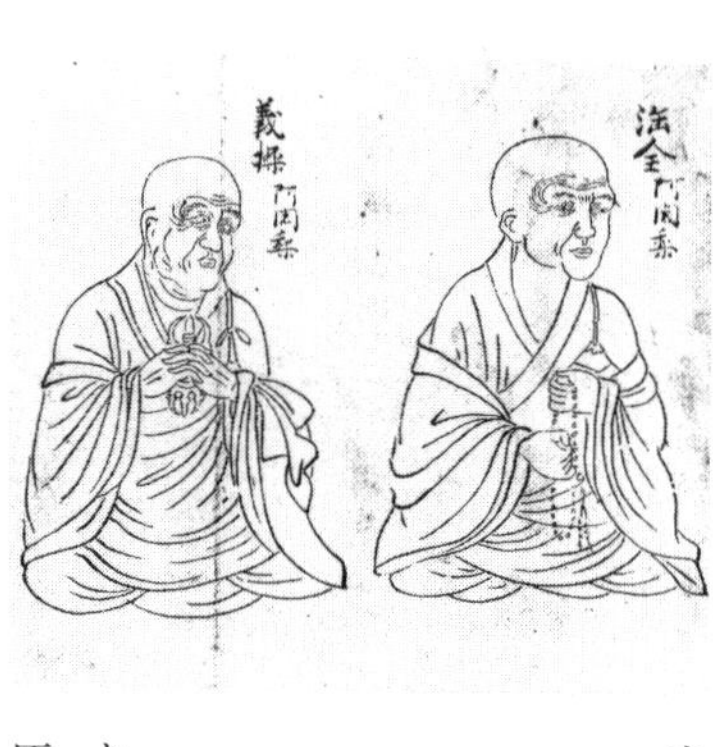

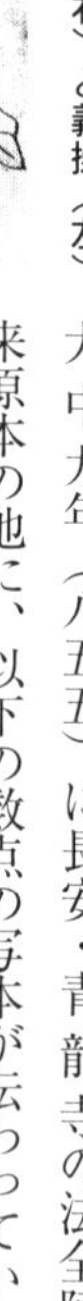
法全（右）と義操（左）

ところで、この『五部心観』は、請来原本のみならず、他の写本もほとんどが図像と悉曇文字による梵文で書かれているため、日本人にとっては理解しにくいものであった。しかし、浄土宗の僧籍を持った美術史家であり、『大正大蔵経　図像部』の編纂者であった小野玄妙氏（一八八三～一九三九）によって、『五部心観』の唯一ともいうべき注釈書が発見されたことから、研究が大きく進展した。

この漢文の注釈書は『六種曼荼羅略釈』といい、天台の名刹・青蓮院の聖教から発見されたのち、『大正大蔵経　図像部』の第二巻に収録されている。紹介者の小野氏は、本文中に「善無畏の開教後、八十年頃に本書が記述された」とある記事に注目し、徳宗の貞元二十年（八〇四）から憲宗の元和九年（八一四）の頃に、恵果の弟子の義操阿闍梨か、もしくは円珍に『五部心観』を授けた法全阿闍梨その人の作かと推測している。『五部心観』に関する労作（『五部心観の研究』法蔵館、一九八一年）を著した八田幸雄氏も中国撰述を容認しているが、近年では『六種曼荼羅略釈』の成立を日本まで下げる説もある。

『五部心観』巻頭の大日如来（右）と阿閦如来（左、法明院本）

◆『五部心観』の内容

先にも触れたように、『五部心観』は、絹や紙の大きな本紙に彩色された狭義のマンダラではなく、巻子に墨線で描いた世にいう白描仏画である。

そして、「金剛界品」の六種のマンダラに登場する尊格（ほとけ）を右から左に上・中・下の三段に分けて表現している。上段は、金剛界大日如来以下の各尊を、金剛界マンダラの通則にならって円輪の中に描いている。

やや狭い中段には、悉曇梵字の真言文を一行から三行で記している。

下段は、おおむね左から右に標幟印（いわゆる三昧耶形）、羯磨印、三昧耶印が描かれているが、非常に複雑・

難解であり、さらに関心のある方には八田氏の労作を勧めたい。

むしろここで重要な問題は、中国密教の祖師の一人である法全から円珍が授かったこの『五部心観』という一種のマンダラ資料が、中国の密教、とりわけ『金剛頂経』系密教の中でどのような位置と役割を占めるのかということである。

まず、題名から知られるように、『五部心観』は、『初会金剛頂経』にあたる『真実摂経』の第一章「金剛界品」に説かれる以下の六種のマンダラを表現している。

上段が経典におけるマンダラ名で、下段は現図の九会金剛界マンダラで該当する会名である。

(1)金剛界・大マンダラ　成身会
(2)金剛秘密マンダラ　三昧耶会
(3)金剛智・法マンダラ　微細会
(4)金剛事業・羯磨マンダラ　供養会
(5)金剛悉地（成就）マンダラ　四印会
(6)金剛薩埵・大マンダラ　一印会

すなわち、内容構成から見る限りでは、恵果・空海系といわれる現図の九会金剛界マンダラとよく符合するといえる。そして、さらに遡れば、恵果和尚の師である不空三蔵の『金剛頂瑜伽経十八会指帰』や『都部陀羅尼目』などに見られる六会の金剛界マンダラの系譜に属することは明らかである。

そして、経典などの文献資料と照合すれば、同じ不空の『三巻本教王経』に説く金剛界・大マンダラ

（成身会）の一会のみではなく、梵本や『三十巻本教王経』に説かれる「金剛界品」の六会マンダラをすべて含んでいるのは、先述のように、マンダラの名称からも追認することができる。

◆現図・金剛界マンダラとの相違

三段で構成されている『五部心観』の各段の内容、たとえば上段の金剛界三十七尊の表現、中段の真言、下段の印相などを詳しく検討した八田幸雄氏は、『五部心観』を不空訳の『三巻本教王経』の思想とマンダラが、恵果ではすでに完成していた九会構成の現図・金剛界マンダラへ発展する中間過程のものと見る。

私もほぼ同意見だが、すでに先学により指摘されているように、いくつかの点で現図の九会金剛界マンダラ中の六会と相違するところがある。

①金剛界・大マンダラ（成身会）のほとけたち（三十七尊）は、『五部心観』ではすべて獅子・象・馬・孔雀・金翅鳥という各部族に配当された鳥獣座に乗るが、現図では乗らない。

②金剛悉地マンダラ（四印マンダラ、四印会）において、中尊が左手の立てた人さし指を右手で覆う智拳印を結ぶ金剛界大日如来を表す現図系マンダラとは異なり、『五部心観』では禅定印を結ぶ通肩の如来を表現している（本書二三二ページ図版）。伝統的には、これを胎蔵大日如来と解釈し、教義的に金胎融合を読みとろうとするが、『六種曼荼羅略釈』では阿弥陀如来とする。

③金剛薩埵・大マンダラ（一印マンダラ、一印会）では、金剛界大日如来一尊を描く現図とは違って、『五部心観』では右手に金剛杵を横持ちする金剛薩埵を表している（本書二三五ページ図版）。

このうち、第一の鳥獣座を強調して、同じ鳥獣座を説く金剛智訳の『略出念誦経』の影響とする解釈が多かった。しかし、近年、第三会の『金剛頂経』といわれる『金剛頂タントラ』が知られるようになると、むしろそこに説かれる金剛界五仏の鳥獣座が部分的に導入されたと見る方が妥当であろう。

また、すでに本書の第四章における「金剛界品」の四印マンダラと一印マンダラの個所で取り上げたように、経典（『三十巻本教王経』など）の記述はむしろ『五部心観』に近く、現図の九会金剛界マンダラの姿が、いかに密教に造詣の深い祖師たちによって改変を重ねられてきたかを知ることができる。

なお、『五部心観』の説明を終えるにあたって、既に第一章でも言及したが、巻末に付されているインド人僧の姿と「この法は阿闍梨（もしくは聖なる）善無畏の所与なり」という梵文（四二ページの図版参照）に触れざるを得ない。

この文と僧の図をそのまま受容すれば、『五部心観』は、『大日経』を翻訳した善無畏三蔵（六三七～七三五）が伝えた『金剛頂経』ということになろう。この説に対して、『大日経』にも通じていた青龍寺の法全が、善無畏に仮託したとする考えも成り立つが、同じ善無畏が訳出した虚空蔵菩薩の求聞持法のテキストにも『金剛頂経』に関する言及のあることを考え合せれば、ひとまず善無畏系の『金剛頂経』であり、『真実摂経』（『初会金剛頂経』）を基礎としながら、五部族とそれに対応する鳥獣座の導入など、第三会の『金剛頂経』の影響が出始めたものと仮りに規定しておきたい。

◆古刹・法門寺の立体マンダラ

中国密教、とくにわが国の密教の直接の母胎となった唐代密教の遺品は、十世紀初頭の唐朝の滅亡やその後の仏教の衰退もあって、ほとんど知られることがなかった。しかし、行き過ぎた文化大革命の狂気が治まるとともに、過去の文化遺産の価値が見直され、寺院遺跡などの発掘が続いた結果、『金剛頂経』やその金剛界マンダラに関わる遺品資料がいく点か参照されるようになったのは喜ばしいことである。

たとえば、長安の大寺・安国寺の井戸跡から発掘された多数の密教系石像（白大理石造）は、九世紀中葉の武宗による会昌の法難の際に埋められたのだろう。そのうちの馬に乗る如来像は、右手が与願印をとることから金剛界五仏のうちの宝生如来と推測されるが、先に紹介した山西省応県の仏宮寺・釈迦塔の鳥獣座に乗る金剛界四仏（遼代の作）と総合すると、現存遺品による限り、日本で多数派となった現図系の蓮華座よりも、通常、金剛智系（『金剛頂タントラ』系）といわれる鳥獣座に乗る五仏の方が多いようである。

そのような状勢の中、一九八七年に陝西省扶風県（西安市西方約百キロ）の古刹・法門寺の地下宮殿から多数の唐代密教の遺品が発見されたことは、まさに画期的な一大事であった。そこに見られる密教的要素については、私や高野山大学の越智淳仁教授が論文などで紹介しているが、『金剛頂経』、金剛界マンダラの立場から興味深いのは、法門寺博物館の韓金科館長が「宝函曼荼羅」もしくは「四十五尊造像曼荼羅」と呼ぶ一種の金剛界の立体マンダラである。

これは、仏舎利を納めた鍍金製の宝函の、底面を除く五面に浮き彫りされている。具体的にいえば、側面というべき四方の各面には、阿閦如来をはじめとする金剛界四仏がそれぞれにつき従う四親近菩薩

（合計して十六大菩薩）とともに、精緻に表現されている。

その内容は、次のようである。

東面　阿閦如来（中央・触地印）
金剛薩埵（右下）・金剛王（右上）
金剛愛（左下）・金剛喜（左上）

南面　宝生如来（中央・与願印）
金剛宝（右下）・金剛光（右上）
金剛幢（左下）・金剛笑（左上）

西面　阿弥陀如来（中央・定印）
金剛法（右下）・金剛利（右上）
金剛因（左下）・金剛語（左上）

北面　不空成就如来（中央・施無畏印）
金剛業（右下）・金剛護（右上）
金剛牙（左下）・金剛拳（左上）

このように、金剛界四仏のうち一尊を中央に配し、その左右（本尊から見て）の上下（四隅）に中尊の四親近菩薩を配した例には、私がかつて報告したインド・オリッサ州のラトナギリ遺跡出土の阿閦如来像（三体）と阿弥陀如来像（三体）がある。しかも、四親近菩薩の配列は、法門寺出土像と全同である。また、十六大菩薩の図像も、オリッサと法門寺の両資料は共通する点が多い。

中央の大日輪(だいにちりん)（大日如来を中心とする円輪。本章扉の図版参照）は、法門寺の宝函曼荼羅の場合、頂面（上面）にあたる。この面のみ、一部寄(よ)せ棟(むね)形式の二段構成になっている。このうち、中心部の正方形（上段面）には、中央に智拳印を結ぶ金剛界大日如来を表し、その四方と四隅に次のような四(し)波羅蜜(はらみつ)と内(ない)の四供養(しくよう)が配されている。

法門寺・宝函マンダラ東面の阿閦如来と四親近菩薩

方位	尊名
前（東）	金剛波羅蜜(こんごうはらみつ)
右（南）	宝(ほう)波羅蜜
後（西）	法(ほう)波羅蜜
左（北）	羯磨(かつま)（業(ごう)）波羅蜜
東南	金剛嬉(き)
南西	金剛鬘(まん)
西北	金剛歌(か)
北東	金剛舞(ぶ)

なお、嬉・鬘・歌・舞の内の四供養菩薩を同一面に配した例は、私がかつて紹介したナーランダー出土の金剛薩埵像がある。方位も、図像も、ほぼ同じである。

次に、上面の大日輪の四方には台形斜面があり、各面に四尊が一列に浮き彫りされている。そのうち中央の二尊は、その独特の持物から、外の四供養菩薩と四摂菩薩であることは疑いない。

ところが、四方の台形斜面の両端に位置する明王形、もしくは天部形の八尊の比定に関しては、地・水・火・風の四大神と不動明王などの四大明王とする韓金科氏と、『大妙金剛経』系の八大明王とする私ならびに越智氏とでは見解が異なる。

これ以上は学術論文になってしまうので控えるが、金剛界・大マンダラ、つまり成身会の一会を表現した一種の立体マンダラであることは、インド以来のマンダラの原義が十分に生かされていたことを証明している。

さらに、この宝函マンダラとともに、もう一つ金剛界立体マンダラである捧真身菩薩像の台座の金剛界諸尊が、獅子や象などの『金剛頂タントラ』系の鳥獣座をとっていないことは、現図・金剛界マンダラの基盤となった六会の金剛界マンダラを説く『初会金剛頂経』（『真実摂経』）の伝統も、晩唐期の密教僧によって受け継がれていたことを示している。

空海と金剛頂経
＝日本密教におけるその位置づけ

◆空海の見た『金剛頂経』

さて、次に日本への密教の紹介者であり、かつ確立者であった空海の『金剛頂経』と金剛界マンダラを検討してみよう。

まず、空海の著作から考察すると、『大日経』『理趣経』などの重要な密教経典に対しては、「開題」と名づける概要書を必ず著し、その経題の具名（正式名称）を短い語句に分解するとともに、各語に対して空海独自の密教的解釈を施している。

本書のテーマとなっている『金剛頂経』に対しては、次の二種の開題が伝わっている。

(1)『金剛頂経開題』
(2)『教王経開題』

この二種の開題の書名を見ると、明らかに相違しており、単純に考えると別の経典を扱っているような錯覚をすることがあるが、決してそうではない。

むしろ「金剛頂経」と「教王経」という一見異なったように見える経典名を別々に提示することによって、空海は二義（二つの種類）もしくは三義（三つの種類）を持つ『金剛頂経』の複合的性格を正しく把握していたのである。

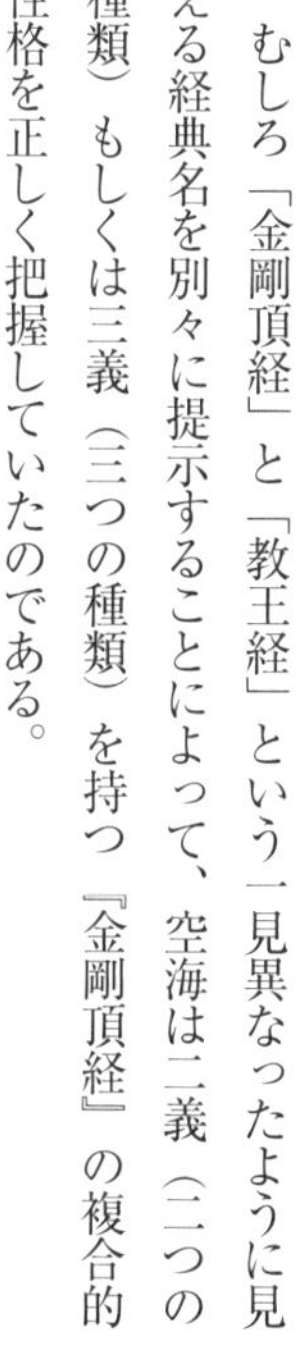

すなわち、やや長文の『金剛頂経開題』でも、少し短い『教王経開題』でも、その中で必ず不空三蔵撰の『金剛頂瑜伽経十八会

空海

指帰』の文を長く引用し、初会から十八会に至る各会の名称とそれが説かれた場所と中心的内容を記している。

各会の名称（瑜伽）と、説かれた場所を掲げておこう。

	会名	場所
(1)初会	一切如来真実摂大乗現証大教王	
(2)第二会	一切如来秘密王瑜伽	色究竟天
(3)第三会	一切教集瑜伽	法界宮殿
(4)第四会	降三世金剛瑜伽	須弥盧頂
(5)第五会	世間出世間金剛瑜伽	波羅奈国空界中
(6)第六会	大安楽不空三昧耶真実瑜伽	他化自在天宮
(7)第七会	普賢瑜伽	普賢菩薩宮殿中
(8)第八会	勝初瑜伽	普賢宮殿
(9)第九会	一切仏集会拏吉尼戒網瑜伽	真言宮殿
(10)第十会	大三昧耶瑜伽	法界宮殿
(11)第十一会	大乗現証瑜伽	阿迦尼吒天
(12)第十二会	三昧耶最勝瑜伽	空界菩提場
(13)第十三会	大三昧耶真実瑜伽	金剛界曼荼羅道場

(14)第十四会　如来三昧耶真実瑜伽
(15)第十五会　秘密集会瑜伽　秘密処
(16)第十六会　無二平等瑜伽　法界宮
(17)第十七会　如虚空瑜伽　実際宮殿
(18)第十八会　金剛宝冠瑜伽　第四静慮天

そして、こうした十八会の説明に先立つ文として、

「いわゆる金剛頂瑜伽一切如来真実摂大乗現証大教王経とは、これその額なり。これに二つあり、惣（総）と別となり。惣とは金剛頂瑜伽の五言これなり。

この経にすべて十万偈十八会あり、惣（総）と別、通じて金剛頂瑜伽と号す」

と説き、いわゆる『金剛頂経』にも、惣（総）と別、換言すれば、広義と狭義の二種の理解が可能であることを最初に明言する。

より詳しくいえば、『金剛頂瑜伽一切如来真実摂大乗現証大教王経』という空海の理解した『金剛頂経』の正式名称は、広・狭の二つの概念を合わせ含んでおり、とくに「金剛頂瑜伽」という言葉によって、狭義の『初会金剛頂経』（『真実摂経』）だけではなく、十八会からなる広義の『金剛頂経』を示していることは、近年では田中悠文氏や筆者によって指摘されている。

また、狭義の『金剛頂経』については、空海の『金剛頂経開題』に、先の文に続いて、

「初会をば、一切如来真実摂大乗現証大教王経と名づく、すなわちこの経これなり」

とあるように、世にいう『初会金剛頂経』を示している。

さらに、

「この経に四大品あり、一には金剛界と名づけ、二には降三世と名づけ、三には遍調伏と名づけ、四には一切義成就と名づく」

とあるように、空海の時代にはそれらの内容を具備した漢訳（『三十巻本教王経』）や梵本は知られていなかったにもかかわらず、不空三蔵の『金剛頂経』概説書というべき『十八会指帰』などの文献資料を通じて、『金剛頂経』の複合的性格を正確に把握していたことに驚く次第である。

なお、本書において、『金剛頂経』の代表的マンダラである金剛界マンダラと対応させて考えるとき、私は最も狭い意味の『金剛頂経』として、現図・九会金剛界マンダラの成身会（金剛界・大マンダラ）と対応する不空訳の『三巻本教王経』を掲げることがあるが、空海の場合は、すでに触れてきたように、

狭義　『初会金剛頂経』
広義　十八会等の『金剛頂経』系経典群

という二種の『金剛頂経』解釈であった。

したがって、代表的著作である『即身成仏義』などで、

「また、『金剛頂経』にいわく、「諸法本より不生なり、自性言説を離れたり、清浄にして垢染なし」云々」

として名前をあげられる『金剛頂経』は、狭義の『金剛頂経』（『初会金剛頂経』）ではなく、『金剛頂瑜伽

修習毘盧遮那三摩地法』（金剛智訳。略称『毘盧遮那三摩地法』）などの関連経典群に属するものである。

◆両部密教の一極としての『金剛頂経』

空海が師の恵果から伝授され、かつ教義的に打ち立てた密教が、『大日経』と『金剛頂経』という二種の重要な中期密教経典を総合止揚したものであることは、いくつかの点から指摘できる。

第一は、『請来目録』に列挙される以下の五点のマンダラである。

(1)大毘盧遮那大悲胎蔵大曼荼羅　一鋪　七幅　一丈六尺
(2)大悲胎蔵法曼荼羅　一鋪　三幅
(3)大悲胎蔵三昧耶略曼荼羅　一鋪　三幅
(4)金剛界九会曼荼羅　一鋪　七幅　一丈六尺
(5)金剛界八十一尊大曼荼羅　一鋪　三幅

一見して明らかなように、五点のマンダラは、すべて「両部マンダラ」、もしくは「両界マンダラ」と呼ばれる範疇に属するもので、より厳密にいえば、前の三点が『大日経』に説かれる胎蔵マンダラであり、後の二点は、広義の『金剛頂経』に説かれる諸要素をマンダラ化した広義の金剛界マンダラである。

そして、空海が自ら持ち帰った中国密教の至要を最初に高らかに宣言した『請来目録』中の「仏像等」の条目の冒頭に、これら五点の両部マンダラを列挙した事実は、その重要性をいくら強調しても不思議ではない。

西安・青龍寺の恵果・空海紀念堂

とくに、「七幅　一丈六尺」と記される胎蔵・金剛界二種の両マンダラは、幅六〇センチほどの絹布(けんぷ)を七枚つないだ大幅(たいふく)であり、本紙だけでも四メートルを超えていた。この対幅(ついふく)（一セット）二点が、現在、「現図(げんず)マンダラ」と呼ばれて絶対視されるものであることは論をまたない。

もっとも、「金剛界九会曼荼羅」は、本書で何度も触れてきたように、決して一つの経典だけによって図示されたものではなく、おそらく中国密教の有力な阿闍梨(あじゃり)（恵果、あるいは不空か）によって、種々の新しい要素を作為的に導入して出来上ったマンダラであろう。原典至上主義の人は眉をひそめるかもしれないが、私はむしろ密教阿闍梨の前向きな努力を評価したい。

第二は、空海撰の『請来目録』の同じ「仏像等」の個所に、マンダラに続いて掲げられる次の五点のいわゆる祖師図である。

(6)金剛智阿闍梨影(えい)　一鋪　三幅
(7)善無畏三蔵影　一鋪　三幅
(8)大広智(だいこうち)阿闍梨影　一鋪　三幅
(9)青龍寺(せいりゅうじ)恵果阿闍梨影　一鋪　三幅
(10)一行禅師(いちぎょうぜんじ)影　一鋪　三幅

各項目中の末尾の「影」は、御影、つまり密教を伝えた祖師の肖像画であり、幸い原本が空海の寺である東寺に伝わり、国宝に指定されている。

平成十四年度に放映されたＮＨＫの『人間講座』（「空海――平安のマルチ文化人」）で指摘したように、五人の密教の祖師たちの人名の下につく尊称によって、二つのグループに分けることができる。

Ａ．「阿闍梨」のつく者

金剛智――不空（大広智）――恵果

Ｂ．「阿闍梨」のつかない者

善無畏――一行

この二つの系譜の違いを考察すると、「阿闍梨」という密教の教義と実践を双修した高僧にのみ与えられる尊称は、広義の『金剛頂経』を精力的に相承した僧にのみ付されていることがわかる。

空海が自らの密教の正しい相承を記した『秘密曼荼羅教付法伝』（『広付法伝』）でも、主に『金剛頂経』の相承にのっとった上で、金剛智・不空・恵果の三師がそれぞれ第五祖・第六祖・第七祖として掲げられている。

それに対し、『大日経』の漢訳などにおいて重要な貢献を果した善無畏と一行の師弟コンビは、「阿闍梨」の尊称は与えられず、『広付法伝』にも登場しない。

したがって、空海は『金剛頂経』の優位を知っており、密教のレヴェルとしては『金剛頂経』の重要性を認識しておりながらも、金胎両部の密教を確立した師・恵果の意志を継いで、二様の祖師図を総合して真言密教の基礎としたと考えられる。

◆『金剛頂経』の優位

インド・チベットを含む密教の歴史を習った方は、同じ中期密教の主要経典ではありながら、『大日経』と『金剛頂経』の間には、価値的な差違があったことを知っているだろう。

インド・チベットの密教では、次のような四段階が想定されているからである。

(1)所作タントラ（密教）　『蘇悉地経』など
(2)行タントラ（密教）　『大日経』など
(3)瑜伽タントラ（密教）　『金剛頂経』『理趣経』など
(4)無上瑜伽タントラ（密教）　『秘密集会タントラ』など

空海は、一方では『金剛頂経』のレヴェルの高さを生かしながら、他方では恵果直伝の金胎両部を柱とする青龍寺密教を継承した。空海密教の事実上の確立ともいうべき『即身成仏義』の教証（経典や論書による証拠）において、「二経一論八箇の証文」として、『大日経』『金剛頂経』（広義）『菩提心論』（金胎を総合した中国密教の著作）を格別に重視したのは、その証左である。

けれども、両経をなるべく対等に用いようとした空海であっても、『大日経』では説かれず、『金剛頂経』、とりわけ広義の『金剛頂経』系経典群にしか説かれない重要な密教教義を論じる際には、広義の『金剛頂経』をフルに利用せざるを得なかった。

私見によると、空海が重視した『金剛頂経』系の教義思想は、四種法身と四種曼荼羅であった。

仏のあり方（仏身）の議論は、長い歴史と深い考察が積み重ねられてきた。とくに大乗仏教の唯識思想から『金剛頂経』系密教への影響関係の中で、仏身と仏智の問題は興味深い展開を示している。

空海の場合は、最終的には撰述に問題点の多い『金剛峯楼閣一切瑜伽瑜祇経』（略称『瑜祇経』）まで関わってくるので、段階的整理が必要だが、最初期（弘仁六年〔八一五〕頃）の作である『弁顕密二教論』は、広義の『金剛頂経』である『分別聖位経』（略称）に説かれる自受用・他受用の二種受用身の考えを有効に用いている。

「もし『秘蔵金剛頂経』の説によらば、如来の変化身は、地前の菩薩、および二乗・凡夫等のために三乗の法を説き、他受用身は、地上の菩薩のために顕の一乗を説きたもう、並びに、これ顕教なり。自性・受用仏は、自受法楽の故に、自眷属とともにおのおの三密門を説きたもう。これを密教という」

もう一つの四種曼荼羅は、『大日経』に説かれる字（文字）・印（象徴物）・形（形像）の三種のマンダラに羯磨マンダラ（立体マンダラ）を加えたもので、『即身成仏義』では、仏と人をつなぐ三種の架け橋（六大・四曼・三密）のうち、表現を扱うキーワードとなった。

例の『即身成仏義』では、

「もし『金剛頂経』の説に依らば、四種曼荼羅は、（後略）」

として、解説を加えるが、その要点をまとめておきたい。

(1)大曼荼羅　一つ一つの仏・菩薩の姿・形
(2)三昧耶曼荼羅　所持する刀剣・蓮華などの類
(3)法曼荼羅　本尊の種子（種字）・真言
(4)羯磨曼荼羅　諸尊の働き、もしくは仏像など

ともあれ、空海の密教の思想的根拠の大部分は、広義の『金剛頂経』に説かれていると断言してもおかしくない。

アジア各地の金剛頂経(1)

雲南・韓国と敦煌

◆雲南・韓国の『金剛頂経』

アジア各地でおよそ広義の密教が伝わったところでは、近年、新しい文献、もしくは遺品の積極的調査によって、『大日経』あるいは『金剛頂経』の両経系の密教の流行の跡が裏づけられるようになったのは、誠に喜ばしい限りである。

たとえば、同じ中国の領土内でも特異な宗教文化を誇る雲南省では、すでに四十年ほど前から注目されている台湾の故宮博物院所蔵の通称『大理国梵像巻』の中に、

(1)智拳印を結ぶ宝冠如来形の「毘盧遮那仏」

(2)触地印を結ぶ如来形の「大日遍照仏」
(3)五秘密の姿をとる「秘密五普賢」

という三尊が描かれている。

さらに、省都・昆明市の雲南省博物館には、螺髪頭の如来形で、左手の立てた人さし指を右手で覆う智拳印の金剛界大日如来と推測される数体の像が展示されている。

これらの諸像をすべて狭義・中義の『金剛頂経』に収め尽すには、相当の説明が必要であるが、同様の傾向にあるのが、新羅時代から高麗に及ぶ時代の朝鮮半島の密教である。

そこで、ここではまず朝鮮半島、とくに現代の韓国でかつて流行したであろう『金剛頂経』系密教の諸要素を抽出しておきたい。

韓国においても、一九八〇年代から日本の密教ブームの影響を受け、古代・中世の文献や遺品の資料から密教の要素を再発見しようとする作業が活発に行われた。その成果は、ハングル文字で書かれた学術書として相当数刊行されているが、それに続いて韓国に多数遺存している智拳印を結ぶ仏像を中心とした画期的な研究が学位請求論文として提出され、この方面の研究に大きな影響を与えたのである。

韓国籍を持ちながら、日本の大学・研究所で長らく仏教美術

雲南の金剛界大日如来（雲南省博物館）

韓国の智拳印を結ぶ毘盧遮那仏

の研究に励んだ朴亨國氏は、「ヴァイローチャナ仏の図像学的研究」で名古屋大学から文学博士の学位を得、法蔵館から刊行された同名の著作（二〇〇一年）は、意義のある国華奨励賞を受賞した。

従来、韓国には、石像を中心にかなりの数の智拳印を結ぶ仏像があることは知られていたが、それらを分析的に研究し、しかも仏教史・仏教美術史の中で再体系化されることはなかった。つまり、『初会金剛頂経』の「金剛界品」のうち、金剛界・大マンダラの本尊となる金剛界大日如来の結ぶ智拳印は、同経とその釈タントラとされる『金剛頂タントラ』など以外には言及されることがない。

それゆえ、短絡的に考えると、智拳印を結ぶ仏像が見つかれば、そのまま『金剛頂経』の流行を示すことになるが、果してそれで十分なのであろうか。この疑問を補強するように、朝鮮半島では、『金剛頂経』系の文献資料、あるいはそれに言及する歴史資料はほとんど伝わっていない。

朴氏は、八世紀半ば頃から九世紀初め頃に制作されたと推定される智拳印を結ぶ毘盧遮那仏像を約百五十点調査し、それらを頭部（頭髪や宝冠）や着衣法という基本形式に従って、次の三種の形式に分類した。

⑴螺髪で法衣を着用した如来形

⑵宝冠を戴き、法衣を着用した宝冠如来形

(3)宝冠を戴き、条帛を着て、装身具をつけた菩薩形

これらのうち、日本に多い(3)の荘厳された菩薩形の金剛界大日如来像や、特殊形として存在する宝冠如来形の像もごく少数は存在するが、頭部亡失で判断不能の例を除くと、全体の九五パーセント以上は、釈迦如来と同様に螺髪頭で大衣をつけ、智拳印を結ぶ毘盧遮那仏像である。

如来形で智拳印を結ぶ像は、他の密教文化圏で存在しないわけではない。インドでは四面大日如来でありながら螺髪頭を表現する例（ナーランダー考古博物館）が知られている。また、先に取り上げた雲南省の金銅仏やのちに紹介するインドネシアの智拳印像も多くは如来形である。

それらとの関連の有無も視程に入れる必要があろうが、朴氏の仮説によると、不空系の『金剛頂経』を華厳に取り入れた澄観（七三八～八三九）の頃に、智拳印を結ぶ毘盧遮那仏が華厳宗の本尊として採用されたのではないかとする。

確かに、澄観は不空密教の影響を受けただけでなく、弘法大師空海の師であった般若三蔵が訳出した『四十華厳』の訳場で詳定（校正）の役をしている。さらに、朝鮮半島では新羅後期から高麗前期にかけて、華厳と密教が巧みに融合して流行したことが知られている。

それゆえ、朝鮮半島の如来形智拳印像は、単純な金剛界大日如来ではなくて、華厳と密教が結合した智拳印毘盧遮那仏と性格を特化して捉える必要があるかもしれない。

◆敦煌の『金剛頂経』

井上靖氏の名作『敦煌』によって、中高年の人びと、とくに男性諸氏のロマンの象徴となった敦煌は、政治的には異国と接する前線の要地であり、文化的には多様な彼此の文化の交錯する地であった。塞外のこの地では、古来、多くの文化が花開き、かつ滅びていった。洞窟の壁裏に隠されていた万余の聖典や文書は、千年に近い人びとの精神生活の結晶である。

有名なA・スタインやP・ペリオなどの西欧の探検家兼学者がヨーロッパなどに持ち帰った文献について、簡単な目録は数種に及ぶが、約半世紀以上たって実際の資料が手にとったりマイクロフィルムによって閲覧できるようになると、漢文・チベット語・ウイグル語などの多種の言語で書かれた文献が次第に解読されるようになった。

ただし、漢訳経典で見る限り、唐の都・長安（もしくは東都の洛陽）で不空三蔵や金剛智三蔵が訳出した『三巻本教王経』や『略出念誦経』などの、いわば正統的な『金剛頂経』の名前は認められない。

そうではなくて、敦煌文書に含まれるのは、

(1)『金剛頂経一切如来深妙秘密金剛大三昧耶修習瑜伽迎請儀』（略称『迎請儀』）

(2)『金剛峻経金剛頂一切如来深妙秘密金剛界大三昧耶修行四十九種壇法経作法儀軌法則』（略称『金剛峻経』）

という名前の非常に長い密教儀軌であり、いずれも題名に『金剛頂経』のキーワードである「金剛頂(経)」「一切如来」という重要な言葉は見られるものの、目録からだけでは内容を判断することは困難であった。

近年になって、『迎請儀』については平井宥慶氏の、また『金剛峻経』に対しては田中公明氏の詳細な研究によって、それぞれの内容と密教史上の位置が論じられるようになったのは幸いである。

それによると、『迎請儀』は、不空訳の『二巻本教王経』（経典である『三巻本教王経』とは系統の違う儀軌）などの漢訳儀軌を適宜改竄して編集されており、中国密教、換言すれば長安・洛陽のいわゆる「唐密」の系統に属すると考えられている。

敦煌の『金剛峻経』に関する図像（パリ国民図書館）

他方の『金剛峻経』には、既存の漢訳テキストに直接対応する部分はなく、むしろこの経が説かれた場所として述べられる王舎城耆闍崛山などの一般仏教的要素や金剛界五仏・十六大菩薩という密教のイメージは持ちながらも、「水陸之壇」「地蔵・水蔵・火蔵・風蔵」などの中国化した要素が顕著であり、「疑経」や「偽経」とは貶称しないまでも、土着の要素を導入した広義の『金剛頂経』といえるだろう。

もっとも、田中公明氏の研究によれば、『金剛峻経』の中には、『初会金剛頂経』とは別に、後期密教の始まりともいうべき『秘密集会タントラ』の二大流派のうち、早い流行を示したジュニャーナパーダ流の要素が認められるという。確かに敦煌を一時期（七八一～八四八）支配した吐蕃王朝はチベット族の国家であったので、唐朝の長安・洛陽方面

敦煌・四印マンダラ中の金剛薩埵（ニューデリー国立博物館）

からだけではなく、ラサ方面から伝わったチベット密教の中に『金剛頂経』系のものも少なからず伝わっていたことは事実である。

田中氏は、好著『敦煌――密教と美術』（法蔵館、二〇〇〇年）の中で、チベット語訳の残る『聖真実摂成就法』と『金剛吽迦羅成就法』を紹介している。前者は「金剛界品」の、後者は「降三世品」もしくはその釈タントラといわれる『降三世大儀軌王』と関連する成就法（供養法）である。

◆敦煌の『金剛頂経』系美術

先述のように、文献研究はマイクロフィルムなどで実物の写真やコピーが直接利用できるようになって急速に進展したが、出版物などを通して、いわゆる敦煌美術の中に密教系のものが数多く含まれていることは、古典的名著というべき松本栄一氏の『敦煌画の研究』（東方文化学院東京研究所、一九三七年）で早くから識者の注目を集めていた。

有名なスタイン・コレクションの一部として、インドのニューデリー国立博物館に伝わる世にいう「四印曼荼羅」は、三角形の紙片に右手に金剛杵、左手に金剛鈴を持つ標準的スタイル（金剛頂タントラ系、もしくはアーナンダガルバ系）の金剛薩埵をはじめ、他の金剛宝・金剛法・金剛業の四転輪菩薩がそれぞれの紙片に描かれている。各片に一緒に表現される蛇らしき生き物の意味が不明であるが、内容から判断して、『金剛頂経』系の一種のマンダラとして大過ないだろう。

このほか、フランスから漢題名『敦煌白画』として出版された白描の仏画の中に、先に文献として取り上げた『金剛峻経』と関連を持つマンダラが収録されている。前にも触れたように『初会金剛頂経』の金剛界マンダラを一応念頭に置きながら、香・華・燈・塗という外の四供養菩薩を地蔵・水蔵・火蔵・風蔵の四蔵菩薩に読みかえている。

また、金剛界マンダラの鉤・索・鎖・鈴の四摂菩薩が大慈・大悲・大喜・大捨の四無量菩薩に変化しているのも新しい特徴である。『金剛峻経』が漢訳資料でありながら、チベット密教の影響を受けたマンダラとして生き続けているのは、いかにも辺境の地である敦煌にふさわしい。

アジア各地の金剛頂経(2)

——インドネシアとチベット

◆東南アジアの『金剛頂経』

仏教の文化圏、もしくはもう少し範囲を限って密教の文化圏の中で、中央アジアと対応して通過地域として大きな意味を持つのが、世にいう東南アジアである。

インド亜大陸と東アジアの中心地である中国への中継地の意味を持つ東南アジアは、中枢となるインドシナ半島の他は大・小さまざまな島々からなる。かつての岡倉天心の「アジアは一つ」はどうも政治的スローガンの色彩が強く、実際には現在の東南アジアを見ても十以上の国があり、宗教もキリスト教・イスラム教・仏教・ヒンドゥー教の四大宗教が併存しており、しかも各宗教の中でもいくつかの派に分かれて複雑にからみ合っている。

ところで、対象を密教に限ってみると、インドシナ半島のカンボジア、タイ、そしてミャンマー(ビルマ)で一時期密教の流行した時期があったことは事実で、わずかながら仏像や壁画などの遺品も伝わっている。

しかし、範囲を『金剛頂経』に限定すると、仏像や文献などを数多く見出し得るのは、現在のインドネシアに限られ、しかもジャワ島とスマトラ島の両島に集中している。

◆ジャワ島に集中する『金剛頂経』系密教

半世紀以上も前の太平洋戦争のときに一時的に日本軍が占領したジャワ・スマトラの両島は、植民地時代の宗主国はオランダであったが、五百年以上も前にインドを経由してイスラム教が伝わり、戦後独立した際にも、東南アジアでは数少ないイスラム教国となった。

イスラム教の伝播(でんぱ)と普及によって、強い言葉を使うと他宗教との共存を認めないイスラムの原理に従って、かつての仏教とヒンドゥー教の混合した宗教文化は廃絶の憂き目にあったが、それ以前の八世紀頃から十二世紀頃まで、ジャワ・スマトラの両島を中心とするインドネシアにおいて、『大日経』『金剛頂経』

の両系統の密教と、『金剛頂経』の流れを引き継ぎながらもタントラ的要素を増大させた一部の後期密教が流行したことが、仏像などの遺品と経軌・碑文などの文献の両資料からうかがうことができる。

初期のインドネシア仏教については、主に文字の国・中国の高僧伝や旅行記の中に言及されているが、最初にインドからヒンドゥー教が伝わり、遅れて五世紀頃には大乗仏教が微力ながらジャワ島でも信仰され始めていた。密教の面では、真言密教の付法の第五祖とされる金剛智三蔵が、南インドから中国へ向かう途中にジャワ・スマトラに滞在したといい、弟子の不空三蔵も詳しい記録はないが、ジャワを訪れたとされている。

両者がともに『金剛頂経』系密教に通暁した有力僧であり、しかも厳密にいえば、それぞれの信奉していた金剛界マンダラに系統の相違が見られることは、本書でもくり返し紹介してきたとおりである。

また、年代は十世紀後半に下ると推測されるが、インドネシア密教の綱要書といわれる『サン・ヒアン・カマハーヤーニカン・マントラナヤ（聖真言理趣大乗論）』に、『大日経』と並んで、『初会金剛頂経』（『真実摂経』）の引用があり、さらには狭義・中義の『金剛頂経』にとどまらず、他にも引用される『最上根本大楽金剛不空三昧大教王経』（略称『理趣広経』）などを考え合せると、それらを含む広義の『金剛頂経』がインドネシアにおいても知られていた時代のあったことを示している。

また、同書とほぼ同時代の撰述とされる『サン・ヒアン・カマハーヤーニカン（聖大乗論）』に、「法身仏（本初仏）から釈迦が生じ、その左右に世自在（観音）と金剛手が配置される。釈迦の顔から毘盧遮那（大日）が生じ、世自在は自らを二分して阿閦と宝生を創造し、金剛手から無量光と不空成就が生じた。

さらに、五仏に金剛界自在母・仏眼母・我母（アートミヤー）・白衣母・救度母（ターラー）の五天母が配される。（後略）」

とあることから考えると、毘盧遮那（大日）をはじめとするいわゆる金剛界五仏にとどまらず、配偶明妃となる金剛界自在母（ヴァジュラダートゥイーシュヴァリー）などの仏母群がすでに確立していたことは明らかであり、密教の発達段階でいえば、無上瑜伽密教とも呼ばれる後期密教の萌芽期に入っていたものと思われる。

◆多数の金剛界系仏像群

インドネシアにおける密教、とくに『金剛頂経』系の密教の流布については、近年、松長恵史、朴亨國、伊藤奈保子の各氏によって、仏像、とりわけ鋳造仏を中心とした画期的な研究が次々と提出されている。

その内容は、ほぼ、以下の三項に分類することができる。

(1)多数の智拳印大日如来像の出土
(2)二組の金剛界立体マンダラの出土
(3)ボロブドゥール仏塔の解釈

第一に、我々の想像をはるかに越えて、五十体以上の鋳造の金剛界大日如来像がジャワを中心とするインドネシアから出土している。その材質は、一部の金造、銀造のものを除いて、大部分は青銅製の小型仏像である。ちなみに、スマトラ島を中心とするインドネシアは世界でも有数の錫の産出国である。

インドネシア出土の鋳造仏像は、母国の博物館などにも約半数が保管・展示されているが、二十世紀前半から流出し始め、旧宗主国のオランダをはじめ、イギリス、フランス、アメリカ、そして日本などに所蔵されている。

外国所蔵の金剛界大日如来を含む多数の作例を紹介した伊藤氏の研究を皮切りにして、のちに朴氏によって補強された研究成果によると、左の手の立てた人さし指を右の手のひらで覆ういわゆる智拳印を結ぶ如来像が、合計五十七体確認された。この特殊な印相は、金剛界マンダラの中尊である金剛界大日如来しか結ばないことから、これらの仏像を日本でも中期密教の中枢を占める金剛界大日如来、つまり『金剛頂経』の本尊とすることに異存はない。

インドネシアの如来形・金剛界大日如来

ただし、智拳印が左右に開かれたような転法輪印（両手の親指と人さし指の指先を合せて輪を作り、組み合せる）と判断される大日如来像が少数認められたことも重要な意味を持つ。後期密教の段階になると、日本で主力の智拳印大日如来は、釈迦如来の要素を再び取り込むことによって転法輪印に変化していくからである。

次に五十七体の金剛界大日如来の像容を分析すると、日本の金剛界大日如来像のような荘厳（しょうごん）された菩薩形（宝冠をかぶり、首飾りや腕釧（わんせん）などの装身具をつける形式）が少なく、むしろ韓国の毘盧遮那（大日）如来像のような如来形（螺髪をつけ、装身具もつけずに法衣を着る形式）が圧倒的に多い。

すでに、インド、チベット、日本などの大日如来像について触れたように、『大日経』・胎蔵マンダラ系の胎蔵大日如来も、また『金剛頂経』・金剛界マンダラ系の金剛界大日如来にも、よく調べると如来形と菩薩形の二種の大日如来の像容があり、時代と地域によっていずれかが優勢に決まっていたようである。私の推論では、インドネシアの金剛界大日如来は、七世紀の中頃にはインドで成立していた『金剛頂経』の影響の中では、少し遅れた第二波的なものではなかったかと考えている。

◆貴重な金剛界の立体マンダラ

多数の金剛界大日如来像の存在さえ、世界の情勢・情報にうとい日本人にとっては驚きなのに、単に中尊の金剛界大日如来だけではなく、東方をつかさどる阿閦如来などの四仏、金剛薩埵を筆頭とする十六大菩薩、四体ずつの内と外の四供養菩薩、そして金剛鉤・金剛索・金剛鎖・金剛鈴の四摂菩薩からなる計三十三尊の小鋳像からなる立体マンダラの存在までもが確認された。

二〇世紀の初頭に東部ジャワのガンジュクから発見されたブロンズ（青銅）製の多数の密教尊像については、ローケーシュ・チャンドラ博士など海外の仏教学者によって早くから注目されていたが、高野山大学で学位を取得した松長恵史氏は、各地に分散し、一部は焼失したものも含めて綿密な研究の結果、二組のブロンズ小像の金剛界立体マンダラがあったことを論証し、大著『インドネシアの密教』（法蔵館、一九九九年）にそれを収録している。

松長氏によると、二組の鋳造仏像の立体マンダラは、いずれも青銅製で、中尊の毘盧遮那（金剛界大日）が最も大きく像高二七・五センチ、それを四方から取り囲むであろう阿閦・宝生・阿弥陀・不空成就の金剛界四仏は一回り小さく約十五センチ、そして金剛薩埵などの十六大菩薩をはじめ、八供養と四摂の菩薩たちは六センチから十二センチと小さくなる。

日本では、和歌山県の那智山（なちさん）出土の金銅仏を集成した珍しい金剛界立体マンダラ（平安時代後期）が有名であるが、遠くインドネシアでも年代の近似した十一世紀から十二世紀にかけての立体マンダラ群が作られていたことは大変に興味深い。

ガンジュクの四面金剛界大日如来
（ジャカルタ国立博物館）

もっとも、尊像の内容と尊容から判断すると、不空訳の『三巻本教王経』に主に依拠する日本の金剛界マンダラとは異なり、種々の点で特徴がある。

まず、中尊の金剛界大日如来像であるが、上に掲載した松長氏の写真のように、二組のいずれもが日本と同じく、菩薩形で宝冠をかぶり、しかも智拳印を結ぶが、顔は四面で、台座の下に正面向きの獅子を配している。また、阿閦などの四仏も順に象・馬・孔雀（くじゃく）・金翅鳥（こんじちょう）という鳥獣を表

ボロブドゥールの仏塔群

現している。こうした点は、金剛智訳の『略出念誦経』や第三会の『金剛頂経』とされている『金剛頂タントラ』に近いが、手に順に金剛杵・宝珠・蓮華・羯磨杵という三昧耶形（象徴物）を持っている点が新しい別系統の資料に近い。

日本密教で主流派であった現図・九会系の金剛界マンダラと比較すると、四波羅蜜（四金剛女）がまったく見られない。両グループとも欠失したとする見方も可能だが、おそらく北西インドのラダック地方に数多く認められる金剛界マンダラのように、中央の大日（毘盧遮那）を取り囲む四波羅蜜は、金剛杵や蓮華に代表される象徴物によって表現されていたと思われる。

その他の特徴と勘案して、松長氏は、これらの金剛界立体マンダラを八世紀から九世紀にかけて活躍したインドの密教学僧アーナンダガルバが著した、『初会金剛頂経』に対する注釈書『真実灯明』に基づいたものとする。立体マンダラの構造と尊容から判断して私も同意するが、アーナンダガルバの影響が伝わらなかった中国・日本の金剛界マンダラと大きく異なるところである。

インドネシアの密教を語る場合、壮大なスケールと複雑な構成を持つボロブドゥール大塔を無視できない。施主となったシャイレーンドラ王朝（中国史料にいう「訶陵」）の年代から推して九世紀頃の成立と推測されているが、最上層の六種の印相を結ぶ如来像は、金剛界五仏にさらに新しい思想を導入したものであり、『金剛頂経』を基盤としたことは疑う余地はない。
今後、さらなる解明を待ちたい。

◈チベットへの『金剛頂経』の導入

ヒマラヤ山脈の北側に広大に広がるチベットの人びとが、インドの各種の仏教を長い期間をかけて、しかも忠実に受容したことはあまねく知られている。敬虔なチベット人たちが、釈尊の教えをはじめとする多様な仏教の真意を忠実に自国のものにするために、インドで成立した膨大な数の仏典をチベット語へ翻訳するにあたって多大の努力を払ったことは、種々のエピソードをもって語り継がれている。

ところで、本書のテーマである『金剛頂経』のチベット語への翻訳がなされたのは、十一世紀の中葉、インドから西チベットに入ったインド僧のシュラッダーカラヴァルマンと、彼を連れて帰ったチベット人の翻訳僧のリンチェンサンポ（九五八～一〇五五。本書五六ページの図版参照）の共訳である。

チベットの仏教史に造詣のある方ならご存じだろうが、偶然にも日本と同じ六世紀頃に仏教が伝わったチベットでは、約二百年後の八世紀にはインドから高名な密教僧パドマサンバヴァ（蓮華生）が入蔵することによって、呪術的効果のある密教が伝わった。チベットの伝承では、パドマサンバヴァはグル・リンポチェと呼ばれるように、後期密教の萌芽的要素をそなえていたとするが、実質はもう少し未体系的な密教教義に基づく行動的・呪術的密教僧であったと思われる。彼の密教は、のちに伝わる新密教に対比して、古密教（ニンマ派）と呼ばれるようになった。

ここでチベットの密教史をおさらいする余裕はないので、『金剛頂経』の関連に話を戻すと、両部の大経の相手経典である『大日経』が九世紀の初め、インド僧のシーレーンドラボーディとチベット僧のペーチェクによって共訳された世にいう旧訳であるのに対し、本経はさらに二百年後の十一世紀にチベット語訳された、いわゆる新訳にあたる。

仏教史の視点から補足すると、『大日経』の翻訳と『金剛頂経』の翻訳のちょうど中間の八四〇年代後半に、俗説では「ダルマ王の破仏」と呼ばれる一連の政治的・宗教的抗争があり、チベット仏教は一時壊滅的な状態にあった。こうしてある時期、経典・儀軌、さらには人材を失ったチベット仏教を復興するために、西チベットの王族によってインドへ仏教（密教を含む）の勉学に派遣され、長年の研究成果が実って、瑜伽部の密教聖典を中心に、一部の無上瑜伽（後期）密教系の聖典や儀軌などを大量に持ち帰り、積極的に翻訳したのが、先述のリンチェンサンポである。彼を嚆矢とする新しい翻訳を「新訳」と呼んでいる。

新しい思想と実践を含んだ多数の経論を持ち帰り、新たな翻訳の発端となったという点では、中国仏教史上の玄奘三蔵に匹敵するが、玄奘が密教に関心が薄かったのに対し、リンチェンサンポは、『金剛頂経』をはじめとして、それと密接な関連を持ちながら展開した『理趣（広）経』や『悪趣清浄タントラ』などの一連の瑜伽タントラ、すなわち聖（仏）と俗（我）との一致（瑜伽、ヨーガ）を目指す密教聖典を自らの思想基盤に置いたのである。

次に、チベットにおける『金剛頂経』信仰の発端を開いたというべきリンチェンサンポの『金剛頂経』について、その内容と系統について、以下の二点を指摘しておく必要がある。

①唐代の『金剛頂経』（たとえば不空訳の『三巻本教王経』）などとは異なり、チベットの『金剛頂経』は、「金剛界品」「降三世品」「遍調伏品」「一切義成就品」の四大品を完備した『初会金剛頂経』（『真実摂経』）であった。

②現在の密教学、とくにチベット密教学の常識では、次に紹介するように、『初会金剛頂経』の注釈者として、「瑜伽部三巨匠」と称されるブッダグヒヤ、シャーキャミトラ、アーナンダガルバの三人の存在と著作が知られている。

そして、リンチェンサンポは、時代的な近接関係もあって、アーナンダガルバ流の『初会金剛頂経』に基づく傾向が強い。

この二点を念頭に置きながら、チベットにおける密教分類上の『金剛頂経』と、西チベットを中心に相当数存在する広義の金剛界マンダラの諸例を紹介しておくことも必要であろう。

◆チベット密教分類上の『金剛頂経』

本書では、『金剛頂経』の密教史上の位置について、現在の日本の密教学での基準となっている歴史的分類法で用いる「中期密教」を使用しているが、インドの仏教・密教をすべて客観的に受容したチベットでは、のちにそのような複合的な仏教を再整理し、体系を再構築する必要に迫られた。

とくに、チベット語に翻訳された一大文献群をいわゆる大蔵経（だいぞうきょう）として集成する際には、基本軸となる目録（カルチャック）を作る必要があった。そこで、十四世紀に活躍したチベット仏教界きっての学匠プトン（一二九〇～一三六四）は、彼の著になる『仏教史』の後半部の『十万タントラ部目録』などの中に、以下のタントラ（密教聖典）四分類法を説いている。

(1)所作タントラ
(2)行タントラ
(3)瑜伽タントラ
(4)無上瑜伽タントラ

この分類法の萌芽的要素は、インド成立の密教経典の中に断片的に認められるが、顕密総合仏教を確立したチベットで完成され、以後、ゲルク派の祖ツォンカパ（一三五七～一四一九）の『真言道次第』をはじめ、その密教面での後継者のケードゥプジェの『タントラ概論広説』などにも踏襲されている。

そして、この四分類法のうち、第三の瑜伽タントラの基本聖典として重要な位置を占めているのが、中義の『金剛頂経』こと『初会金剛頂経』、すなわち『真実摂経』である。

いま、研究の比較的進んでいるツォンカパの『真言道次第』を参照すると、「瑜伽タントラの道次第（修習階梯）」を説く個所で、はっきりと、

「一切の瑜伽タントラの根本は、『真実摂経』（『初会金剛頂経』）である」

と宣言している。

そして、根本タントラの教義・マンダラ・実践などの諸要素を展開させた釈タントラとして『金剛頂（タントラ）』をあげるが、これが酒井真典氏などの先学によって「（十八会のうち）第三会の金剛頂経」

に同定されたことは、近年では定説となっている。この経典は正式名を『金剛頂大秘密瑜伽タントラ』といい、チベット訳のみが現存している。

さらに、『真言道次第』では、『真実摂経』に対する「三大論書」（三つの注釈書）ということで、

(1)ブッダグヒヤ作の『タントラ義入』

(2)シャーキャミトラ作の『コーサラ荘厳』

(3)アーナンダガルバ作の『真実灯明』

をしばしば引用し、時に解釈が異なる場合は、三つの注釈書のうち、二書を併記することもある。

瑜伽タントラを説明する章の最後に掲げている偈は、チベットの密教者たちが、『初会金剛頂経』をどのように把握していたかを、明確に示している。

プトンが住持したシャル寺の金剛界大日如来

「一切の瑜伽タントラの中で最上の『真実摂（経）』の乳海を、三人の学者の論書という攪拌機でもって、よくかきまぜて生じた最上の甘露（不死の妙薬）が、無垢の灌頂によって成熟し、律儀に住し、それによって四時に念誦、修習して、特定の本尊の身・語・意と、自己の（身・語・意）三つの門を一つに融合させる三密の瑜伽によって心が清浄になったとき、（中略）自己の本尊によって最上の悉地が与えられて、善い道を容易に進

むであろう」（高田仁覚氏訳）

◆チベット文化圏に残る金剛界マンダラ

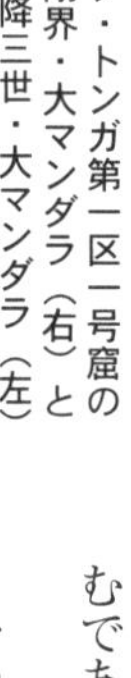
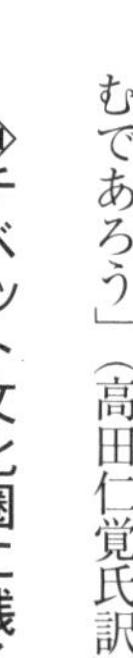

グゲ・トンガ第一区一号窟の金剛界・大マンダラ（右）と降三世・大マンダラ（左）

広くて深い内容を持つ『金剛頂経』のマンダラについては、本書でも何度も紹介してきた。

その際、中央チベットのギャンツェにあるペンコルチューデ仏塔のように、『金剛頂経』の四大品に説く二十八種のマンダラをすべて壁面に描いた特殊なマンダラ堂という例もないではないが、通常、『初会金剛頂経』としては、先頭にくる「金剛界品」の、しかも第一の「金剛界・大マンダラ」をもって代表させる場合が多い。また、ソナム・ギャムツォ師旧蔵の一三九枚のマンダラ図からなる「ゴル寺マンダラ集成」でも、厳密な意味での『金剛頂経』のマンダラとしては、「一〇三七尊金剛界マンダラ」のほか、付属する「一〇三七尊降三世マンダラ」、そして先に触れた釈タントラである『金剛頂タントラ』に基づく「一二七一尊金剛頂各具マンダラ」のみである。

ところで、チベットのマンダラ遺品の現存例として三十年ほど前から関係者の注目を集めているのが、いわゆる西チベットの壁画群である。現在までに報告されている金剛界マンダラの主な例をあげると、次のとおりである。

(1)ラダック地方（アルチ寺三層堂、同大日堂、チャチャプリ寺など）

(2)スピティ地方（タボ寺勤行堂）

(3)グゲ地方（トリン寺集会堂、ツァパラン白廟）

(4)フィヤン・トンガ石窟（トンガ第一区一号窟）

ここでは個別に詳しく論じる余裕を持たないが、金剛界マンダラの形態としては、大別して三つのタイプに分けられる。

①大円輪の中に城郭形を設け、その内庭に五智輪とそれらを覆う中円輪を表すなど、経典の記述に忠実に従ったもの。

・チャチャプリ寺

・トンガ第一区一号窟

②大円輪の中に城郭形を設けるが、その内庭を井桁状に区分して、金剛界マンダラの一部の尊格を配する。

・アルチ寺三層堂

・アルチ寺大日堂

③中尊を塑像で奥壁前部に配し、眷属となる金剛界三十二尊を、壁画、もしくは塑像で両脇に配するもの。

・タボ寺勤行堂
・トリン寺集会堂
・ツァパラン白廟

グゲ・ツァパラン白廟の金剛界大日如来の塑像と眷属の壁画

次に、金剛界マンダラの各尊の図像表現を検討すると、すでに先学諸氏の指摘があるように、ブッダグヒヤ、シャーキャミトラ、アーナンダガルバの瑜伽密教三大論師のうち、とくに最後に登場するアーナンダガルバの注釈書やマンダラ儀軌と一致する点が多い。これは、ブッダグヒヤとシャーキャミトラの二人がマンダラ諸尊の具体的図像表現に関心を払わなかったこととともに、アーナンダガルバが釈タントラの『金剛頂タントラ』のより発達した諸尊図像を十分に用いた結果と思われる。同様の傾向は、先に触れた東南アジアのインドネシアの金剛界立体マンダラ（青銅仏群）にも該当するところである。

なお、チベット文化圏の周辺にあるネパールでは、現在でもヴァジュラアーチャーリヤ（金剛阿闍梨）と呼ばれる半僧半俗の密教者が、庶民の求めに応じて修法儀礼を行なっている。そこにも『金剛頂経』系の『悪趣清浄タントラ』などに基づく成就法や、マンダラ図像が伝承されている。

以上、アジア各地における『金剛頂経』系の文献と美術の両資料を取り上げてきたが、それによって明らかになったように、初期・中期・後期の三段階にわたる密教の栄えたところには、中期密教の基盤となる『金剛頂経』が必ず何らかの形をとって信仰されていたようである。そして、注意深く探せば、智拳印を結ぶ金剛界大日如来や、金剛杵と金剛鈴を持つ金剛薩埵など、『金剛頂経』特有の重要な仏像が存在していたことも証明することができた。

『金剛頂経』は、まさに密教の代名詞であったといっても過言ではないだろう。

金剛頂経以後の密教展開

理趣経、そして後期密教へ

◆『金剛頂経』以後

『金剛頂経』や『大日経』という密教経典に限らず、『法句経(ほっくきょう)(ダンマパダ)』や『般若心経(はんにゃしんぎょう)』などの初期経典・大乗経典の教えや思想を説く場合、そこに説かれている時間・空間を超越した普遍的な考えを強調して、各経典の時代背景や相互の影響関係にまったく考慮を払わないことも可能である。

しかし、私はその教えや実践が説かれたのは、決して原因のない偶然ではなくて、ほとんどの場合、時代的要因と他経などからの影響という一種の必然性があったはずだと考えている。そういう意味では、私は哲学者というよりは歴史家でいたいと念願している。

そこで、本書のテーマである『金剛頂経』の場合に問題を限定すると、第一章で「金剛頂経の成立前夜」として取り上げたように、狭義・広義のいずれの『金剛頂経』にしても、それに先行し、かつ大きな影響を与えた密教経典として世にいう『大日経』があったことは、すでに大方の承認を得ている。たとえば、本尊はいずれも大日（毘盧遮那）如来であるし、それをはさんで金剛手系の菩薩と観音系の菩薩が主導的な役割を果すことは共通している。

アジア各地における『金剛頂経』の展開を概観する本章を終えるにあたって、「ポスト『金剛頂経』」というべきインドでの『金剛頂経』以後の密教を、主に経典を中心に置いて密教思想史のモデルとして紹介しておきたい。

『悪趣清浄タントラ』の一切智大日マンダラ（ラダック・アルチ寺）

◆広義の『金剛頂経』の個別発達

すでに何度も触れたように、狭義と広義の二種、もしくはマンダラの視点も考慮に入れると狭義・中義・広義の三種の『金剛頂経』を重層的、かつ発展的に想定することが可能である。

つまり、我々に親しい九会の現図・金剛界マンダラ中央の成身会にあたる第一章「金剛界品」の「金剛界・大マンダラ」を説く最も狭い意味での『金剛頂経』（不空訳の『三巻本教王経』）から、「金剛界品」はもちろん、第二章から第四章にあたる「降三世品」「遍調伏品」「一切義成就品」に及ぶ計二十八種のマンダラを含んだ中義の『金剛頂経』(『初会金剛頂経』または『真実摂経』。梵本・チベット訳と、漢訳の施護訳『三十巻本教王経』)への展開は、明らかに発展と捉えることができる。

そしてさらに、八世紀の不空三蔵の撰述になる『金剛頂瑜伽経十八会指帰』(略称『十八会指帰』)に初めて説かれる十八会の『金剛頂経』は、不空当時は初会のみ「一切如来真実摂教王」と表現していた中で、他の十七会は、すべて「〇〇瑜伽」として区別されるにすぎなかった。

そのうちで、以下の各会は、それぞれ内容を充実させて新たな密教経典へと発展していったものと考えられる。第一章でも紹介したが、理解の便を考えて、両者の対応をもう一度あげておこう。

	会名	対応経典(略称)
初　会	一切如来真実摂教王	『真実摂経』
第二会	一切如来秘密王瑜伽	『金剛頂タントラ』
第三会	一切教集瑜伽	『金剛頂タントラ』
第四会	降三世金剛瑜伽	『降三世大儀軌王』
第五会	世間出世間金剛瑜伽	『悪趣清浄タントラ』
第六会	大安楽不空三昧耶真実瑜伽	『理趣経』
第九会	一切仏集会拏吉尼戒網瑜伽	『一切仏集会タントラ』
第十三会	大三昧耶真実瑜伽	『仏説秘密三昧大教王経』
第十五会	秘密集会瑜伽	『秘密集会タントラ』

故酒井真典博士や田中公明氏などの研究によれば、さらにこれ以外の対応関係も想定されるが、広義の『金剛頂経』の部分要素であった各会の原初形態が、それぞれの内容に応じた新たな密教を生み出したと考えたい。

次に、そのいくつかを紹介しよう。

◈注目が集まる『金剛頂タントラ』

先に紹介した金剛界・大マンダラのみを説く狭義の『金剛頂経』、ならびにその発展形態である四大品と二十八種マンダラをそなえた中義の『金剛頂経』（『初会金剛頂経』）と最も近い関係にあるのが、近年、非常に関心が高まっている『金剛頂タントラ』である。

現存するチベット訳から『金剛頂大秘密瑜伽タントラ』と経名が復元される同経は、梵本、ならびに該当する漢訳がないことによって、わが国ではほとんど注意を払われることはなかった。

けれども、チベット密教文献の研究者であった故酒井真典博士がチベット訳からの紹介論文（「金剛頂経の第三会に就いて」『密教研究』七十一、一九三九年）を世に出して以後、約四十年経った頃から、インド・チベット密教への関心の増大と研究の充実とともに次第に重視されるようになり、桜井宗信、北村太道の各氏、そして私などの研究が積み重ねられている。

学術的な詳細は省略するが、後世、この『金剛頂タントラ』のことを「金剛頂経の釈タントラ」と呼んでいるように、インドやチベットでは、広範な内容を持つに至った『初会金剛頂経』を、さらにテーマを限定して特化していった新種の『金剛頂経』が出現した。それが、第三会とも称される『金剛頂タントラ』であったと想像される。

『金剛頂タントラ』の特徴は何かといえば、私見では、次の点をあげることができる。

①『初会金剛頂経』では、「金剛界品」「降三世品」「遍調伏品」「一切義成就品」という四大品の教理、さらには大・三・法・羯という四印（四種の象徴体系）の教理が中心であった。

一方、マンダラの構造としては、中央と四方からなる五（智）輪構成をとっていたが、大日如来以下の五仏を説くことはあっても、五部という表現を用いることはなかった。

②『金剛頂タントラ』では、もはや四大品や四印に束縛される必要はなく、第五の部族であった羯磨部（不空成就如来の部族）を完全に独立させ、独特の五部具会マンダラを作り上げた。

③金剛界・大マンダラのほとけたちについても、すでに『初会金剛頂経』で説かれていた五種の印相（智拳印・触地印など）のほかに、五種の身色（白色・青色など）、五種の鳥獣座（獅子座・象座など）をつけ加えた。

私の推論では、第三会の『金剛頂経』と評される『金剛頂タントラ』は、『初会金剛頂経』である『真実摂経』が最終的な形態を完成する以前に、すでに並行する形でかなり出来上りつつあり、中国で登場した金剛界九会マンダラの成身会にはその影響が表れている。いわゆる金剛界八十一尊マンダラは、その系統の金剛界マンダラではないだろうか。

日本の理趣経十七尊マンダラ

◆『金剛頂経』の流れを受けつぐ『理趣経』

インド・チベットの密教では、聖なる仏たちと俗なる私たちの合一（瑜伽、ヨーガ）を主題とする瑜伽密教の展開として、『初会金剛頂経』（『真実摂経』）『金剛頂タントラ』のあと、広く流行したのは『悪趣清浄タントラ』と呼ばれる経軌とそのマンダラであった。

その名称が示すように、この聖典は、凡聖不二（聖俗一致）の成仏体験によって、地獄・餓鬼・畜生という好ましくない生存（悪趣）に生まれ替わることを忌避するという素朴かつ強力な願いによって、人びとの間に流行した。しかし、中国・朝鮮半島・日本の東アジアでは、別に地獄救済と極楽往生の強力な宗教文化が存在していたので、ほとんど注目されなかった。

それに対し、日本を中心とした瑜伽密教を受容した地域で、いわば密教の代名詞ともてはやされたのが、『理趣経』である。

『理趣経』、つまり「さとりへの道」という意味を持つ経典には、梵本・漢訳・チベット訳の文献テキストが十種以上も伝存しているが、日本の密教で日々読誦されるのは、唐代の密教僧・不空三蔵の訳出した『大楽金剛不空真実三昧耶経』一巻である。

この不空訳の『理趣経』を他の翻訳諸本と区別して『般若理趣経』と称するが、これを含めて計十本伝わっている『理趣経』経典群を、便宜上、略本と広本に区別することができる。

すなわち、略本とは、後述のように、『般若経』のエッセンスである空の思想と、『金剛頂経』の通序に現れる大日如来・八大菩薩を中心とした密教仏を総合止揚した特色ある経典であり、それに具体的な密教行法を積極的に導入して、個々のほとけの真言などを大幅に増広したのが広本である。なお、田中公明氏の研究によると、十八会のうち第七会と第八会は広本の『理趣経』と関連を持つという。

「広本」に基づくチベット系の理趣経マンダラ

いま、不空訳の『般若理趣経』を基礎資料として、その内容を解説すると、同経は、最初の導入部分（序分）と最後の宣伝部分（流通分）を除くと、十七の部分からなっている。ちなみに、伝統的な教学によると、『般若理趣経』とその注釈書である『理趣釈経』（略称）では、「十七」という数が重要な意味を持ち、マンダラの種類も、登場するほとけの数も、また真言の字数も、すべてが十七で表現されることが多い。

さて、十七段（章）とされる『般若理趣経』の構成のうちで、思想的に特別な位置を占めているのが、最初の初段（第一章）と最後の第十七段（第十七章）である。

初段では、本尊にあたる毘盧遮那（大日）如来が、金剛手や観音などの八大菩薩を従えて登場し、菩薩たちに対して、いわゆる十七清浄句を説く。これは、「妙適清浄句是菩薩位」（清らかな男女の情愛は、菩薩の境地にほかならない）という句で始まる十七の定型句で、日本の仏教経典では珍しく、漢音発音で「ビョウテキ・セイセイク・シホサイ」と読む。

ところで、問題の十七清浄句には、他に「愛縛」「触」「身楽」「欲箭」（愛欲の矢）などの言葉が見られることから、それらを短絡的に男女の性愛を肯定し、その実践を推奨したものとする解釈が、古くは中世の立川流、そして現在もないわけではない。

しかしながら、漢訳中の「清浄」、そして部分的に伝わる梵本中の「浄めること（viśuddhi）」を正しく読むと、「愛縛」や「欲箭」などの本来は倫理的に否定されるはずの人間の欲望を表す語が多く登場するのは、それをそのまま肯定するのではなく、あくまで「清らかな」、さらには「浄める」という要素を不可欠とする条件がついているからである。

逆に、「仏」や「さとり」という一見重視される言葉でも、それを固定的に把握し、それに自らが束縛されている限りは、本当の意味の真実とはならない。これこそが『般若経』などの大乗経典が盛んに強調する「空」の教えであり、それを具体的に表現したのが「般若波羅蜜多」（智恵の完成）である。

以上のように説明すると、『理趣経』はより発達した『般若経』にすぎないのか、という疑問が生じるはずである。だが、チベット密教の解釈に、「『理趣経』は、『金剛頂経』を父とし、『般若経』を母とし、……」という教説があるように、『金剛頂経』、とりわけ『初会金剛頂経』の要素をうまく用いていることも事実である。

たとえば、第二段の「毘盧遮那理趣会品」では、同経の根本である「般若理趣」に対して、

金剛平等
義（宝）平等
法平等
一切業平等

の四種の平等性を説くが、一見して明らかなように、これらは『初会金剛頂経』が重視した金剛・宝・法（蓮華）・業（羯磨）の四部族の考えにのっとったものである。

このほかにも、十七段の各段末に一音節の梵字の種字を配することなど、いわゆる密教化の様相を深めていき、独特の『理趣経』の世界を世に説いたのである。

◆無上瑜伽密教の展開

『金剛頂経』が土台となって幾種かの発展を見せた瑜伽密教、換言すれば即身成仏が大前提として承認された密教は、そののち、よりリアルな実証を求めて二つのグループを形成していく。

のちのインド・チベットの密教学僧たちは、無上瑜伽（究極のヨーガ）と通称される最終段階の密教を二分、もしくは三分の方法でもって分類したが、わかりやすい二分法によって概略を紹介しておきたい。

A. 方便・父タントラ

『秘密集会（グヒヤサマージャ）タントラ』『幻化網（マーヤージャーラ）タントラ』

B. 般若・母タントラ

『ヘーヴァジュラ・タントラ』『サンヴァローダヤ・タントラ』『一切仏集会（サマーヨーガ）タントラ』

この領域の研究は、近年長足の進歩をとげており、新たに紹介された資料も少なくないが、従来重視されてきた重要な密教聖典を最初に掲げ、その前段階となった過渡期的聖典を後に付した上で、あくまで『金剛頂経』との関連を考慮に入れながら、各密教聖典の内容と密教史的位置を論じておこう。

まず巨視的に見れば、瑜伽密教の基本となる『初会金剛頂経』において、最初に一切義成就菩薩が五段階の自身成仏法である五相成身によって、金剛界大菩薩を経由して金剛界如来となるシステムが説かれ、俗から聖に到る階梯が提示された。

これに続いて、無限定なる聖を象徴する摩訶毘盧遮那が自己限定して各尊を出生した金剛界・大マンダラが説かれ、今度は聖なるものが、俗なる我々の前に顕現したのである。

そして、我々、すなわち密教の修行者は、まず金剛阿闍梨によって灌頂を受け（わが国でいう受明灌頂）、マンダラに入ったうえで、身・口・意の三つの行為表現を統合した三密行によって五相成身観をなしとげ、さらに免許皆伝を意味する灌頂を受け（いわゆる伝法灌頂）、自らも阿闍梨となることによって、事実上の聖俗一致の即身成仏がかなうことになる。

以上は瑜伽密教の一つの到達点であるが、いささか象徴約、かつ高踏的で、とくに身体性の面からいえば、少しリアリティに欠ける恐れもあった。そこで、より強烈な聖俗一致を体感するために、思想的には本初仏（最高仏）と父母尊（男女合体仏）のエネルギーが求められ、それらを体得するために、生理的行法と性的行法の二方法が必要不可欠とされた。

『秘密集会タントラ』の本尊・グヒヤサマージャ

このような二、三の思想と行法を体系化した無上瑜伽タントラの諸聖典に対して、当時の密教僧たちは「方便タントラと般若タントラ」、もしくは「父タントラと母タントラ」という区別（系統）を配当した。

なお、歴史的には、無上瑜伽タントラに代表される密教を後期密教と呼んでいる。

◆『秘密集会タントラ』と『ヘーヴァジュラ・タントラ』

方便・父タントラは、無上瑜伽タントラの中では、男尊に重点を置いているといわれ、『秘密集会タントラ』がその代表である。内容は、『初会金剛頂経』と『金剛頂タントラ』で確立した毘盧遮那（大日）などの五仏を密教世界の根底に置いているものの、現実には、聖なる世界を実現するために、自己の身体中に仏や菩薩の降臨を瞑想するとともに、生気（息）を用いた生理的要素の強い行法が行われる。

母タントラの本尊・ヘールカ（オリッサ・ラトナギリ）

密教史的にいえば、有力な『秘密集会タントラ』が成立する直前に、『幻化網タントラ』という過渡的な初期無上瑜伽タントラが登場する。そこでは、依然として、大日・阿閦・宝生・阿弥陀・不空成就のいわゆる金剛界五仏が中心となるものの、それらがいずれも三面六臂、三面八臂などの多くの顔と手を有するようになる。また、『大日経』やその胎蔵マンダラでは必ずしも十分に規定されていなかった仏眼・多羅などの女尊が、はっきりと五仏の明妃（配偶女尊）として役割を果すのである。つまり、男女合体であってこそ仏は完全な存在と作用を実現できるとする、インド的発想が前面に出てくる。

そして、遅くとも九世紀初めには成立していたと推測される『秘密集会タントラ』では、ついに大日を東方に追いやって、阿閦系の三面六臂のグヒヤサマージャ（秘密集会）が中央に本尊として位置し、明妃を抱く姿で表現される。

なお、無上瑜伽タントラは、根本聖典の解釈と実修にあたって、いくつかの流派が生み出されることが多い。『秘密集会タントラ』の場合、ジュニャーナパーダ流と聖者流が有力であったが、チベット仏教のゲルク派でとくに重視される聖者流では、仏教教学で中心的役割を果してきた色（物質）・受（感覚）・想（表象）・行（意志）・識（認識）の五蘊（五種の構成要素）を大日などの五仏に配当している。

他方の般若・母タントラは、その名称から察せられるように、密教の実践には女性との合一が必要とされる。もっとも、その行き過ぎを憂慮した頃から、智恵の当体としての女尊である智印を観想するのみにとどめる方法も想案されている。

本尊にあたるのは、ヘールカという尊名で総称される尊格が中心となるが、ヒンドゥー教のシヴァ神のイメージが濃厚である。たとえば、どくろの装身具や虎皮の下着を身につけることからも知られる。手の数、顔の数、配偶女尊の違いによって、ヘーヴァジュラ、サンヴァラ、ブッダカパーラなどの固有名詞を持つ。典拠となる聖典（タントラ）の名前も、尊格と不可分に関連している。

『金剛頂経』との関連でいえば、一応、五仏・五部族の思想軸を伝えているにもかかわらず、第六の最高仏・持金剛を重視し、マンダラでも、むしろ配偶女尊の方を重点的に配置する。これらの女尊は、ダーキニーと呼ばれ、インドでは非アーリア系の下級俗神であったが、いわゆるタントリズムの隆盛と呼応して、その呪的能力を重視して大量に受容された。

またチャクラ（輪）、ナーディー（脈管）などの一種の微細身（象徴的身体）を想定する超生理的行法を説くのも、同系タントラの特色である。

ヘールカの一種・ヘーヴァジュラ

高野山・根本大塔の内部

第八章……………

現代と金剛頂経

金剛頂経の可能性

「聖なるもの」との合一を目指して

◆吉野・高野・熊野の霊場と『金剛頂経』

『大日経』や『理趣経』などとともに、大乗経典特有の文学性やストーリー性がほとんどない『金剛頂経』は、中義の『金剛頂経』ともいうべき『初会金剛頂経』における「金剛界品」（六種）、「降三世品」（十種）、「遍調伏品」（六種）、「一切義成就品」（六種）の四章に説かれる計二十八種のマンダラが主要なテーマであったので、ここまでつき合って下さった方は、マンダラにはいささか食傷気味となっておられるかもしれない。

ところで、歴史的に見れば、『金剛頂経』や『大日経』が世に出て以来、すでに一千三百年あまりが経過している。したがって、すでに二十一世紀に入っている今、改めて特筆すべき新しい事実や現象があるとすれば、平成十七年（二〇〇四）七月一日に、奈良県の吉野と和歌山県の高野・熊野の三地域が「紀伊山地の霊場と参詣道」として世界遺産に登録されたことである。

もちろん、つい先日、世界遺産に正式に登録されたからといって、必ずしも「二十一世紀と『金剛頂経』」ということにはならず、むしろそれら三霊場の歴史的蓄積ということになろうが、三霊場の中には『金剛頂経』が不可欠の働きをしている個所もあるので、終章でもあり少し取り上げておこう。

まず、紀伊山地の三霊場のうちでは、最も北に位置する吉野であるが、中心の本堂を蔵王堂とすることからも明らかなように、信仰の中心は忿怒のほとけ蔵王権現である。この尊格は、『金剛頂経』に説く降三世明王に似たところもあるが、右脚を虚空高く引き上げる蹶起相は、むしろ別系統の中国の道教系忿怒尊の要素がうかがわれる。

もっとも、左手は人さし指（頭指）と中指を合せて伸ばす世にいう剣印をとり、さらに右手で三鈷金剛杵を天高くふり上げる姿は、明らかに初期、および中期密教の金剛系の尊格を意識しているといってよかろう。

蔵王権現の金銅仏

伝説などでは、成立起源の必ずしも明瞭でない蔵王権現は、弥勒菩薩の化身ともいわれていることから、初期密教や中国道教の要素が複合し合って成立したものと推測されるが、先にあげたような図像的な特徴が定着してくるのは、むしろ平安時代中頃以降であるので、三鈷杵や第三眼のような中期密教まで下る要素を後から導入した可能性もある。

とはいえ、のちに天台密教の要素を軸に出来上った吉野修験では、『大日経』と並んで『金剛頂経』の要素がもっとあっても不思議ではないが、逆にほとんど表面上に表れていないといわざるを得ない。

次に、世界遺産に登録された三山のうちで最も時代的に

那智・青岸渡寺出土の金剛界立体マンダラ

長く、かつ地域的にも広く影響力を持ったのが、本宮・新宮・那智の三社からなる熊野三山と、その信仰である熊野信仰である。

南紀の熊野地方は、古くは「隈野」と呼ばれたように、死の国、もしくは死者の魂の宿る黄泉の国として知られてきた。この地方に成立した本宮・新宮・那智の三社は、当初はそれぞれ別個のもので、神格も異なっていた。

まず、本宮は、熊野坐神社といい、樹木の神である家津御子神を主神とした。次に、熊野川河口の新宮市に鎮座の新宮は、正式には熊野速玉神社といい、主神の速玉神を祀る。那智勝浦町の那智大滝を祀る那智神社は、熊野夫須美神を主神としていた。そののち、九世紀末頃、三山が関連を持ち、各社にこの三神を奉安するようになった。

平安時代の末頃になると、神仏習合の極意ともいうべき本地垂迹（仏が本地で、神が迹を垂れる）思想にのっとって、本宮の本地仏を阿弥陀如来、新宮の本地仏を薬師如来、那智社の本地仏を千手観音とし、それらの三神格を「熊野三所権現」と呼ぶようになったのである。

そののち、さらに以下の諸神が加えられて、世にいう「熊野十二社権現」が成立した。

垂迹神	本地仏

若宮女一王子　十一面観音
禅師宮　地蔵菩薩
聖宮　龍樹菩薩
児宮　如意輪観音
子守宮　聖観音

〔以上、五体王子〕

一万・十万　文殊菩薩・普賢菩薩
勧請十五所　釈迦如来
飛行夜叉　不動明王
米持金剛　毘沙門天

〔以上、四社明神〕

これらとは別に、熊野を観音菩薩の浄土・補陀洛山の東門として、那智海辺の浜の宮とその別当寺（神宮寺）・補陀洛山寺を拠点として補陀洛渡海の信仰が興った。浜から沖に小船で漕ぎ出していく模様は、那智参詣マンダラにも詳しく描かれている。

このように幅広い神仏習合の庶民信仰を得た熊野信仰であるが、すでに本地仏のリストをご覧になっておわかりのように、金剛界大日如来や金剛薩埵などの純粋に『金剛頂経』系のほとけはまったく認められない。

その理由については、二点列挙することができる。第一には、仏教側から見た熊野信仰は、やはり極楽浄土への往生のほとけ阿弥陀如来が中心であった。平安中・後期に白河・鳥羽の両法皇の熊野詣でなどで貴紳の信仰を集めたのは、一方では来世往生の切なる願望によるものであった。那智参詣の最後に、大滝の山上にある阿弥陀寺の山中浄土まで参ったのは、決して偶然ではない。

また、他界往生の阿弥陀如来の前に、病気平癒を代表とする現世救済のほとけ薬師如来と現世利益のほとけ（千手）観音を立てたのも故あることであり、現世と当（来）世の幸福をともに願うのは、何も平安時代のみの特色ではなく、現在にもあてはまることである。

第二に、歴史学の視点から見ると、熊野信仰を築き上げたのは、高野山・東寺などの真言系密教僧よりも、むしろ園城寺（三井寺）・聖護院を基盤とする天台修験系の密教僧の努力によるところが大きい。

そして、中世から近世にかけて他方の真言宗醍醐寺系の修験集団の勢力が拮抗するようになると、吉野から中央の大峯を抜けて熊野へ出る全行程のうち、とくに熊野から大峯までは、金剛界・胎蔵の両部マンダラのうち、胎蔵マンダラに配するのが常識となった。

実際のところ、熊野の本地仏マンダラでは胎蔵マンダラにならって、中央に八葉の蓮弁を描き、中心の花蕊の部分に金色で禅定印を結ぶ阿弥陀如来を表現するのである。これに対し、吉野から大峯までが金剛界にあたることになるが、密教化の進んだ『金剛頂経』は垂迹美術として表現されることは少なかった。

以上を総合すると、熊野三山も『金剛頂経』と直接につながる部分は少なく、むしろ『大日経』との密接な関連が顕著である。

◆高野山とゆかりの深い『金剛頂経』

世界遺産に登録された三山のうち、最後の高野山はどうであろうか。本書の序章で取り上げたように、高野山の寺名である金剛峯寺は、『金剛頂経』の広義の発展形態である『金剛峯楼閣一切瑜伽瑜祇経』から由来したことは信じてよかろう。

また、晩年の空海は、伽藍が出来上りつつあった山上に、二基の仏塔を建立し、それぞれに金剛界・胎蔵の別々の大日如来像を安置しようとした。もちろん、根本の思想は、金胎の両部を表現しようとしたわけであるが、『大日経』・胎蔵マンダラと『金剛頂経』・金剛界マンダラがセットとなり、しかもあえていうなら『金剛頂経』・金剛界マンダラを上位に置いていたことを忘れてはならない。

同様の金胎両部の重視としては、高野山の西の入口である大門を起点に、一町ごとの石柱が建てられている。中世頃の事業であるが、上部に彫られた尊格の梵字からたどれば、山下が胎蔵マンダラ、山上が金剛界マンダラのほとけたちであるという。このように真言密教の総本山・高野山は、とくに『金剛頂経』・金剛界マンダラと強く結びついているといえよう。

◆巡礼・遍路と『金剛頂経』

以前、『『大日経』入門』でも指摘したように（同書一八〇～一八一ページ）、弘法大師空海の遺跡を巡ると伝えられる四国遍路は、歴史的に見ると、実は、先に触れた熊野信仰と密接に関係しながら成立したものと考えられる。

千年以上の歴史を持つわが国の巡礼・遍路信仰の歩みの中で、ここ二、三十年が一つの隆盛期にあたるという解釈が一般に普及しているが、四国遍路に限っても、昭和二十八年頃から始まったバス遍路がピークを過ぎ、近年はマイカー遍路のほか、遍路の原点ともいうべき歩き遍路も若い世代を中心に復活し、その数を増している。

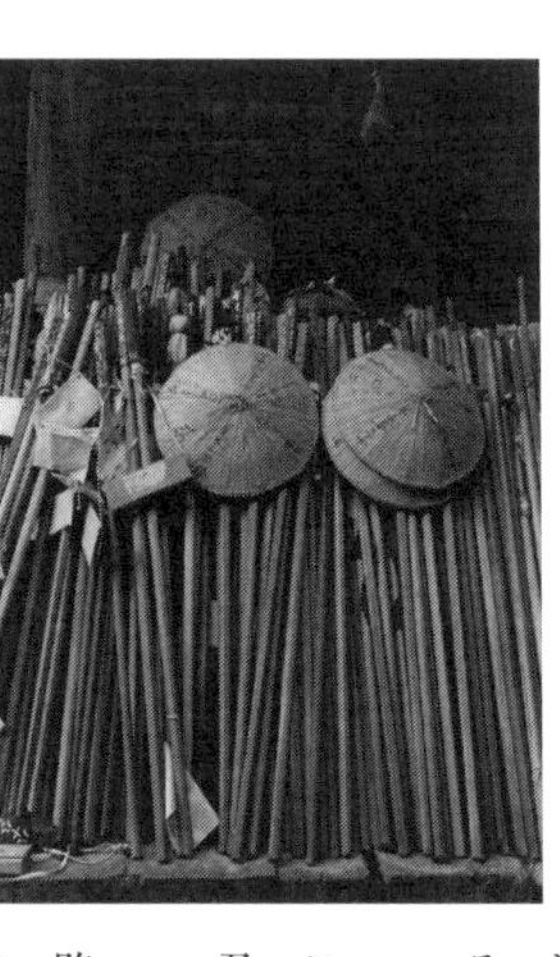

奉納された金剛杖と笠（四国八十八番・大窪寺）

昭和末期から平成に及ぶ遍路ブームの大きな特色は、その目的と行動方法が多様化したことである。後者の遍路の仕方から先に取り上げれば、一回、もしくは多くとも三、四回に分けて四国霊場を巡拝するやり方は依然として基本になっているが、多忙化し、なかなか時間をかけて聖なる場にゆっくりとひたる余裕がなくなった現代人は、週末遍路、日帰り遍路などの短期分散・積み重ね型の遍路が増えている。この場合は、どうしても札所（仏、もしくは集印）中心の点遍路の側面が顕著となる。

他方の歩き遍路は、時間や仕事に気を使うことはなく、むしろ札所から札所へと歩む道中の間に、自己を見つめたり、神・仏や自然や他人から不思議なご縁をいただくきっかけが生じてくる。私の言葉でいえば、線の遍路ということになるが、点と線が総合されて四国遍路という広大にして深遠な世界が築き上げられているのだ。

ところで、『『大日経』入門』を書いた際に触れたが、仏道修習の段階を一歩ずつ登って行くことを説く『大日経』は、巡礼・遍路の思想や実践と軌を一にしている。四国遍路の教義的定番となっている発心・修行・菩提・涅槃という四転の教えは、『大日経』の中心的教義である。

それでは、本書のテーマである『金剛頂経』と巡礼・遍路は共有する点、あるいは通底する部分があるだろうか。大局的に見る限り、大日如来に代表される仏たちとの聖俗合一の瑜伽を旗印とする『金剛頂経』は、津田真一氏の言葉を借りれば「坐る仏教」であり、『大日経』のような「歩む仏教」とは相違する部分も少なくない。

しかしながら、近年の新遍路ブームにおいて、現実生活の中に生きる自己の基本軸をまず模索する「自分探し」の要素が大きくなってきたことを想起するとき、それが聖（仏）と俗（我）の関連を探そうとする未熟ながらも最初の一歩としての意味を持ち得ると確信している。

そういう意味では、四国八十八か所遍路も西国三十三所巡礼も、『金剛頂経』・金剛界マンダラの世界に入るための入門的宗教行為といえるのではないだろうか。

◆金剛界マンダラの「あるべきよう」

ところで、本章のテーマである「現代と金剛頂経」とどこまで整合するか心もとないが、『金剛頂経』に説かれるいわゆる金剛界マンダラについて、近年、京都市立芸術大学名誉教授の田村隆照氏が、「人為

一会の金剛界マンダラ（石山寺本・八十一尊マンダラに基づく彩色本。長谷法寿作）

的、かつ二次的要素の色濃い九会マンダラを廃して、一会の金剛界マンダラに戻るべきである。その場合、あえて一会の金剛界マンダラを創作した江戸時代前期の河内・延命寺の浄厳（一六三九〜一七〇二）和尚のマンダラを再評価してはどうか」という主旨の論陣を張っておられることに対し、少し見解を表しておきたい。

なお、田村先生と私は、年代は相当異なるが、密教図像学会の設立以前より三十年間にわたって親しくつき合わせていただいており、いわば「仲間」と理解させていただいているが、マンダラというものの意義と働きに関して、高山寺の明恵上人（一一七三〜一二三二）の言葉を借りれば、「マンダラのあるべきよう」に対して、少し見解の相違があるようである。

マンダラが、単なる美術鑑賞の対象ではなく、密教の実践儀礼において重要な意味を持つことは周知の事実であり、近年ではインド・チベットのマンダラ儀礼を視程に入れた森雅秀氏の有意義な書物（『マンダラの密教儀礼』春秋社、一九九七年）も刊行されている。

とくに、真言密教の祖師である空海が師の恵果和尚から受法した青龍寺での両部入壇灌頂が、密教の全身的相承を象徴するものであることに疑問を口はさむ余地はない。

その場合、図柄の大きく、しかも全員集合型の胎蔵マンダラでは問題が少ないが、マンダラ表現が異なっており、しかも図柄の小さな金剛界九会マンダラが、密教で最も重要な意味を持つ投華得仏（目隠ししてマンダラ上に花を投げる）の装置として妥当かというのが、田村氏に限らず、古来議論の一つの出発点となっている。

具体的な美術資料としては、有名な『年中行事絵巻』（原作は平安末だが、江戸期の模本のみ現存。個人蔵）の「御修法」の光景の絵中絵に一会（一つの部分）からなる金剛界マンダラが描かれており、これが世にいう八十一尊マンダラなのかを含めて、金剛界九会マンダラ批判の一つの材料となっている。とりわけ、『年中行事絵巻』の場合の絵中絵の一会の金剛界マンダラは、掛け幅の礼拝用マンダラであり、投華得仏用の敷マンダラではないだけに、金剛界九会マンダラの実用性を問う資料となっている。

中世の金剛界九会マンダラ（醍醐寺）

ここでは長々しい議論は省略して、金剛界九会マンダラに対する私の結論のみを要約すると、九会マンダラの意義と役割は、あくまで『金剛頂経』の思想を可視的に表現することにあるということである。

折に触れて何度もくり返してきたように、中国密教の最終段階で、『大日経』・胎蔵マンダラと『金剛頂経』・金剛界マンダラは、それぞれ両部の大経、ならびに両部マンダラとして一対化されたが、『大日経』がたった一つのマンダラしか説かない単経であるのに対し、『金剛頂経』は、ヴァージョンの違いはあれ、六種（「金剛界品」のみ）、もしくは二十八種（四大品すべて）のマンダラを説くものであった。

マンダラの表現の違いは、各経典によって表明される真理観の表現の違いであり、それらを生み出した思想を理解することがまさに問われているのである。

他方、私は密教における奥深い儀礼体験を軽視するわけではない。複数のマンダラを説く『金剛頂経』であっても、最初の金剛界・大マンダラ（成身会）だけで代表して、有縁のほとけと結縁することは少なくとも第一歩的意味を持つ。

ただし、最澄などが受法した高雄山寺（のちの神護寺）での灌頂はともかく、一般に、比較的早い時期からどこに落ちても「大日如来」となっていく。その場合のマンダラは、たとえ一会であっても通過儀礼の一手段としてのみ作用するといえる。

江戸時代の浄厳に関しては、私も梵学（梵字・サンスクリット語の研究）の面から関心を持っているが、百年のちに出た河内・高貴寺の慈雲（一七一八～一八〇四）とよく対比される。マンダラについては、祖師・空海が取り上げた論点、すなわちなぜ九会なのか、その内部での思想的関連などに思慮をめぐらし、とかく些細な問題に偏りがちな事相（実践作法）面にはほとんど関心を示さなかった。

現代において、金剛界九会マンダラを語るとき、私は浄厳と慈雲のいずれを選ぶかという選択を迫るわけではない。やや厳密性を欠くいい方だが、それぞれ利点と弱点がある。そして、現状の九会マンダラについていえば、単一ではない多くの文献資料から復元されたそのマンダラが意図するところを、世の人びとに広く知っていただくことが重要なのではないだろうか。九会マンダラの意味するところは、やはり奥が深い。

◆「瑜伽」の再発見

当初の意図に反して具体的な話になってしまったが、最後にいささか理念的になるが、二十一世紀の現代に『金剛頂経』が果すことのできそうな役割を二、三列挙してみよう。

それに先立って、やはり確認しておくべきことは、『金剛頂経』が「瑜伽部(ゆが)」の密教経典であるという事実である。つまり、古代インドからの一つの重要な考え方であるブラフマンに象徴される大宇宙的なものと、個我(アートマン)ともいうべき小宇宙的なものとが合一可能であるという前提である。

少し論点をずらせて、後者を現象世界に生存している自分としてとらえれば、聖なるものと俗なるものの合一といい換えることもできる。『金剛頂経』が、代表の金剛界・大マンダラの自己顕現をはじめとする多数のマンダラを説くのは、大真理ともいえる実在が種々の象徴的表現をとって私たちに顕れうるという方向性と可能性を示している。逆にいささかシンボリックであるが、菩薩時代の釈尊をイメージした一切義成就(いっさいぎじょうじゅ)菩薩が五段階の瞑想体系(五相成身(ごそうじょうじん))をもって成仏、つまり聖俗一致、聖俗合一しうるとするのは、世俗的要素をも含む小宇宙から聖一色の大宇宙への接近と理解できる。

ともあれ、『金剛頂経』は、具体的には聖俗の合一・融合（ヨーガ、瑜伽）を前面に掲げる瑜伽部密教の経典であるという大前提を確認しておきたい。

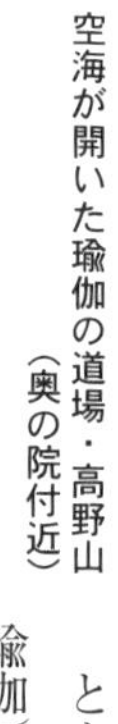

空海が開いた瑜伽の道場・高野山（奥の院付近）

その大前提に立って、現代において『金剛頂経』の果す役割を再検討すれば、やはり「聖なるもの」「聖性を帯びたもの」など大原則にあたる存在、換言すれば実在を最初に定立し、要請するのが同経の一大特徴といえるだろう。金剛界・大マンダラの出生（しゅっしょう）でいえば、原点としての法身（ほっしん）・摩訶毘盧遮那（まかびるしゃな）（大大日（だいだいにち））であり、これこそが『金剛頂経』の母胎である。

かつて西欧において、哲人ニーチェが「神は死んだ」と宣言したのは一つの歴史的きっかけであるが、一神教を中心に「唯一の聖なるもの」はなるほど理念的には存在しているものの、因果律と明証性（エビデンス）を不可欠とする科学や、現象を数量化し、相対化する経済学などの立場からは、もはや「聖なるもの」は「無用の長物」よりも、「あってふさわしくないもの」のレッテルを張られている。

そのような傾向の強い現代社会にあって、インドの伝統的なヨーガの思想と実践の系譜をひく『金剛頂経』が、まず大大日に象徴される聖なるものからスタートすることは、東洋思想的立場からいい換えると人間性を回復することに直結しており、改めて評価すべきであると確信する。

第二に、最初に聖なるものの厳存を大前提としたならば、次にそれとの時間的・空間的合一の可能性と実現の方法が求められねばならない。私の言葉でいえば、聖なるものから俗なるものへの流れ（動き）と、逆に俗なるものから聖なるものへの流れ（動き）が、『金剛頂経』では重点的に説かれている。

この視点を忘れると、種々な内容と構造をとる多様なマンダラの出生も、神秘的な灌頂の儀礼も、単なる「絵そら事」で終ってしまう。

第三に、聖なるものと俗なるものの両様の世界のつながり、換言すれば逆対応の矢印の交差が思想的にも、実践的にも実感されたとき、この世界に生を受けた自分も、単に自分が生きているというレベルにとどまるのではなく、大きな大生命の世界に生かされているのだという至福の喜びに身と心を置くことができるだろう。安心立命（あんしんりつめい）の境地である。

『金剛頂経』は、徹頭徹尾（てっとうてつび）「瑜伽」、すなわち聖なるものと私たち一人一人との合一をうたい上げる密教経典なのである。

あとがき

二十一世紀になってはや数年が過ぎ去り、私自身も還暦という一つの区切りを迎えることとなった。姉妹書ともいうべき『大日経』入門——慈悲のマンダラ世界』（大法輪閣、二〇〇〇年）を上梓したときは、京都・桂坂にある大学共同利用機関（現・大学共同利用機関法人　人間文化研究機構）の国際日本文化研究センター研究部に教授として奉職していたが、諸般の事情で前任の種智院大学より学長として呼び戻され、それからすでに三年が経っている。

日本最古の私学という伝統を持ちつつ、仏教学科のみの単科大学であった同大学は、現在でも少人数制教育を看板に掲げている。その精神を守りながらも、平成十一年（一九九九）に仏教福祉学科を増設し（平成十七年より社会福祉学科に改称）、入学定員を増やすとともに、大自然の風光も美しい宇治・向島の新キャンパスに移った。構造的な経済不況に加え、少子化の影響も顕在化している時代なので、大学の運営・経営も決して容易なことではないが、教職員や学生の努力で「活力ある大学」の部類に評価されていることは、何より幸いである。

さて、日本と中国の密教の中核部分を形成した中期密教経典の代表ともいうべき『大日経』については、その思想・教義にとどまらず、実践・修行法、尊格信仰、造形美術など広く文化的視点から具体的な内容とその信仰形態を紹介し、　　への方々から意見や質問などの反響をいただいた。

日本密教の確立者である弘法大師空海が、この『大日経』とならんで重視した『金剛頂経』を一組にして「両部の大経」と称して絶対視したことは、あまねく知られるところである。そして、「両部」としてひとまずセットとしながらも、密教思想的には完成度の高い『金剛頂経』を一段上位においたことも、本書で詳しく説明した。密教経典の目指すところは、現象の世界の奥にひそんでいるはずの聖なるものを私たちの全身体験を通して感受することにあり、豊かな自然やすぐれた芸術などにも直感的に反応することのほとんどなくなった現代人にとっては、忘れかけた素晴らしい人間性を回復する機会にもなるのではなかろうか。

本書は、『大法輪』誌に平成十三年十月号から三十三回にわたり連載された「『金剛頂経』入門」を加筆・修正し、再編集したものである。連載時から色々と有益な意見を頂いた大法輪閣編集部の安元剛氏に厚く御礼を申し上げたい。彼の〝金剛薩埵的〟な努力と尽力がなければ、本書が結実し、成就することは決してなかっただろう。

また、校正等にご協力いただいた種智院大学非常勤講師の那須真裕美氏、ならびに図版提供、および掲載許可をくださった各寺院、各博物館、ならびに個人の皆様にも、ここに改めて感謝の意を表する次第である。

ともあれ、『大日経』と『金剛頂経』の金胎両部の入門書が揃ったことによって、密教思想と実践を中心とする広くて深い密教世界に、再びより多くの人びとの関心が注がれることを祈念している。

参考文献

テキスト

・『大正新修大蔵経』第一八巻、大正新修大蔵経刊行会
・『大正新修大蔵経　図像部』第一・二巻、大蔵出版
・『影印北京版西蔵大蔵経』第四巻、西蔵大蔵経研究会編輯
・Lokesh Candra & David L. Snellgrove, *SARVA-TATHĀGATA-TATTVA-SAṄGRAHA*, Śatapiṭaka Series, vol. 269, New Delhi, 1981
・堀内寛仁『梵蔵漢対照　初会金剛頂経の研究　梵本校訂篇（上・下）』密教文化研究所、上巻・一九八三年、下巻・一九七四年
・前田　崇『梵蔵漢対照　初会金剛頂経索引』国書刊行会、一九八五年
・松長有慶編『密教を知るためのブックガイド』法蔵館、一九九五年

翻訳

・『国訳一切経　印度撰述部』密教部二、大東出版社
・頼富本宏『大乗仏典　中国・日本編八　中国密教』中央公論社、一九八八年
・津田真一『和訳　金剛頂経』東京美術、一九九五年
・乾　仁志『新国訳大蔵経』一二　密教部四、大蔵出版、二〇〇四年

入門書／研究書・論文

・坂野栄範『金剛頂経に関する研究』国書刊行会、一九七六年
・酒井真典『酒井真典著作集三　金剛頂経研究』法藏館、一九八五年
・那須政隆『金剛頂経講伝』成田山新勝寺、一九七六年
・栂尾祥雲『金剛頂経の研究』臨川書店、一九八五年
・堀内寛仁『金剛頂経の研究　堀内寛仁論集（上）』法藏館、一九九六年
・堀内寛仁『金剛頂経形成の研究　堀内寛仁論集（下）』法藏館、一九九六年
・遠藤祐純『金剛頂経入門（上・下）』真言宗智山派宗務庁、一九八五年
・遠藤祐純『続金剛頂経入門一「初会金剛頂経」金剛界品解説』真言宗智山派宗務庁、二〇〇一年
・遠藤祐純『続金剛頂経入門二「初会金剛頂経」降三世品』ノンブル社、二〇〇五年
・遠藤祐純『続金剛頂経入門三「初会金剛頂経」遍調伏品・一切義成就品』ノンブル社、二〇〇五年
・立川武蔵・頼富本宏編『シリーズ密教一　インド密教』春秋社、一九九九年
・乾　仁志「〈初会金剛頂経〉の背景にある大乗仏教」『インド密教の形成と歴史　松長有慶古稀記念論集』法藏館、一九九八年
・乾　仁志「『初会金剛頂経』の四大品とマンダラの特色」『高野山大学論文集』高野山大学創立百十周年記念論文集編集委員会、一九九六年
・乾　仁志「初会金剛頂経所説のマンダラについて（前・後）」『高野山大学密教文化研究所紀要（九・一〇）』前篇・一九九五年、後篇・一九九七年
・遠藤祐純「『金剛頂経開題愚艸』」『新義真言教学の研究　頼瑜僧正七百年御遠忌記念論集』大蔵出版、二〇〇二

年
・越智淳仁「〈初会金剛頂経〉の神変加持思想」『仏教文化の諸相　高木訷元博士古稀記念論集』山喜房佛書林、二〇〇〇年
・北村太道「*Tantrārthāvatāra*を中心とした金剛頂経の研究（一～三一）」『密教学』七～三七、一九七〇～二〇〇一年
・高田仁覚『インド・チベット真言密教の研究』密教学術振興会、一九七八年
・高橋尚夫「チベット文〈初会金剛頂経〉――金剛界大曼荼羅儀軌品――」『梵語仏教文献の研究』山喜房佛書林、一九九五年
・田中公明「敦煌出土の『初会金剛頂経』関係チベット語断片」『堀内寛仁先生喜寿記念密教文化論集』堀内寛仁先生喜寿記念密教文化論集刊行会、一九八九年
・田中公明「ペンコル・チューデ仏塔と『初会金剛頂経』所説の二八種曼荼羅」『密教図像』六、一九八八年
・森　雅秀「ペンコル・チューデ仏塔第五層の『金剛頂経』所説のマンダラ」立川武蔵・正木晃編『国立民族学博物館研究報告別冊一八　チベット仏教図像研究――ペンコルチューデ仏塔』一九九七年
・頼富本宏「インドに現存する両界系密教美術」『仏教芸術』一五〇、毎日新聞社、一九八四年
・頼富本宏「インド現存の金胎融合要素」『密教学研究』二四、一九九二年

頼富 本宏（よりとみ・もとひろ）

1945（昭和 20）年、香川県に生まれる。京都大学大学院文学研究科（仏教学）博士課程修了。文学博士。種智院大学教授、同学長、国際日本文化研究センター教授、神戸市・実相寺住職などを務める。2015（平成 27）年、逝去。

主要著作に『中国密教の研究』（大東出版社）、『密教仏の研究』『わたしの密教』『あなたの密教』（法藏館）、『曼荼羅の鑑賞基礎知識』（至文堂）、『密数とマンダラ』（講談社）、『すぐわかる図説マンダラの仏たち』（東京美術）、『『大日経』入門』（大法輪閣）など。

〈新装版〉

『金剛頂経』入門 ——即身成仏への道

2005 年 5 月 10 日 初　版 第 1 刷発行
2020 年 3 月 10 日 新装版 第 1 刷発行

著　者　頼　富　本　宏
発行人　石　原　大　道
印　刷　三協美術印刷株式会社
製　本　東　京　美　術　紙　工
発行所　有限会社 大　法　輪　閣
〒 150-0011 東京都渋谷区東
2－5－36　大泉ビル 2F
TEL 03－5466－1401（代表）
振替 00160－9－487196 番
http://www.daihorin-kaku.com

ISBN 978-4-8046-1423-6 C0015